M. メルロ＝ポンティ

大人から見た子ども

滝浦静雄・木田元・鯨岡峻訳

みすず書房

Développement psychologique du langage chez l'enfant (1988)

L'enfant vu par l'adulte (1988)

Les relations avec autrui chez l'enfant (1962)

L'expression et le dessin enfantin (1969)

by

Maurice Merleau-Ponty

大人から見た子ども　目次

凡例

凡例

本書は、一九四九年から一九五一年にかけてメルロ＝ポンティがソルボンヌ大学の児童心理学と教育学の講座でおこなった一連の講義の要録、およびそれに関連するテクストを合わせて一書としたものである。

一、心理学的に見た幼児の言語の発達（Développement psychologique du langage chez l'enfant）一九四九—五〇年度の一回目の講義要録「意識と言語の獲得」の第一章。初出 *Merleau-Ponty à la Sorbonne: résumé de cours 1949–1952*, Éditions Cynara, 1988. この本の一部がその後『意識と言語の獲得　ソルボンヌ講義1』（木田元・鯨岡峻訳、みすず書房、一九九三年）として刊行され、これを底本とした。

二、大人から見た子ども（L'enfant vu par l'adulte）一九四九—五〇年度の二回目の講義要録「大人から見た子ども」から序論・第一章・第二章にあたる部分を抜粋した。初出および底本は一と同じ。

三、幼児の対人関係（Les relations avec autrui chez l'enfant）は、一九五〇—五一年度の一回目の講義「幼児の対人関係」を聴講した学生たちのつくった講義録の前半部（「序論」と「第一部」）をメルロ＝ポンティみずからが訂正加筆し、大学資料センター（Centre de Documentation Universitaire）から一九六二年に刊行された。それにもとづく邦訳が『眼と精神』（滝浦静雄・木田元訳、みすず書房、一九六六年）の一部として収録され、その後『幼児の対人関係　メルロ＝ポンティ・コレクション3』（木田元・滝浦静雄訳、みすず書房、二〇〇一年）に新たに収録された。本編は二〇〇一年版を底本とした。

四、表現と幼児のデッサン（L'expression et le dessin enfantin）一九五一年に執筆されたまま遺稿となっていたもので、同時期に書かれた他の原稿とともに、一九六九年にクロード・ルフォール編により『世界の散文』として刊行、収録された（*La prose du monde*, Editions Gallimard, 1969）。邦訳『世界の散文』（滝浦静雄・木田元訳、みすず書房、一九七九年）、その後『幼児の対人関係　メルロ＝ポンティ・コレクション3』にも収められた。三と同様、本編は二〇〇一年版を底本とした。

五、本書中、底本にならい、〔　〕は訳者の補足や原語を示すためなどに使用したものであり、原書のイタリックの部分には傍点を付した。底本にある「分裂病」の表記は「統合失調症」としたほか、一部の表記は変更、統一した。

六、巻末にある訳注もそれぞれの底本にもとづいているが、最新の情報に変えたところもある。

（編集部）

心理学的に見た幼児の言語の発達

〔第一節 概観〕

生後数ヵ月のあいだ、幼児は泣いたり、表出の運動をおこなったりしますが、次いで喃語をはじめます。この喃語を言語活動の先駆とみなす必要があります。まずこの喃語は驚くべき豊かさをそなえたものです。その幼児のまわりで話されている言語体系《ラング》にはない音素や、幼児自身、大人になると繰りかえすことができなくなる音素（たとえば外国語を習得する際に、もう一度身につけたいと思っても、再現することのできない音素）がそこにはふくまれています。ですから、この喃語は多形性《ポリモルフ》の一つの言語《ラング》なのです。喃語は環境には左右されず自然発生的なものです（喃語は、おそらくもっと貧弱なものではあるにせよ、聾児にも認められます）。けれども、そこには音声模倣もやはり強く混じり込んでいます。この模倣は生後六ヵ月から十二ヵ月のあいだにその頂点に達します。もっとも、その模倣は初歩的なものであり、自分が模倣しているものの意味を控えているわけではありません。喃語と言語活動の関係は、なぐり書きとデッサンの関係と同じようなものです。

この音声模倣は、語の模倣と同じ程度に文のメロディの模倣というかたちもとります。幼児は、言ってみれば「一般的に」話そうとするのです。W・シュテルン[1]は、彼の娘が一ヵ月ものあいだ、わけのわからない「言語」をしゃべりつづけ、それはなにを言おうとするものでもなかったが、ちゃんと会話の調子を帯びていて、まるでお話しごっこをしているようだったと語っています。「幼児は言語活動《ランガージュ》のうちに身をひたしている」（ドラクロワ）のであり、身のまわりでおこなわれる会話の動きに魅せられ、とらえられ、自分でもそれをやってみているのです。

言語活動は、あらゆる身体的活動と不可分なその延長物であると同時に、それは身体的活動に対して新しい活動なのです。発話行為《パロール》は、所作や身振りなどで構成されている「全体的言語活動《ランガージュ》」から姿を現してきます。しかし、それは変身するのです。もともと、言語活動は、発声器官を、それに本来そなわっていない用途に利用しています。事実、言語活動には固有の器官はなく、この活動に寄与するすべての器官はすでに別の機能をもっています（サピア）[2]。言語活動は、上部構造として入りこんでくるのであり、すでに別の次元のものであることを証言する現象なのです。

問題は、対話にくわわるために、どのようにして準生物学的活動から非生物学的活動への移行がおこなわれるかにあります。といっても、その非生物学的活動はあらゆる運動、あらゆる活動を前提にしてはいるのですが。

それに続く期間、つまり生後九ヵ月から十八ヵ月のあいだ――平均して十五ヵ月目ごろ――に、話し言葉がはじまります。幼児はまず数語を話すことができるようになりますが、次いで一種の停滞が起こります。プライヤーの息子は、六ヵ月間、二語しか話しませんでしたし、シュテルンの息子は二ヵ月間、たったの一語しか話しませんでした。これほど際立ったものでなくても、この現象は大部分の幼児に見られるものです。言語活動の孵化期とでもいったものがあるわけです。

〔第二節〕 生後一年間の言語の獲得

1 最初の数週間

　幼児の表情表出はきわめて早発的なものです。グレゴワール（「幼児の生後二年間における言葉の学習」『心理学雑誌《ジュルナール・ド・プシコロジー》』一九三三年、『言語の学習』リエージュ、一九三七年）の教えるところでは、生後二ヵ月目の終わりには、乳児は満足を示すためにだけではなく、周囲の人たちの微笑みに応えるためにも笑い、微笑みます。このことはすでにある種の対人関係を前提にしています。言語活動に先行して対人関係がとり結ばれ、その文脈のなかで言語活動が現れてくるのです。

　ですから、最初の数語が自然発生的に現れてくると見るのは不自然です。というのも、それらの言葉が現れてくるずっと前から態度による応答が見られているのですから。グレゴワールは、乳児の知的活動が人の思うよりずっと重要なものだという事実を強調しています。この活動は外的表出をともなわないもので、過小評価されるきらいがあります。誕生の時点から外界と関係する能力はあるのであり、これが生後数週間にわたって絶えず増大してゆくのです。胎児にさえもすでに、条件反射を惹き起こすことができますし、また誕生の時点から大脳はまわりの環境で起こる一定の変化を記録しています。

体の動き《ミミク》は第一週のあいだにかなり豊かになりますし、聴力や視力も同様です。生後四日目から七日目のあいだの幼児は、生後三日目までの幼児よりも一倍半もよく聴いています。未熟児たちも、正常な知的発達をとげ、したがって、誕生時の身体上の遅れをとりもどすことができるのです。

2　喃語

生後二ヵ月半を過ぎると喃語が現れてきます。それは主として子音（l・r）から成っており、その習得は模倣で説明することはできそうにもありません。事実、これらの発音はすべての赤ん坊に共通しており、まわりの言語体系とは無関係のようです。こうした音楽が用いられるということは、生理学的な視点から説明できるかもしれません。つまり、吸啜《きゅうてつ》活動が優勢であるため、唇音《しんおん》や喉音《こうおん》が現れてきやすいということなのかもしれないのです。

最初期の喃語が模倣の結果だという見方は、支持しがたいように思われます。ある著者たちは、唇の動きの模倣だと信じています。しかし、P・ギョーム[3]の教えるところでは、幼児は話している人の唇の上には見てとれない喉音をまねていることになります。周囲の影響があるとしても、模倣を惹き起こすのは聴覚であって、視覚ではありません。その上、幼児が見つめるのは、話している人の口もとではなく眼なのです。幼児は、人が話しているのを聴きながら口をあけるということがよく認められますが、しかしグレゴワールによると、その際問題になるのは他人の行為（たとえばあくび）の一種の伝染であって、知覚されたものを再現しようとする努力などではありません。

しかし、そうは言っても、大人の言語活動の存在は、一般的な仕方で幼児を刺激します。幼児は目覚めると、人が話すのを聞くわけです。たいていのばあい、その言語活動は直接幼児に向けられており、この聴感覚がまずは幼児の手足の興奮を、次いで（手足に匹敵する程度の）発声器官の興奮を惹き起こします。

要するに、幼児はまわりの人たちから、言語活動の「方向」を受けとるのです。この段階では、模倣はまだなんの役割も果たしていませんが、しかし幼児がまわりの人たちの話し方（リズム・抑揚など）のうちに着生してゆくことの重要さは強調しておかねばなりません。リズムや音域といったこうしたもののすべてが、幼児を言語活動の方へ一般的なかたちで引っぱってゆく効果をもっているのです（ここでもう一度、ドラクロワの「幼児は言語活動のうちに身をひたしている」という言葉を思い出してください）。ヴントは、言語活動の発達はつねに「前熟的」発達だと言っています。事実、幼児の言語活動の発達のある種の自然発生性を否定することはできません。しかし、幼児を言語活動の方へ向かわせるのは、まわりの人たちとの関係なのです。それは、外から規定された目標へ向かう発達なのであり、生体の内部にあらかじめ仕組まれている目標へ向かう発達ではありません。

四ヵ月。（またもやグレゴワールによるのですが、）生後四ヵ月から十ヵ月にかけて、言語と知性の重要な発達が起こります。それがわれわれにあまり気づかれないのは、この時期にわれわれが運動能力の進歩に注意を向けがちだからです。この時期に発せられる音声はなにを意味しているのでしょうか。幼児はあるいくつかの音に立ちどまり、それに抑揚をつけたり、そのアクセントや長さを変えてみます。それらはすべて、すでに気力や気分のある変化を表しているのです。この時点から、おとなの言語活動に由来するかなりのニュアンスが現れてきます。K・ビューラー〔4〕は、その『言語理論』（フィッシャー、イェナ、一九三四年、そのうちの一章「擬音語と言語の代表機能」〔の仏訳〕が論集『言語についてのエッセイ』エディシオン・ド・ミニュイ、一九八八年に収録されている）において、ドイツの幼児たちは最初のうちは発声の第二音節に強勢アクセントを置くが、すぐにそれを第一音節に移すということを観察しています。つまり、幼児たちは、いわば「ドイツなまり（ドイツ語のアクセント）」を身につけるわけです。こうして、話せるようになるずっと前に、幼児は母語のリズムとアクセントをわがものにするのです。

　幼児たちが驚くほど多彩な発声をおこない、のちに再現できなくなる音声をさえ発するのも、ちょうどこの頃です。やがて一種の音声の選別、一種の貧困化が起こります。

　七ヵ月。生後七ヵ月目ぐらいになりますと、それまでの無動機な鳥のさえずりのような喃語が、少しずつ、話そうという意志的な努力に変わってくるように思われます。幼児はまだ分節された発話行為《パロール》からは遠いところにいますが、発音の試みをし、自分が聴いていることに次第に敏感になってゆきます。まるで話そうとする幼児の意図が次第に強くなってゆきつつあるかのようなのです。

　八ヵ月。幼児に復唱させようという意図で、人が幼児に言葉を話しかけてみて、幼児がそれを復唱できるようになるのは、生後八ヵ月目くらいです。幼児は、それらの言葉を、一種の句、つまりそのリズミカルな外観からして句の模倣と言えそうなもののうちに組み込みます。これは、準言語活動なのです。

十二ヵ月。生後十ヵ月目から十二ヵ月目にかけてのこの時期、グレゴワールは、幼児が擬似語に無限のヴァリエーションをつけて発音する一種のポリフォニーを観察しています。やはり十二ヵ月目ごろに、彼の息子は父親よりも大きな声で叫んで喜んだといいます。ということは、幼児が準言語的な効果をつくり出すことができるようになった、ということです。

3　最初の言葉〔初語〕

〔グレゴワールによりますと〕、彼の息子の最初の言葉が現れたのはこの頃で、それは家の前を通過する汽車を指さしながらだったそうです。つまり、それは、ただ一つの物、あるいはむしろいくつかの物（汽車、その通過によって惹き起こされた情動など）から成るただ一つの全体に割当てられた特定の一語だったのです。この語は、とりわけある感情状態を表現しています。ですから、この語には複数の意味があることになり、一語文〔motphrase〕だったのです。

最初の言葉とそれ以前におこなわれた発声とのあいだに絶対的な境界線を引くのは不自然でしょう。というのも、幼児はずっと以前から（その行為によって）さまざまな対象を定義してきているのですが、ただ、それまではそれに特定の語を割当てなかったというだけのことだからです。グレゴワールによれば、初語の出現が〈記号《シーニュ》－意味されるもの《シニフィエ》〉の関係の意識化を含意するとまでは言えないとのことです。『心理学雑誌《ジュルナール・ド・プシコロジー》』に発表されたある論文（「言語と物の世界の構成」、同誌第三〇年度、一九三三年、一八—四四ページ、〔仏訳が〕『言語に関するエッセイ』エディシオン・ド・ミニュイ、一九八八年に収録されている）で、カッシーラー[5]が、初語はばらばらな印象や事実の綜合を可能にすると述べていました。この考えの前提になっているのは、言い表されていない経験は限りなく豊かなものであり、語はそれを要約し剪定するという考えです。グレゴワールにとっては逆に、語に先立つ経験は貧しく、隙間だらけであって、語はその一つの単位として現れてくるのであり、それは綜合ではなく、分化なのです。

グレゴワールは、言語活動の発達の連続性を示そうと努めます。一方では、初語の出現に先立ってすでに〔行動による〕表現と対象の定義がおこなわれています。他方、初語の出現はけっして喃語を終わらせるものではありません。喃語は長期間幼児の発話行為《パロール》に同行してゆきます。そしておそらく、成人の内言語のうちの言い表されないことの多いある局面は、喃語の延長にほかならないのです。言いかえると、一方では、誕生の時点から、将来言語活動になるものの先取りが見られ、他方では、成人してからも、かつて喃語であったものの存続が見られるというわけです。

〔4〕初語の意味

1　主知主義的解釈

われわれはドラクロワ（『言語と思考』アルカン、一九三〇年）にならって、記号は、それが「心的記号」であるばあいにのみ、真に「意味するもの」なのだと言ってみたくなります。つまり、真に意味するものであるためには、語のあいだにさまざまな絆が設けられ、ある論理的原理、ある形式的関係がそれら絆の連関を支配している必要があります。そのとき記号は文脈の一部となり、その記号の意味が、その記号のはめこまれている文脈に依存することになるのです。

ドラクロワとW・シュテルン（『幼児期初期の心理学』一九三〇年）は初語のもつ力の射程に関して意見が一致しているように思われます。つまり、初語は幼児に、一つひとつの物に一つひとつ名前があるという啓示をもたらし、それらの名前を覚えようという意欲をかきたてる、と見るのです。初語の出現は記号と意味されるものとの関係を突如顕在化させるというわけです。

こうした考え方は、盲、聾、唖の三重の障害をもつヘレン・ケラーに、彼女の先生が触感覚によって言葉を教えるのに成功したという有名な例（『盲・聾・唖――私の生涯』一九〇三年、仏訳、パイヨ、一九五四年）に、多かれ少なかれ支えられています。彼女自身その自叙伝のなかでこう述べています。「私に記号の概念を与えようとする努力は、長いあいだ無駄に終わりました。しかしある日、水を汲もうとしていて、冷たい水が私の手にふれ、それが生き生きとした印象を与えた瞬間、先生が私のもう一方の手に水を指す慣用記号〔w-a-t-e-r〕をなぞりました。その瞬間私は、〈記号－意味されるもの〉の関係について突然の啓示を受け、それに続く一時間のうちに、三十の記号を覚えました。」

この例が〈一切か無か〉という考え方、つまり言語の意識や理解があるか、それともそうしたものがまったくないか、そのいずれかだという考え方を助長してきたのです。

2 このような考え方に対する批判

初語の出現は、果たして本当に〈記号−意味されるもの〉の関係の意識化を意味するものでしょうか。多くの理由から、この考えを認めるのは難しいように思われます。

a もしこの考えのとおりだとしたら、ヘレン・ケラーのばあいと同じように、初語に引きつづいて幼児は言葉の急速な進歩を示すはずです。だが、実際には、たいていのばあい、長い停滞が続きます。もし初語が本当に記号についての一般的な意識化をもたらすとしたら、この停滞をどう説明すればよいのでしょうか。

b シュテルン自身、幼児は大人が理解しているような意味での記号概念はまったくもっていないという事実を認めています。大人にとって、記号は一つの約束事ですが、六、七歳ごろまでの幼児にとっては、記号は物の一つの属性、一つの性質なのです（ピアジェ[6]の、特に『幼児の世界観』一九二六年、新版、P・U・F、一九七二年、に示されている観察例を参照してください）。幼児にとっては、記号には、意味されるものとの準呪術的関係、融即の関係、密接な類似の関係があるのです。シュテルン自身、ある幼児が言葉を創作した例を報告しておりますが、その子はずっとあとになってから、そうした創造を思いついた理由を尋ねられたとき、当然のように、「だって物がそんなふうに呼ばれたがっているように見えたんだもの」と答えたと言います。

c 初語は大人の言葉と違うことが多く、たいていは擬音語《オノマトペ》です（ですから、類似の関係が問題になります)。幼児が大人の言葉を使うばあいにも、その意味はきまって捉えどころがありません。たいていは、似通った状況に関係のある一まとまりの物の全体を指すのに、ただ一つの言葉が使われます(たとえば「音楽《ミュージック》」という言葉が、音楽と軍楽隊と兵士たちとをひっくるめて指すのに使われたりします)。

こういったばあいも、また幼児たちが比喩《メタファー》を用いているように思われるばあいも、幼児は一般化をしません。幼児には、そのための概念が欠けているのです。幼児は状況についてのある癒合的な見方 (vue syncrétique) をもっているのであり、そのため幼児は、レベルの異なる事物を同一視してしまうのです。

こうして、幼児にとっては言葉は移ろいやすくもあれば混乱してもいる意味をもつのだとしてみれば、幼児がわれわれのもつような記号の認識をもっているとは、もはや想定できません(もしそうした認識があるとしたら、記号の表示機能ははじめからもっと首尾一貫したものになるでしょう)。けれども、初語の獲得が言語活動の獲得の決定的一歩をしるすものであることに変わりはありません。この言語活動を、どのように理解すればよいのでしょうか。

〔第三節　生後五年間における言語の獲得〕

十八ヵ月から三歳まで。この期間の幼児の努力は、なによりもまず母語の習得を次第に完全なものにしてゆくことに向けられます。ここでは模倣の役割が優越しますが、しかしその際問題なのは、まわりでおこなわれている言語活動を一部分ずつそっくりそのまま再現するということにあるのではありません。ここで、即時模倣と遅延模倣（モデルが幼児の潜在知のうちに組み込まれ、後になってからしか利用されない）とを区別する必要があります。遅延模倣の有名な例を挙げますと、シュトゥンプフの息子は、いくつかの語と数多くの自然シンボル（擬音語《オノマトペ》や間投詞など）を習得したあと、その子の言語の理解はほとんど完全であったにもかかわらず、二年ものあいだ、その語彙に増加が見られなかったと言いますが、これは、言語活動に対する一種の受動的抵抗、一種の意欲の無さを示しています。ところが、三歳三ヵ月目のころ、この子は突然そうした態度をやめ、即座にきわめてうまく話すようになります。このばあいにも、またこれほど際立っていないばあいにも、問題になるのは模倣されるモデルを真に体制化できているかどうかであって、受容や単純な再現ではありません（模倣の問題は、のちに検討することにしましょう）。

三歳以後。その後〔の言語活動の発達にも〕いくつかの段階を区別することができるものでしょうか。それは難しいように思われます。W・シュテルンは、語から文への移行を区別しますが、これははっきり境界を引けるような段階ではありません。というのも、最初の言葉はつねに文としての価値をもっているからです。したがって、その境界に厳密な価値を認めようとする考え方には異論の余地があります。

他の研究者たちは、語彙の増加に応じていくつかの段階を区別し、それぞれの年齢の幼児がもつ言語的な在庫品の目録を作成しています。こうした方向での調査は相当数おこなわれてきましたが、結果は相互に一致せず、つねに期待はずれに終わっています。デクードル夫人は二歳半の時点での語彙数の調査をおこない、この種の調査の繰りかえしを避けるためのテストを作成しています。それまでの調査結果がきわめてさまざまだったからです（二歳の時点での語彙数は、シュテルンによれば三〇〇、ドヴィーユによれば六八八、メジャーによれば一四三でした）。結果のこうした喰い違いは、どこからくるのでしょうか。

1　なにをもって一語と数えるかについての正確な定義が欠けている、という点が指摘されます（同一語根に二つの異なった接尾辞がつけられているばあい、二語と数えるのか、一語と数えるのか、屈折語尾のばあいはどうか、等々の点に関して）。

2　成人のばあいも同様なのですが、使われる語彙は、理解されうる語彙や必要が感じられなければ使われない語彙（ヴァンドリエスの言うところの、目録を作成することなどできない潜在的語彙）に比べればずっと限られています。そのうえ、言語的装備を語の総和とみなすことはできません。問題になるのはむしろ、語の開かれた系列を可能にする変異《ヴァリアシオン》の諸体系なのですが、それを調査することは不可能です。それは開かれた部分をもった一つの全体であり、これが無限定な表現の可能性を与えてくれるのです。そうなると、幼児が既知の語のある新たな意味を手に入れたとき、それを一語として数える必要があるでしょうか。然りでもあれば否でもあります。というのも、いま見たように、本当に問題なのは、まとまりであって総和ではないからです。

五歳。ピアジェが示唆しているように、あるいは五歳以後に一つの新たな発達段階を置くことができるかもしれません。この時点までは、幼児は他人とのコミュニケーションをもとめるより、ひとりごとを言うことの方が多いからです。社会的コミュニケーションとしての言語活動が重要性をもつようになるのは、やっと七、八歳ごろになってからのことです。

ピアジェは、ルソー研究所の幼稚園でおこなった実験において、非社会的発話（独語の並存）[7]が発話全体の四六パーセントを占めることを指摘しています。しかし、ハンブルクの幼稚園でのミュヒョウ夫人の実験の結果では、それが三〇パーセントにしかなっていません。これはおそらく、教育システムの違いによるものでしょう。ピアジェの扱った研究所の園児たちは、モンテッソリ方式によって教育されているのに対し、ハンブルクの園児たちはもっと集団生活に慣らされていました。

P・カッツもまた、自分の子どもたち（五歳と三歳半）のほぼ家庭内での会話を一五〇ばかり記録し、彼らの大人たちとの会話のなかに、真の話し合いとか、好奇心や感情の表出とかのあることに注目しています。カッツは、そこに、自己中心的言語活動というピアジェの考え方をはるかに超え出るような、言語活動の真の発動を確認しているのです。

してみれば、〔五歳以後の言語活動の発達を〕「継起する諸段階」に勝手に切り分ける考え方に対しては、すべて警戒が必要です。はじめから、幼児の表現的表出にはあらゆる可能性が刻みこまれているように思われるからです。そこにはまったく新しいものなどなに一つ見られないのであり、認められるのは、先取りや退行、新たな形式のうちへの古《アルカイック》い要素の存続、といったことです。幼児の言語のこの発達は、一方ではいっさいがあらかじめ下描きされているのですし、他方では一連の非連続な進歩によっておこなわれるわけですから、主知主義的理論をも経験主義的理論をも裏切るものなのです。これらの理論よりもゲシュタルト主義者たちの方が問題をいっそうよく理解させてくれます。彼らは、発達の重要な時期に幼児たちが、知的な努力によるのでもまた即時模倣によるのでもなしに、どのようにして言語的「ゲシュタルト」、つまり言語の一般的構造を手に入れるかを解明してくれるからです。この問題を明らかにするために、われわれも次の二点を順を追って考えてみることにしましょう。

A　音素の獲得の問題

B　模倣の問題

〔第四節　言語構造の獲得〕

A　音素の獲得

言語活動の獲得の問題を語のレベルで立てると、一つの大きな困難に出会うことになります。つまり、語は、ある一つの概念を指示するものであり、したがって、語にはすでにある二元性、つまり記号と意味されるもの《シニフィエ》との形式的な区別がふくまれているからです。

だが、言語活動には音素のレベルで近づくことも可能です。音素はいかなる意味をも指示しておらず、言語活動にあって、それ自体では意味をもたない要素なのですが、しかし、語を相互に区別するのはこの音素なのです。音素がそれ自体では意味をもたないということは、それらが記号として機能しないという意味ではありません。

音素について反省してみることによって、記号と概念の対立を乗り越えることができますし、また言語活動の獲得がどのレベルに属するものなのか（知能のレベルに属するのでも、模倣のレベルに属するのでもない）ということを明らかにしうるからです。

われわれが拠りどころにするのはヤコブソン[8]の分析（一九四一年にスウェーデンで発表された研究「幼児言語、失語症および一般音法則」〔邦訳が服部四郎監訳『失語症と言語学』岩波書店に収録されている〕）なのですが、この論文は、幼児の音素の獲得と失語症の症例における音素体系の退行とを比較しようと企てるものです。ヤコブソンの考えによれば、この音素体系はきわめて厳密な一つの全体をなし、それはきわめて強い必然的な結びつきをそなえたものであって、その獲得と消失の順序は、まったく選択の余地のない不変なものなのです（ここで幼児と病者とを比較することに異論をくわえる余地はありません。その比較の対象になっているのが、音素体系だけであって、言語活動の総体ではないからです)。

ヤコブソンは、特殊化しようとする精神〔esprit particuraliste〕と統一化しようとする精神〔esprit unificateur〕の対比(ソシュール[9])から出発します。この二つは共に、一つの言語体系《ラング》を形成し、その平衡を維持するのに貢献しているのです(長いあいだ、自分のまわりの言語を語ることを拒否する幼児や、語ることを拒否することが特殊な能力の徴《しるし》であるかもしれない詩人の卵の例。またある地方の女たちの言葉や恋人同士の言葉などを参照してみてください[10])。もっとも、特殊化しようとする精神の存在も否定できません(「赤ちゃん」言葉を使う幼児たちに大人が迎合して、幼児のような話し方をすると、幼児がかえって逆らうといった例を参照してください[11])が、しかし、それはすぐにも統一化の精神に吸収されてしまいます。

音素の出現が系統立った規則的な順序に従うことをどのように理解したらよいのでしょうか。生理学者たちは喜んで「エネルギー最小消費の原則」を引き合いに出すでしょうが、しかし、それ自体で他よりも難しい音素とか、他よりも容易な音素などというものがあるわけではありません。してみれば、この順序はある言語体系の常数をなしているある種の「特権的」行為によって説明しなければならないことになります。これら特権的行為は、それ自体で他よりも容易だというわけでもなければ、いかなる原理に結びつけられるものでもなく、最大の効力の発揮を可能にするような言語的全体の究極の所与なのです。

こうして、音素体系はまるでゆるしがたい一個の実在のように思われますし、言語活動《ランガージュ》の獲得とは、ある個人がその言語体系《ラング》に組みこまれてゆくことであるように思われます。これがきわめてはっきり見てとれるのは、喃語から語の分節への移行過程においてです。そこでは、ヤコブソンがデフレーションと呼んでいる事態が起こります。つまり、豊かな喃語が突然消失し、幼児はその言語体系で使われていない音だけではなく、その言語体系にとってきわめて有用な多くの音をさえも失ってしまうのです。こうして、その片言のうちではK音とT音とを完全に区別していた幼児が、それを区別して発音する能力を失ってしまいます。もっとも、その幼児も、まわりの大人の言葉に関してならそれらの音をきちんと聴き分けます。ですから、それは、幼児の前から運動性のモデルや聴覚性のモデルが消えてしまったために起こったというわけではありません。いまや音がある弁別的な意味を帯びるようになるというまさにそのことによって、幼児は自制することを余儀なくされるといわんばかりなのです。音素が語を区別するのに役立つようになるその瞬間から、幼児は音素の新たな価値をわがものにし、音素の基本的な対立と継起の体系を少しずつ獲得してゆかねばならないように思われます。要するに、幼児の発音の能力は、その音節を区切って発音する能力に依存しているわけではなく（この能力なら、幼児はすでに喃語の段階からもっています）、音素の対照とその表意的価値の獲得に依存しているのです。幼児が合体する厳密な秩序が、幼児に音素の言語的価値の可能性を示唆するわけです。こうして、ヤコブソンはこの現象を「もろもろの音素対立の体系が意味作用へ向かってゆく」と定義することになります。

ヤコブソンによって確認された発声のこの「デフレーション」はどうして起こるのでしょうか。たしかに幼児は、話しはじめのころ、特定の音を発声することができなくなりますが、しかしこれは、調音不能によるものでもなければ、幼児がそれらの音を聴きとれなくなるからでもありません。幼児が一時的にそれらの音を発声することができなくなるのは、表意的発声としてのかぎりにおいてなのです。それは、それらの音がまだ幼児の表意的な音素体系の一部になっていないからにほかなりません。

幼児がまわりの環境に刺激されて、今度は自分が話そうとするとき、彼は言語活動のうちに一定数の安定した「構造」を見いだし、それらの構造を同定し、それのもつ間主観的価値を感じとります。幼児はある音素の組み合わせが再生されるとき、その背後にある意味を見ぬき、それを声の「使用規則」のように使いはじめるのです。こうすることによって幼児は、それらの音素の組み合わせにある意味——はじめはぼんやりした意味、状況的意味にすぎませんが——を与える準備を整えます。

ヤコブソンの理論の独創性は、音素体系の採用それ自体とそのコミュニケーション機能とのあいだに密接な相関関係を打ち立てたところにあります。要するに、使われているがままのこの体系の構造がすでに意味作用を呼び寄せるのです。人が話すのを聴くことによって、幼児は記号が問題なのだということを察知します。というのも、音素体系はいわば〈くぼみ〉に意味を浮き出させるようなものだからです。

もっとも、ヤコブソンは音素体系の存在論的規定を定義することよりも、その諸特性を数えあげることに意を注いでいます。彼の研究は哲学者の研究というよりは科学者のそれなのです。

彼はこの体系の自律性を強調します。その構造は堅固で、その規則はこの構造そのものだけにかかわり、その構造の外にある生理学的諸条件に依存することはありません。もっとも、幼児に言語活動が現れる時点では、喃語が存続しつづけるので、この体系の強固さは蔽い隠されています。幼児は依然として、音素体系の規則には従わない擬音語《オノマトペ》や間投詞を使いつづけるのです（もっとも、これらが音素体系を豊かにするのに貢献することもあります）。

たとえば、ある幼児は言語活動の枠内ではまだ［r］音を発音できないのですが、小鳥のさえずりをまねるときには上手にその［r］音を使います。つまり、その子は、話すためではないようなときには、その音を発音できるわけなのです（吃音者の矯正訓練のばあいを思い合わせて下さい。［r］音を発音させようというばあい、まず彼らにたとえばモーターの回転音を模倣させ、その発音の習慣を身につけさせ、次いで彼らにその［r］音を言語活動のうちに統合させるように試みるものなのです）。

ヤコブソンは、彼の理論を失語症に適用することによって、それを検証しようと目論んでいます。つまり、〔彼の理論に従うと〕言語活動の所有は、音素の統合に依存していることになりますから、逆に失語症は音素体系の崩壊の結果生ずるにちがいありません。ヤコブソンは、すべての真正失語症患者において、この音素体系が規則的に解体してゆくこと、そして一時的な平衡回復をともなうことがよくあるということを確認しています（たとえば彼は長母音と短母音の対立を失ってしまった一人のチェコ人を観察しています。チェコ語は強勢アクセントを第一音節に置きますが、この患者は強勢アクセントを終わりから二番目の音節に置くことによってその不能を補うのです。こうしてこの患者は、母音間の質的差異の代わりを語にいっそう強いアクセントをつけることによって果たしているのです)。

ヤコブソンによると、失語症患者には、退行はしていても、なお依然として体系だった一つの統一体、一つのまとまりとしての音素体系が存続しており、それはこうした連続的な平衡回復の結果可能になっているのです。そこで、この平衡化の作業が患者によってどのように体験されているのか、という問題が立てられることになります。

失語症のある患者は、失認症や失行症にはかかっていないにもかかわらず、ある種の言葉を発音できません。しかし、これらの語が失われるのは、それがある全体の部分をなしているばあいだけです。ここでヤコブソンは、フッサール[12]がおこなっている〔言語と〕チェス・ゲームとの比較を援用しています。

人は、チェスの駒をその素材の面から考察することも、その駒がゲームのなかでもつ意味の面から考察することもできます。言語活動が冒されるのは、〔後者のばあいと類比的であり〕、調音現象としてではなく、言語ゲームの要素としてです。つまり、〔失語症患者において〕失われるのは、生得的な道具そのものではなく、それを一定の場面で使うその可能性なのです。

ヤコブソンはその論文の後半部になってはじめて音素の定義に取り組み、こう言っています。

「音素とは、ある語を他の語——その音素以外はその語と等しい音素からなる他のすべての語——から区別するような言語活動の要素である。つまり、音素とは言語活動の弁別的要素にほかならない。」

したがって、音素は、それ自体では意味をもたないにもかかわらず、語の本質的な構成要素なのです（たとえば［ã］という音素は〈sang［sɑ̃］＝血〉を〈saint［sɛ̃］＝聖なる〉から区別するだけで、［ã］それ自体はなにも意味しません）。音素はいわば初次的記号であり、語のように事物に関係するのではなく、語そのものに関係するのです。

それにしても、音素は語を弁別する要素であり、その語が事物に関係するのですから、音素体系の障害は、本来の言語活動の障害と同じ様相を呈し、同じ結果をもたらすことが多いのです。たとえば、同音異義化がそうです。ヤコブソンは例としてRippe（肋骨）とLippe（唇）という二つのドイツ語を引いています。RippeとLippeを区別する唯一の音素は［r］です。このばあい、二つの障害が起こります。

㈠〔意味了解能力は健在で、音素識別能力だけが損傷された患者のばあい。〕患者はもはや［l］と［r］とを区別できないので、二つのものに同じ一つの言葉を使わざるをえません。〔つまり、彼にとってこの二語は同音異義語になってしまいます。〕

㈡〔音素識別能力は健在で、語意了解能力を失った患者のばあい。〕患者は言葉の意味を失っているので、彼にとってそれらはたしかに〔音の響きの〕異なった二語なのですが、しかし、それらの言葉は彼にとって意味をもたないので、彼はもはやそれらを区別することができません。そこで、二語のうち一方が結局は使われなくなり、他方が両方の意味に使われることになります。要するに、いずれのばあいにも、――一方は音素体系の崩壊によって、他方は語意の喪失によって――同音異義化が起こるわけです。

しかし、いずれにしても問題になるのは、言語能力の障害、つまり表現能力の障害かシンボル機能の障害なのです。音素論者たちは、もはや「シンボル機能」という概念を、語にだけ限って使うように制限したりはしません。彼らは、音素体系全体をそこに統合します。というのも、彼らは音素と語のあいだに密接な平行関係のあることを確かめているからです。音素と語は、言語連鎖のうちにあって、それらが部分としてふくまれている全体を差異化する要素なのです。

(一) 語は音素と同様に、固有な特性と恒常的な形態《フォルム》をもっています。

(二) 音素も語も、近接しているものに変化を生じさせます（音素は語を変化させ、語は文を変化させます）。

(三) 両者はその系列の諸特性（音素にとっては音素体系の諸法則、語にとっては統辞法則）によって全体のうちにおのれの位置を見いだします。

音素体系について言えば、この体系は、すべての言語体系に共通の普遍的体系（話しはじめの幼児には、まずこれが現れてきます）と、それぞれの言語体系に特有の体系──これがすべての言語体系を他から区別するのであり、幼児は先の基本的な体系を獲得したあと、この体系のうちでおのれを特殊化するのです──とから構成されています（もっとも、トルベツコイ[13]によれば、厳密には、普遍的構成要素は存在しないということです）。

音素の継起的な［発生の］順序は厳密に一定していて不変だとされています。

──硬口蓋音は歯音のあとに現れます（それまで［k］は［t］によって代置されます[14]［kaka → tata（ス

ウェーデン）、kopf → topf（ドイツ）、cut → tut（イギリス）」）。

——最初の母音は[a]です。

——その後子音対立が生じます。

1　[p]—[m]〔口腔音と鼻音の対立、papa — mama〕

2　[p]—[t]〔唇音と歯音の対立、papa — tata〕

3　[m]—[n]〔　〃　mama — nana〕

すべての幼児言語はこの最小限子音体系から出発するのです。

——次いで母音体系が発達します。

1　[a]—[i]あるいは[a]—[e]

2　[u]あるいは[è]

これが最小限母音体系です。

——前方子音群はつねに後方子音群より先に現れます。したがって、すべての言語に「基づける」要素群と「基づけられる」要素群とがあることになります。後者が前者より先に現れることはありませんし、前者が消失すれば必ず後者も消失します。

発生のこの順序は不可逆的です。失語症のばあいの消失の順序はこの逆で、もっとも使われることの少ない音素が最初に消失します。

ヤコブソンは、この論文の先の方で、彼の理論を拡張し二通りに応用しています。

1　夢の言語――ヤコブソンによると、人が夢のなかで使う退行した言語も、失語症患者の言語と同じ脱分化（dédifférenciation）[15]に服しています。そこには同じ変質が見られるわけで、稀な音素が最初に消失し、最後にはもっとも基本的な音素しか残りません。夢のなかでの思考の曖昧さはこれによって説明されそうです。その思考の曖昧さは言語の曖昧さと平行しているか、あるいは言語の曖昧さに由来するものと思われます。

2　第二の応用例――人がある言葉を思い出そうとしてやっきになるときに起こることを、ヤコブソンは、これまた音素体系の規則によって説明しようとしています。つまり、このばあい記憶に残っている図式が一つの語に現実化されることができないわけなのですが、それは音素体系が、少なくともこの点において脱分化しているからなのです。

ヤコブソンの理論のこの二つの拡張が、音素体系の本性についてわれわれを啓発してくれます。

1　音素論的分析の独創性

音素論的分析（トルベツコイ『音素論の諸原理』クリンクシェック社、一九四九年」、ヤコブソン）の独創性は、それが言語に先立つ、いわば言語の下層に位置するレベルに身を置いているところにあります。言語は意味と結びついた記号の体系なのですが、記号と意味の関係を見てとることがきわめて困難なのです。ところが、音素論者の方は、すでに記号ではあるが、指し示すことのできる意味をもつわけではない音声的要素を研究します。つまり彼らは、それ自体ではなにも意味しないが、語を相互に区別するのには役立つ音素を研究対象にするわけです。音素論者は、既成の言語体系は未決定のままにしておき、結局のところある語にある意味を割り当てることになったいっさいの慣習やいっさいの歴史的出来事の手前で、言連鎖の内部でその原初の機能を果たしている記号を再発見しようと試みるのです。ソシュールによると、言語体系はたがいに差異化しつつある諸記号の体系にほかなりません。音素論者は、音素に対してと同様に語に対しても、意味の差異に対応する示差的様相《モダリテ・ディフェランシエル》を見いだそうとします。

音素論者も語を研究しますが、それは語が言語体系、つまり記号の使用規則にかかわるそのかぎりにおいてです。問題は、もろもろの意味がどのようにして外部から記号に結びついてくるかを見いだすことではなく、音素がどのようにしてたがいに分節し合うか、どのようにして音声が意味の世界を切り分けるかを見ることなのです。音声記号の全体が、意味されるものの世界におけるさまざまな身ぶり、運動を示すのです。

言語活動は、新進作家の言語体系に似た機能をもっています。そうした作家の言語は、最初は理解されないのですが、しかしそれが少しずつ理解可能なものになってゆき、人びとに彼を理解するすべを教えてゆくのです。彼のなす所作は、存在していない方向を指しているように見えますが、次いで少しずつそれらの所作の虚焦点をなしている諸概念がたがいに分節しあうようになります。それと同じように、言語は幼児にとって生気をおびるものになってゆくのです。つまり、はっきりしない目標に幼児を惹きつけているさまざまな指示の全体がある瞬間に幼児を促して中心化され、意味を獲得することになるのです。言語体系の内部構造がその意味を担うことになるわけです。言語体系は、無限数の事物を表現するための有限個の単位からなる一つの体系です。したがって、意味するもの《シニフィアン》の意味されるもの《シニフィエ》へ向かう超出が起こります。意味の総体が完全に表現されるということはけっしてありません。もっとも明晰な言語体系においてさえ、厖大な言外の意味があるものなのです。あるいはむしろ、なに一つとして完全に表現されることはなく、聴き手が解釈の主導権を握らずにすむものはなに一つない、と言うべきなのかもしれません。

トルベツコイは、音素が原子《アトム》ではないと教えています。彼が研究するのは音素そのものではなく、音素対立なのです。語と音素との関係は、メロディと「音階」の関係に比すべきものです。つまり、語は音素体系の転調だということになります。

彼はさらに、言語体系は、それを話すすべての人によって「利用される」ふるいだと述べています。たとえば、あるロシア人がドイツ語を話すとき、彼はロシア語の音素体系の構造に従ってドイツ語を変形してしまうのです。

音声学は外につくり出された音声の研究であるのに対して、音素論は音声がある言語体系において組織化されるその内在的根拠に遡ろうとする努力です。音素論は音素を研究すると同時に、一言語体系のもつあらゆる弁別記号——音調関係、アクセントのつけ方、音節を数える言語体系と音節を数えない言語体系など——を研究します。言語には三重の機能があります。[16]

(1) 表示機能

(2)　表出機能
(3)　他者への呼びかけの機能

音素論は、音声がこれら三つの連関において有する価値を研究するものです。音素は物理的実在でもなければ、心理的実在でもなく、貨幣に比較しうるような一つの価値であり、抽象的かつ虚構的な量なのです。そうした音素が言語体系の存在を可能にしているわけです。

2　音素体系は幼児によってどのようにして獲得されるか

ヤコブソンは、幼児による音素体系のこのような獲得や、幼児にとって「個々ばらばらでなんの連繫もない感覚の自己充足状態が、どのようにして同じ要素の概念的配分に変わるのか〔17〕」を説明しようとします。

〔彼の考えによれば、〕幼児の精神のうちにある概念的配分が生じ、幼児は〔それによって〕もともとは調整されていないさまざまな音声現象を理解し、配置するようになるのでしょう。してみれば、音素体系は、かつて集団によってつくり出されたのと同じように、幼児によってもう一度つくり出されねばならない、ということになります。だが、実はヤコブソンは、音素体系を一つの概念的体系とみなすことによって、音素論的分析のうちにあってあれほどまでに独創的であったものを危険にさらしているのです。彼自身、この音素体系の獲得を色彩体系の獲得と比較しています。ところで、私たちは先に〔『幼児の意識の構造と葛藤』〔十二月十五日の講義――一九四九―一九五〇年度〕を参照してください〕、色彩知覚の発達は知的分析の発達ではなく、知覚そのものの分節化ないしGestaltung〔ゲシュタルト形成〕の発達だということを確かめておきました。同じように、音素体系の獲得も知的な分類によるものではありません。幼児は、知覚される世界の構造を身に引き受けるように、自分の聞く言語に内在している音素の音階を身に引き受けるのです。

3 結論

もし言語体系に表示機能しかないのだとしたら、ヤコブソンの解釈を受け容れてもよいかもしれません。しかし、われわれはK・ビューラー（『言語理論』）と共に、言語体系が

(1) 表示
(2) 自己自身の表出
(3) 他者への呼びかけ

という三つの機能を不可分なかたちで有していると述べたばかりです。

言語行為《パロール》へと向かう幼児の運動は、他者への絶えざる呼びかけです。幼児は他者のうちにもう一人の自分自身を認めるのです。言語活動はそのもう一人の自分との相互性を実現するための手段にほかなりません。そこで問題なのは、いわば生きる機能であって、単なる知的な機能ではありません。表示機能は、われわれが他者とのコミュニケーションに入りこむための活動全体の一契機にすぎないのです。

音素論的分析のうちにある新しいものを、文体《スタイル》という概念で要約してもよいかと思います。音素体系は、言語活動の文体《スタイル》なのです。文体《スタイル》というものは、語によっても観念によっても定義されえないものであり、直接的意味はもたず、もつのは遠回しの意味だけです。この文体《スタイル》によって一人の作家を特徴づけることができるように、ある言語体系の音素体系を特徴づけることもできるのです。

B　模倣の現象

幼児は、音素体系と最初の数語を獲得したのち、模倣によって言語を発達させると言われています。われわれは、模倣理論を言語の獲得に適用するに先立って、模倣の問題を一般的に研究してみることにしましょう。

1　古典的な考え方

〔古典的な考え方によりますと、〕模倣の問題は次のように定式化されています。幼児はある所作を見たり、ある発話《パロール》を聴いたりしたあと、どのようにしてそれらの所作や発話をモデルとして受けとり、それらに等しい所作や発話を再生するようになるのだろうか、というようにです。そこには二つの作業が想定されているように思われます。つまり、目に見える行為を運動の言語に翻訳するためには、まず他者の行為がなにによって惹き起こされるかを理解し、次いでその行為を再生する必要がある、というわけです。だが、実際にはこんな二重の翻訳作業など存在しません。幼児にとって、他者の運動的・筋肉的な原因にまで遡り、次いでそれらの諸条件を再現することなどできるわけはありません。われわれがすでに見たように、音素体系はけっして結果から原因へ、そして原因から結果へというこうした二重の運動によって獲得されるわけではないのです。幼児にとって音素体系はさまざまな音階の登記簿のようなものでした。したがって、幼児が聴いて再生するのは知覚的光景ではなく、周囲の人びとによっておこなわれる音韻上の諸可能性のある使い方なのです。もし問題になっているのが本当に音階なのだとしたら（トルベツコイ）、幼児がそれを分析したりせずに再生するとしても不思議ではありません。そうした分析は、もっとずっとあとになってからおこなわれる作業なのです。してみれば、模倣は二重の翻訳作業などではありえないことになりましょう。

2 ギョームによる模倣の問題

模倣に関するその学位論文（『幼児の模倣』一九二六年、P・U・F、一九六九年）でギョームはこの古典的な考え方を乗り越えてゆきます。

彼はある重要な指摘からはじめます。つまり、われわれはある運動をおこなう前に、その運動そのものを表象したりすることはないし、その運動をおこなうのに必要な筋肉の収縮を考えてみたりもしない、というのです（運動をはじめやすくするためにあらかじめその運動を表象してみたりするのは、たとえば不全麻痺のある種の症例などに見られる病的徴候にほかなりません）。

むしろ〔模倣において〕問題なのは、対象、つまりわれわれが見つめている目標物によるある種の

「魅惑」です。われわれは対象へ向かう運動を表象するのではなく、欲求されている対象そのものを表象するのです。話すばあいも同様で、われわれはある文章を口に出して言う前に、その文章を表象したりはしません。次の言葉《パロール》を呼び出すのは、話し相手の言葉か、あるいは自分自身の言葉なのです。それに、たとえわれわれがこうした運動の継起を表象しようと思ったとしても、そんなことはできません。意識には「筋肉の仕組み」など分かりはしないのです。ましてや、解剖学などまったく知らない幼児のばあい、なおさらのことです。

このように、われわれは自分自身の運動でさえ表象することができないのですから、どうして他者の運動にゆきつくことなどできるでしょうか。したがって、われわれは今後、自己の模倣〔反復〕や他者の模倣はそうした運動の表象以外のものにもとづくのだと考えることにしましょう。それにしても、われわれが自分自身についてもつ知覚と他者についての視覚的な知覚とを媒介するのが、こうした運動の表象でないとしたら、いったいそれはなんでしょうか。

古典心理学は、〔模倣を説明する際〕われわれを四つの項からなる一つの関係に立ち合わせます（そのうち、自分自身の視覚的知覚と他人の運動感覚的知覚の二つは〔模倣する主体に〕欠けていることになるのですが）。古典理論は、われわれがその欠けているものをどのようにして補うのかを示そうと試みるのです。自分自身についての視覚的知覚について言うなら、ギョームがきわめて簡単な実験によって知覚がいかに隙間だらけであるかを教えてくれています。彼は自分の息子のうなじに指でいくつかの記号を描いたところ、息子はそれを正確に再現することができたのですが、額に描いたときには、その鏡映像を再生したというのです。模倣の古典的解釈は、私が他人の所作の運動的諸条件を分析するということを前提にし、他者の姿勢と私の姿勢とがあらかじめ同一視されているということを拠りどころにしています。ところが、ギョームは問題を逆転すべきだと提案するのです。つまり、古典的心理学者にとって予備的条件であるものが、彼にとっては結果でしかないのです。運動感覚と視覚というその二重の局面を通して、他者の身体と私の身体を同一視することによって模倣が生み出されると言う代わりに、ギョームは幼児はまず自分自身のもつ手段によってモデルの活動の結果を模倣し、そうすることによってはからずもモデルと同じ運動を生み出すことになるのだ、と言うのです[18]。

そして、他者と私とを媒介する第三項は、他者の活動と私の活動とがともに差し向けられている外界であり対象だということになりましょう。

これは、奥行の深い実り豊かな考えです。われわれがまず最初に意識するのは、自分の身体ではなく物です。身体の働き方についてはほとんど知らないのですが、身体は物へ向かってゆきます。したがって、模倣は同じ一つの対象をめぐる他者の活動と私の活動の出会いとしてしか理解されません。模倣するということは、他者と同じようにふるまうということではなく、同じ結果に到達するということなのです。ギョームの息子は九ヵ月二十一日目に鉛筆を逆ににぎってテーブルの上をたたくのに使いましたが、何回かそんなことをしたあと、鉛筆を逆にもちかえて、削った先の方を紙に向けたそうです。このばあい、この子にとって問題なのは父親の身ぶりを再現することではなく、父親と同じ結果（紙に対する鉛筆の位置）を得ることなのです。数週間後には、この子はもはや鉛筆をたたくためにではなく、紙の上に線を引くために使うようになります。ここでもまた、この子は父親の身ぶりではなく、明らかに結果を模倣しているのです。幼児が自分のまわりでおこなわれているのを目にするすべての活動についても同様です。彼の身ぶりがモデルの身ぶりと近似的にしか、つまり不完全にしか似ていないのは、このためなのでしょう。

　これは、模倣が「高みに立つもの《エミナント》」だということ、つまり模倣は身ぶりの全体的結果を目指すのであって、その細部の再現を目指すのではない、ということを意味しています。身ぶりの模倣は、物へ向けられたこうした行為から少しずつ姿を現してくるにすぎません。たとえば幼児が（飼主に馴れた犬もそうですが）大人と同じ方向に視線を向けるときがそうです。おそらくこの行為の起点には、そのとき大人の視線が興味を惹く何かにじっと注がれていたという事実があったにちがいありません。しかし、やがて二つの活動の平行関係は目標から離れ、幼児は系統的に大人と同じがわに視線を向けるようになります。この模倣は運動感覚的模倣によってはけっして説明することはできません。幼児が大人と同じがわに眼を向けるときも、その同じ対象に対する二人の位置が違うので、幼児のおこなう運動は大人のそれとは違います。幼児がその位置の転位を捉えることなどできるとは思われません。そんなふうに考えなくとも、この現象は、幼児にとって大人の視線が目標を指し示しているので、幼児も自分なりにその目標をわがものにするのだということを認めれば、説明がつきます。

　要するに、人は自分自身の身体を、〈諸感覚のかたまりが運動感覚的イメージによって二重化されたもの〉としてではなく、対象へ向かってゆくための組織的な手段（視線のばあいには、対象を検査するための手段）として扱っているのです。模倣は、他者も同じ目標にゆきつくためにわれわれと同じ手段を使うと考えるばあいにのみ理解されうるのであり、それ以外には説明のしようがありません。ギョームの指摘するところでは、模倣は目標の共有、つまり対象の共有にもとづいています。この結果の模倣から出発して、次に他者の模倣ということも可能になるのです。こうして幼児にとって大人は、世界にあっていっそう威厳のあるもの、つまり万物の尺度に少しずつなってゆきます。幼児にとって大人は、幼児自身のもっとも本質的な自我をあらわすようになります。次いで幼児は、部分的模倣を通じて独自の表象を身に引き受けてゆくのです。こうした部分的模倣は、幼児がおのれのうちに他者を認めていることの徴《しるし》でしょう。他者は、世界と幼児のあいだの普遍的媒介者なのです。

　ところで、初期の意図しない模倣ともっとあとの明白な模倣とのあいだには、ある対照が見られます。ギョームの観察によりますと、生後九ヵ月のある幼児は、自分の髪や他人の髪をとかすのにヘアー・ブラッシを正しく使うことができました。しかし、それから二十日たっても、その子は対象がなければ、手を頭にあげる身ぶりをまねることができませんでした。つまり、この子には、目標を欠いた具体的でない身ぶりはまだ受け容れられなかったのです（この観察によってギョームは、具体的行動とカテゴリー的行動との違いを説くゴールトシュタインの分析を先取りしている、ないしその分析とたまたま同じ考えにゆきついていることになります）。

　ギョームは同じように別の生後三十二ヵ月の幼児を観察していますが、その子は両眼を左右に動かす運動をまねるようにもとめられたとき、最初は頭全体をぐるっとまわしたといいます。この事実は、幼児が結果を模倣するものであって、モデルがその結果を得るのに使う手段を模倣するわけではないということをよく示しています。

通常理解されているような模倣（つまり自分の身体によって意図的にある身ぶりを描いてみるといったこと）は、遅くなって現れる機能です。この種の模倣は対象そのものを巻きこむものではなく、対象の記号《シーニュ》、その表現を相手にするからです。

以上のことから、模倣において他者は、まず身体としてではなく、行動とみなされているということが分かります。

3　言語への適用

音声の模倣は、模倣一般の一特殊例です。しかしそれは、耳によって正確に調整できるという利点をもっています。人はつねに自分自身の発話《パロール》を聴いているものです。言葉の模倣に関するかぎり、われわれは身ぶりの模倣には欠けている二重の運動感覚的な恵み[19]をもっていることになります。そのために、模倣による言語の獲得の問題が誤って単純化されてしまいますが、実際にはこれも、われわれが模倣一般について提起したのとまったく同じ問題なのです。

問題になるのはやはり、音を分節的に発音する身ぶりの模倣です。そして、幼児はすでに言える音に新しい音を同化してゆくことによって、その音を再生するのだということをここで指摘しておく必要があります。ここでもまた、模倣は自分自身の手段によって目標（聴いた言葉《パロール》）へ赴くことを意味しているのです。描画の際、幼児はモデルの一点一点をなぞるようにして描くのではなく、全体的な結果にゆきつこうとして描くものですが、音声の模倣でも同じことなのです。

4　ギョーム理論の拡張

幼児は、他者を模倣する前に他者の活動を模倣するものです。この最初の模倣は、幼児が他者の身体を構造化された行為の担い手として一挙に把握しているということ、そして幼児が自分自身の身体を、ある意味をもった身ぶりを実現するための恒常的で全体的な能力として経験しているということを前提にしています。つまり、模倣は他者の行動の把握と、自己のがわでは、観想的ではなく運動的なものとしての主体、フッサールの言う「われなしあたう」[20]としての主体を前提にしている、ということです。

他者の行動の知覚と、全体的な身体図式による自己の身体の知覚とは、自我と他者との同一視を実現するただ一つの機構の二つの局面なのです。

一、――同一視の役割。この役割は初次的なものです。事実、自我と他者とは、幼児があとになってはじめて分裂してゆく存在であって、幼児は、他者との全面的な同一視から出発するのです。

それにしても、他者とのこうした原初的な同一視から出発して、どのようにして幼児はおのれの自我を実現し、行動を再現するその能力を実現するようになるのでしょうか。模倣するという意識の出現はどう説明すればよいのでしょうか。そして一般に、自我と他者との同一視からその区別への移行はどのように説明すればよいのでしょうか。

ギョームはこうした問いに直接に答えようとはまったくせず、つねにはすかいからこの問いに近づこうとしています。

幼児の模倣は、無意識的な自己中心性という土壌の上で育ってゆくものです。幼児はまるごと他者へ、また事物へ向けられており、自分をそれらと混同しています。幼児は、もっぱら外界へ向かうその関心のうちで、自分にとってしか存在しないものをさえも現実として受けとってしまうのです。幼児を助けてこうした未分化から脱け出させ、表象された自我の形成を可能にするのが模倣なのです。

要するに、ギョームは自我と他者の関係についての古典的な問題の立て方――どのようにして自己の意識から他者へ移行するのか、という問題の立て方――を逆転させるわけです。

ギョームにとっての問題は、他者から出発してどのようにして表象的自我を構成するか、ということになります。事実、幼児にとって主要な位置を占めているのは他者なのです。幼児自身はおのれを「もう一人の他者」としかみなさず、幼児の関心の中心は他者にあります。「比類ない」（マルロー）唯一の自我[21]の意識など、幼児にはありません。この自我はたしかに幼児によって生きられてはいるのですが、いずれにせよ主題的に捉えられることはありません。幼児にとっては他者こそが本質的なものであり、自己自身の鏡なのであって、その自我はそこに掛けられているのです（「自我が世界の中心であるかぎり、自我はおのれについて無知である。」ギョーム〔22〕)。

このテーゼを裏づけるために、ギョームは言語の証言を引き合いに出します。

二、――言語による裏づけ。幼児の自己中心性は幼児の言語の発達に反映されます。たとえば代名詞を混同したり、自分の名前よりも他者の名前が優位を占めることなどがそれです。自己と他者はまったく未分化なのですが、もしそのどちらかが特権的な意味をもつとしたら、それはむしろ他者の方なのです。

a　幼児の初語は、自分自身にかかわるのと同じくらい、あるいはそれ以上に他者にかかわっていますし、またそれらは、幼児の意識が対自的意識ではなく、他者と共にある意識〔conscience *avec autrui*〕だということを証示しています(すべての幼児が使う「もうない〔a plus〕」という表現は、「私はもういらない」「彼はもういらない」「そこにはもうない」などを意味しています)。また、「痛々《いたいた》〔bobo〕」のような感情的表現でさえも、なによりもまず客観的実在を表現するのに使われます。

b　同様に、自分の名前の出現が遅いということも、他者の初次的重要性を証示するものです。幼児自身の名前が使われるようになるのは、周囲にいる人びとの名前が使われるのよりも遅れますし、ようやくそれが使われるようになっても、それはまず(たとえば物を分配するようなばあいに)他者のかたわらにある自分の居場所を指すために使われるのです。代名詞の発達も同じように遅く、これは自我と他者との混同が続いていることを示しています。「ぼく」は「きみ」よりもずっと後になって使われますし、「彼」の代わりに名前が使われ、名前は満二歳になるころになってはじめて使われなくなります。

はたしてこれらの語の獲得は、自我意識の結果の役割を果たしているのでしょうか、それとも原因の役割を果たしているのでしょうか。明らかにそこには相互作用が認められます。たしかに、言葉は概念を精密なものにしてゆきます。しかし、幼児の経験がすでに他者との相互性をふくむようになっていないかぎり、幼児には代名詞の意味が理解できないのです。

言語活動は模倣の一特殊例にすぎません。ギョームは新たな語の獲得とある役割の取得とを比較しています。ある新たな表現を選びとるということは、ある服を選びとるのと同様、一つの行為だというのです。

三、——感情模倣の分析。この感情模倣の興味深いところは、それが活動によりも他者に向けられているというところです。そして、感情や情動の模倣は、活動の模倣とほとんど同じくらい早発性のものです。したがって、感情模倣はギョームの理論にとって一種のつまずきの石になるのですが、しかしそれを分析することによって彼は、自分の考え方をいくらか修正することができました。というのも、もし本当に両方の模倣が同じように早発性のものだとすれば、活動の模倣にも、単なる物そのものへの興味とは違った人間的構成要素がふくまれているにちがいないことになるからです。

幼児には、他者の感情に対する興味があります。いま問題なのは、情動の感染、つまり動物にも見られるような、他者の情動がわれわれのうちに侵入してくるという事態ではありません。こうした感染にあるのは、一種の自己中心的共感、つまり幼児が他者の感情に抑えがたく分かちあずかってしまうことです。それは幼児を一瞬完全に占有してしまいますが、幼児はすぐさまそれから醒め、一種の無関心さを示して大人を驚かせます。真の共感は、こうした感染ではありません。それはむしろ幼児自身の生活の一時的な拡大なのです。それは、ひととき他者のうちで生きるということです。単に自分だけのために他者と同じ物を生きるということではありません。こうして、自分の子守女が叩かれるのを見た幼児は、泣いて彼女のそばに寄って庇護をもとめました。つまり、幼児が同情を寄せているのは自分自身に対してなのです。これに対して、真の共感とは、他者を一時的に包囲し、他者を包みこむまでになることです。ですから、幼児は、行動や結果の模倣から本来の模倣、つまり人の模倣へ導いてゆく運動と似たような運動によって、原初的な共感から真の共感へ移行する必要があるわけです。

ギョームによりますと、この移行は遊びを介しておこなわれます。遊びには、幼児と両親にはじめてその役割を交換させる機能があります。幼児は視点《パースペクティヴ》を変え、そうすることによって、自他を区別することを学んでゆくわけです。ここでギョームは、一九一四年に模倣的知能についての本を公刊したスウェーデンのフィンボガソンを援用しています。彼の主要な考えは調節〔accomodation〕という考えで、これが真の模倣を可能にするというのです。他人の行為の一部を模倣するとき、人は一種の誘導によって、この行為に対応する態度をそっくりとらざるをえません（たとえば、ある人の身ぶりを模倣すると、自動的にその人の声を出してしまう、といったぐあいにです）。他人の行為のある局面を採り入れると、意識の全体が模倣している相手の「スタイル」をとってしまうのです。言いかえれば、真の模倣は、意識されている限界を超えて拡散し全体的になる、ということです。一度調節されると、模倣はおのれ自身を超え出てゆきます。この種の超出こそが、新たな構造の獲得、たとえば言語活動の獲得を可能にするのです。

ギョームは、模倣についてのその論文で、きわめて重要な二つの概念を使っていますが、それをそれ以上つっこんで分析することは拒否しています。

1　前－自己〔pré-soi〕という概念。これは、他者のうちで自己に課せられる限界にまだ出会っていないので、おのれ自身についての無知のうちにとどまっている潜在的自我の概念です。ギョームによりますと、これは、意識のこの発達段階に固有の自他の未分化のゆえに、分析することのできない概念なのです。

2　幼児を他者へ向かわせ、幼児を行動の模倣から人の模倣へと移行させる運動。もっとも、ギョームはこの移行を、「転位〔transfert〕」ということ（連合主義的な概念であり、この移行を錯覚にしてしまうような概念なのですが）によってしか説明していません。

だが、われわれとしては、他者の問題のすべてを含意しているこれら二つの概念の分析を避けるわけにはゆきません。ギョームが模倣のうちで考えている他者との関係は、次のことを前提にしています。

――われわれが自己自身の身体と準魔術的な関係をとり結んでいるということ。

――われわれが同じ能力をもっているからこそ、われわれは他者の行動をメロディ的全体として知覚するのだということ。

フッサールやシェーラー[23]の現象学が哲学的照明を当てようとしたのも、これらの概念にほかなりません。

〔第五節　他者の存在〕

〔1〕　フッサールによって立てられた他者存在の問題

（『デカルト的省察[24]』一九三一年、ヴラン、新版一九五三年、の「第五省察」）

1　問題の提起。他者を考えることは一見不可能に思われる

デカルトの「われ思う《コギト》」は、自我と他者の問題を、その解決を不可能にしてしまうように思われる用語で立てています。事実、精神ないし自我が自己自身とのその接触によって定義されるとしますと、他者の表象などどうして可能になるでしょうか。自我は、それがこうした自己意識であるばあいにしか、意味をもちません。自我にとっては、自分が思っているという事実以外、すべては疑いうるものです。また、自分が見ているという事実以外、自分の見ているすべてのものは疑いうるものです。そして、すべての経験は自己自身とのこの接触を前提にし、すべての知は、この第一の知によってはじめて可能になる、というのです。他者とは外から私に現れてくる一個の自我ということになるのでしょうが、これは矛盾しています。

他者とは、私が彼についてもつ意識にすぎないというのは、定義からして矛盾です。というのも、他者は他者自身にとって、私が私にとってそうであるようなものであり、それゆえ私は他者に近づくことはできないからです。私にとって他者は、彼が自分自身にとってそうであるようなものではありませんから、私には他者を経験することはできません。たとえ私が、他者を認めるために、一種の精神的犠牲によって私の「われ思う《コギト》」を断念したいと思っても、他者がその存在を受けとるのは、やはり私からでしょうし、してみれば他者は依然として私のもつ現象だということになりましょう。

こうして、私と他者の関係は、相互排除的な関係のように思われますし、問題は解決不可能に思われます。

2　他者の現象の存在

けれども、他者の現象は否定しがたいものですし、われわれの態度や行為の多くは、他者を顧慮しなければ理解しえないものです。つまり、われわれは、われわれが自分自身についてなす経験ほど確かなものではないにしても（フッサールの言うには、ある種の独我論は克服しがたいのですが）、やはり他者を経験してはいるのです。したがって、問題は、実際に他者が存在している以上、他者を認めなければならない（だが、これは論理的に不可能に思われる）というところにあります。

解決は、この相互排除の関係を生きた関係に転換することです。

この問題の既知事項は、

——他者のある種の現前は認めなければならないが、しかしそれは間接的現前だということです。というのも、ただ一つ疑いえない現前は私自身だけだからです（これは「われ思う《コギト》」の要求です）。

フッサールは、他者の知覚にゆきつくためのいくつかの手段を探しもとめています。

a 側面的知覚。他者は私の面前に物のような仕方で存在しているのではなく、いつも私に対するある種の「方向」、ある種の参照関係をふくんでいます。それは他我《アルテル・エゴ》なのであり、私の一種の反映なのです。したがって、考えなければならないのは、一連の「自己意識《プル・スワ》」ではなく、たがいに他に対して存在している他我《アルテル・エゴ》の共同体です。他者はつねにその起源を、ある意味で私から引き出しているのです。

b 「空白」の知覚。われわれは他者を反映として知覚すると同時に、われわれにとっての空白としても知覚します。事実、他者とは、われわれの経験が立ち入ることを禁じられた地帯のようなものなのです。

たしかに、他者の実的な知覚（否認しがたい経験という意味で——他者は「生ま身で」現前しています）が重要ではあるのですが、しかしそれは、物の知覚と同じような種類の知覚ではありません。物のばあいなら、現に私に与えられていないものも、潜在的に与えられている（別の視点からなら見えたり、顕微鏡でなら見えるといったぐあいに）かもしれません。しかし、他者のばあいには、われわれには他者が彼自身を知覚するのと同じように他者の全体を知覚することはおよそ不可能です。「生ま身」の現前には限界があるわけです。われわれは他者とそっくり同じ位置には身を置くことはできません。定義からしても、もしわれわれがそっくり彼の位置に身を置けるとしたら、われわれは彼自身にほかならないことになりましょう（われわれの位置である「ここ」と、他者の位置である「そこ」の区別）。

しかし、側面的知覚にしても空白の知覚にしても、いずれもまだ真に他者を定立していることにはなりません。私が他者の存在を十分に肯定したいのであれば、もっと先に進み、本当に他者の領野に侵入してゆかねばなりません。

c　他者の行為の知覚。ここでのフッサールの分析は、ギョーム の分析とまったくよく似ています。私が他者の行為の開始を目撃すると、私の身体がそれを理解する手段になり、私の身体性が他者の身体性を理解する能力になります。私の身体が他者と同じ目的を達成しうるからこそ、私は他者の行為の目指している方向（Zwecksinn）を捉えるのです。ここにスタイルという考え方が介入してきます。私の身ぶりのスタイルと他者の身ぶりのスタイルが同じだからこそ、私にとって真であるものが他者にとっても真だということになるのです。この「スタイル」は概念や観念ではありません。それは、私には定義はできないにしても、捉え、模倣することのできる「あるやり方」なのです。

d　「志向の越境」。しかし、他者の存在を理解する操作は、他者のスタイルを知覚する以上のものです。それは、対《つい》の形成（Paarung）といったようなものでなければなりません。つまり、〔私の〕身体が別の身体のうちに、私自身の志向を実現し私に新しい志向を示唆するようなおのれの対項《つい》を見いだすのです。他者の知覚は、ある有機体が別の有機体を横領することです。フッサールは、われわれに、われわれ自身の自我を超え出ることによって他者を経験させるこの生きた操作に、いろいろな名前を与えています。彼はこれを、たとえば「志向の越境」とか「統覚の転位」などと呼び、そこでは論理的操作ではなく（kein Schluß, kein Denkakt〔推論でも思考作用でもなく〕）、生きた操作が問題なのだということをつねに強調しています。他者の行動がある点で私の志向に身を捧げ、私にとって、まるでそれが私によっておこなわれているかのような意味をもつ行為を描いてみせるのです。

〔2〕フッサールの立場

フッサールは、直観哲学の枠内で、他者の存在の問題にどの程度の解決を見いだしているのでしょうか。われわれも先に指摘しましたし、彼自身も述べているように、そこにはある基本的な矛盾があります。つまり、われわれに他者経験は実際に与えられているというのに、われわれにはそれを論理的に認めることができない、という矛盾です。問題は他者の存在を明示することなのですが、フッサールが放棄しようとは思わない条件、それどころか解決に近づいたと思われるそのつど彼が思い出させる初次的な条件を考慮に入れると、それはとてもできそうにも思えません。この条件というのが、「われ思う《コギト》」についてのデカルト的な考え方、つまり意識は本質的に自己意識だという考え方、そして、他者はもう一人の私として考えられねばならないという考え方なのです。フッサールは、他我《アルテル・エゴ》がなければ他の生体もありえない、と述べています。

こうしてフッサールは、私の意識から出発し、われわれの行動の類似性を確認することによって他者の意識の存在を結論する疑似‐解決をおのれに禁じます。この疑似‐解決にあっては、われわれはデカルトによって立てられた延長と思考との二分法に突き当ることになりますが、どのようにして一方から他方へ移行しうるというのでしょうか。これは即自の次元から対自の次元への移行にからむ難問です。他者は、物たちに立ちまじって、身体を介し、したがって即自のうちに現れてくる対自だということになります。この移行を考えるためには、デカルトには考えることのできなかった混合的概念をつくりあげねばなりません。フッサール自身も、他者知覚の構成分になっている矛盾を無視して通り過ぎてしまうことは拒否します。私は、他者が私についてつくる心像《イメージ》に自分を還元することなど認めるわけにゆきません。してみれば、私が自分自身を他者の視野《パースペクティヴ》のうちにうまく定立することができないのですから、私もまた他者を定立していると言い張ることはできないわけです。

この矛盾を克服するのは不可能だということと、〔自他の〕綜合は不可能だということとを論証したあと、フッサールは、こうした綜合はおこなわれるにおよばないのであり、問題が誤って立てられているのだ、と付けくわえます。つまり、私の視点と他者の視点の違いが生ずるのは、まさしく他者経験がなされたあとになってのことなのであり、こうした違いは他者経験の結果なのです。彼はまたこうも言います――この区別を出発点に据え、それを他者経験についてのすべての考え方に対置してはならないのだ、と。しかし、こうした指摘によってフッサールは、自己意識から出発して他者経験を手に入れることは断念し、別の方向に進もうとしているようにも思えます。ですから、彼の著作には二つの傾向があるわけです。

(一) 「われ思う《コギト》」、つまり「私の固有領域」から出発して他者に近づこうとする試み。

(二) この問題を拒否し、「間主観性」へ向かう方向、つまり初次的「われ思う《コギト》」を立てることなく、私でもなければ他者でもない意識から出発する可能性をもとめる方向。

しかし、この第二の可能性を検討しながらも、フッサールは、それが自分にとっては満足のいかないものであり、この可能性によっても彼にとっては問題の困難さは消えず、そっくり残されるということをはっきりと表明しています。こうして、間主観的な考え方の閾《しきい》ぎわまで進みながら、結局フッサールは統合的な超越論的主観性のうちに踏みとどまるのです。

もっとあとになりますと、フッサールはこの問題をもっとよく意識するようになり、二つの要求を同時に肯定するようになりました。たとえば未刊草稿のなかで彼は、超越論的主観性は間主観性である(他者が私についてなす経験が私に、私がなんであるかを正しく教えてくれる)と述べています。[25]

しかし、彼はとうとうこの二つを調停するにはいたりませんでした。

〔3〕 マックス・シェーラーの考え方

(仏訳『共感の本性とその諸形式』パイヨ、一九二八年、参照)

フッサールの弟子のシェーラーは、この問題の解決を見いだそうと試み、「われ思う《コギト》」という出発点をまったく放棄することによって（つまり、意識とはなによりもまず自己意識だというデカルト的要請を放棄することによって）、他者知覚を手に入れようとします。彼は明らかに、私と他者のまったく未分化な状態から出発するのです。

彼は、自分自身にと同じくらい他者にも及ぶ「内部知覚」（たとえば感情の知覚）という概念を一般化します。

――一方では、私自身の身体の知覚や私自身の行為の知覚は、物の知覚と同じ程度に外的なのであり、物の知覚以上に直接的だというわけではありません。

――他方では、人は他者の感情（単にその表情だけではなく）を見たり知覚したりします。しかも、自分自身の感情を知覚するのと同じくらい確かにそれを知覚するものです。さまざまな感情の違いは、知覚そのものによって捉えられます（たとえば、他者の恥かしさで赤くなった顔を、怒りで赤くなった顔や熱を出して赤くなった顔と混同することはありえません）。知覚は他者理解においてきわめて大きな役割を果たすのです（プルースト『失われた時を求めて』において、アルベルティーヌの嘘を見分けるくだりを参照してください）。同様に、他者の意志の知覚というものもあります。人は他者の意志を、時として自分自身の意志のように知覚することさえあるのです。したがって、われわれとしてはここで、「未分化な心的経験の流れ」とか、自他の混淆とか、ある種の一般性においてある原初的意識とか、永遠の「ヒステリー」状態（現に体験されているものと、ただ想像されているにすぎないものとの区別がなく、私と他者との区別がないという意味で）といった言い方をしなければならないことになりましょう。

それにしても、この未分化な状態から、どのようにして自己意識が出現してくるのでしょうか。シェーラーは、人は表現（行為や反応など）を介してしか自己意識をもつようにはならないものであり、他者を認識するのと同じように自己を認識するものだ、と述べています。同様に、さまざまな意図も、ひとたび実現されてはじめて知られるものなのです（アラン『絵画論』参照）。

こうして、自己意識に特権を与えるいわれはなくなります。他者意識がなければ自己意識もありえませんし、自己意識は他者意識と同じタイプのものなのです。すべての経験と同様に、自己についての経験も、地の上の図としてしか存在しません（他者知覚は、自己知覚がそこに際立ってくる地のようなものです）。人は他者を媒介にしておのれを見ているのです。

だが、依然として一つの問題が残ります。フッサールにとって、問題は自己意識から他者意識にいかにして移行してゆくのかということでした。これに対して、シェーラーの考え方において問題になるのは、この原初の未分化な地の上にどのようにして自己意識と他者意識が出現してくるのか、ということです。

〔4〕　シェーラーについての討議

マックス・シェーラーにとっては、意識はその表現と不可分であり（したがって、その環境の文化的総体とも不可分であり）、自己意識と他者意識のあいだに根本的な相違はないのです。

しかし、このような考え方によって、どのようにして主観が他者を定立するようになるのか、どのようにして意識の孤立や複数性が生ずるのかを理解することができるでしょうか。

このような反問に対して、シェーラーは次のように答えます。意識はその身体性によって、つまりそれが利用するさまざまな道具のまとまりによってのみ、たがいに分離されるのだ、と。この「身体性」とは、その助けを借りて人が自分自身なり他者なりを捉える、いわば感覚可能な素材なのです。ところが、感情においてはそうした純粋に感覚可能なものは、その感情のわずかな層をしかなしていません。それ以外のすべてのもの、つまりその内容、その志向は、他者によっても分けもたれうるものです。こうして、たとえば火傷のばあい、痛みの鋭い感じを感じることができるのは、火傷をした当人だけですが、火傷が表しているすべて、つまり火のこわさ、身体を保全することにとっての危険、痛さの意味などは、他者にも伝えられうるものであり、他者によっても感じられうるものです。そのとき、その感情の同じ形式、同じ内容が他の素材を通して体験されるのです。感情の意味、その志向（これこそが感情の本質をなすものなのですが）は、二つの意識にとって同じです。感じられるもの〔le senti〕は分離されていますが、意識は分離されていないのです。

ここでシェーラーは「情動的明証性」という概念を導入します。人は現実に他者になることはできませんが、志向的には他者になることができますし、あらゆる表情の表出を通して他者にゆきつくことができます。他者はそうした表情の表出を介して、われわれにおのれを与えるのです。他者についてのわれわれの意識に二つの部分への分裂（つまり、他者の表出の知覚が、それと似たような表出を惹き起こすわれわれの意識からの類推によって、他者の意識についてのある仮説を生み出す、といったような）はありません。われわれにあってと同様、他者にあっても、意識とその表出は一体なのです。

フッサールは意識の用語で問題を立てました。そのために、彼には問題が解きえなくなったのです。これに対してシェーラーは、個体〔不可分割〕性の用語で問題を立てようと試みます。

シェーラーの本質的寄与は、表現という概念にあります。表出の背後に意識があるのではなく、表出は意識に内属しているのであり、表出がそのまま意識であるというのです。他者がまるごとその表出のうちにいるからこそ、私は、類推的推論などによってではなく、他者の存在そのものによって、他者を定立することができるのです。

シェーラーは、他者の意識を可能にするために、自己意識を最小限に見積り、それを単なる自己との接触に切り縮めてしまいました。しかも、この接触は経験を通して少しずつ実現されてはゆきますが、けっして成就されることはなく、けっして自己によって全面的に所有されることのないものです。このように考えると、「われ思う《コギト》」は、自己と同様に他者にも適用可能な、一般化しうる重要性をもつことになります。デカルト的な意味での「われ思う《コギト》」は、自覚というものをもたらしたのですから、文句なく文化上の一つの財産です。しかし、それは、こうした自己意識の獲得を可能にした一連の文化的諸条件の全体に従属していたものなのですから、けっして初次的なものではありません。「われ思う《コギト》」も、すべての意識と同じ資格での表現なのです。

フッサールにあってもすでに、「われ思う《コギト》」の概念を見なおそうとする傾向はありました（自我のその表現への受肉、といった考え方において）。しかし、それは純粋意識についての彼の定義そのものに抵触するものでした。これに対して、シェーラーにあっては、意識は不透明で、まるごとその表現のうちに投げこまれています。だが、こんなふうに考えると、自己意識の獲得や他者を他我《アルテル・エゴ》として意識することも不可能になるのではないでしょうか。彼は、自己の意識と他者の意識とを、自他いずれでもない中性的な精神現象にならしてしまうのではないでしょうか。「情動的明証性」という概念を導入してみても、行為が捉えられるだけで、人は捉えられません。たとえば痛みにおいても、他者の肉体的感覚的痛みを代わって感じるわけではない以上、われわれは他者を知覚していることにはなりません。感情の志向的要素も、真の感情と比べると一般的なものでしかありません。感情の意味がその感情を生きるという事実そのものに結びつけられていない以上、真に他者を経験していることにはならないのです。シェーラーの考え方は、一種の汎心論に近いものですが、汎心論には意識の個体化という考えはありません。（言葉のフッサール的意味で）自己を意識していない主体が、どのようにしてこの共同の流れから主体として現れ出ることができるというのでしょうか。

〔5〕結論

シェーラーは、自己意識を最小限に切り縮めることによって、同時に他者意識をも危うくしてしまいます。逆にフッサールは、自我の根源性を維持しようと望むため、他者をこの自我の破壊者としてしか導入できなくなります。フッサールにあってもシェーラーにあっても、自我と他者は同じ弁証法的関係でたがいに結びつけられているわけです。自我と他者の両者はたがいに排除し合うように見えながらも、奇妙な連帯関係にあり、一方を犠牲にして他者を救うことができないのは明らかです。両者いずれもが同じ向きに変わってゆくわけです（ヘーゲルの弁証法における主人と奴隷の関係を考え合わせてください）。

したがって、問題を解決するためには、最初の対立を消し去ってはならないのです。この対立は理論的には乗り越えがたいものです。しかし、問題なのは論理的関係ではなく、存在関係なのですから、自我はその体験を深めてゆくことによって他者にゆきつくことができましょう。自我をある種の状況と連帯させる必要があります。自己性《イプセイテ》の概念を状況の概念に結びつける必要があるのです。自我は、それがおのれを企投する行為と同じものだと定義されねばならなくなりそうです。私と他者、つまりわれわれは、ある共同の状況のなかでたがいに意識し合っています。シェーラーの考え方やフッサールの「対《つい》形成」の概念もこの方向で明確にしてゆかねばならないのです。同じ方向を目指すということのうちでの出会いが問題なのです。しかし、同時に、理解の可能性は現在（私と他者との一種の幾何学的場）のうちにしか、またこれと指定しうる実在のうちにしかありません。

マルローは「人は一人で死ぬ、ゆえに人は一人で生きる」と言っていますが、これは誤った推論です。事実、生は根本的に個体性を越えるものであり、生の個体的な終局である死から生を判断することはできないはずです。

すでに見たように、シェーラーの視角からする意識の考え方も、またフッサールのいくつかのくだりにおける意識の考え方も、われわれを表現ということに差し向けるのですが、これはまさしく意識がおのれを実現してゆく作用とみなされます。こうして、われわれは一種の円を描き終えたように思われます。われわれは、言語の獲得を理解するために模倣を研究し、ギョームに従って、他者意識の獲得や他者との同一視が模倣に先行するわけではなく、逆に模倣こそ他者との同一視が生み出される作用だということを発見しました。これがわれわれを導いて、この作用を遂行する自己や他者の意識とはなんであるかの研究に向かわせ、そこでわれわれは表現という概念に連れもどされていることに気づいたのです。

だが、実はこの表現の概念は、もはやわれわれが出発点にした表現の概念と正確に同じものではありません。概念が豊かになっているのです。当初われわれは、言語活動を他者の思考を解読するための知的操作とみなし、話し手と聞き手との媒介物とみなしていました。しかし、このような考え方では、語ることを学ぶ主体は、言語のうちに自分がすでにもっている概念しか見いだすことはできません。つまり、もし言語が思考を前提にするのだとすると、言語は主体になに一つ新たなものをもたらすことはできないことになりましょう。ところが、経験は、思考が言語に影響を及ぼすのと同じくらい、言語が思考に影響することを教えています。それゆえ言語の古典的概念では、言語の獲得を説明することはできないことになります。

これとは逆に、フッサールやシェーラーの考え方に照らしてみれば、われわれは言語の獲得を、意味の再編成という知的操作とみなすことはできません。もはやわれわれは、一方が他方の背後に隠されているといった関係にある二つの存在（意味と表現）に直面しているわけではないのです。表現の現象としての言語が意識を構成するのです。こうした見方からすれば、語ることを学ぶということは、環境と次第に共存の度を深めてゆくということになります。この環境のうちで生きるということは、幼児にとって、自分のために言語と思考をわがものにするように促されることにほかなりません。してみれば、言語の獲得は、もはや自分がコードと鍵《キー》を手中にしているテキストを解読する作業に似ているとは言えないわけであり、むしろ「暗号解読」（コードを解く鍵《キー》を知らないでテキストを解読すること）に似ています。暗号解読者は、たがいに収斂する二つの手段を用います。

――テキストとその構造の内在的吟味（特定記号の使用頻度、その配列、ばあいによっては暗号ではない普通の言葉などをさがす）

――テキストの外的吟味（その発信の場所や時間、発信者の状況など）

経験は、これまでどんなテキストでも解読されてきたことを教えています。それにしても、この解読の操作にはつねに直観的要素が介在しています。というのも、この問題の既知項は未知項を論理的に決定してゆくのには不十分だからです。それは幼児の言語の習得にも比すべき創造的操作です。解読者は幼児のように、一定の時点で、既知の要素を乗り越えて全体の意味を捉えなければならないからです。その時点では、記号の全体、テキストのスタイルがもはやただ一つのことしか意味しえなくなるのであり、ヤコブソンが音素体系について述べたように、記号の全体が意味へ「向かおうとする」のです。

　幼児がまだものを理解しない時期と、理解するようになる時点とのあいだには、見のがしようのない非連続性があります。古典心理学は、思考が表現に先行すると主張することによって、この間隙を蔽い隠そうとしますが、しかしそれと同時に、言語現象からそのすべての意味を奪ってしまいます。だが、実際には、幼児が他者を介して自己を認知することを学び、自己を介して他者を認知することを学ぶのと同じように、幼児が話すことを学ぶのも、まわりの言語が幼児の思考を喚び起こし、幼児がそのスタイルによって衝き動かされ、全体からただ一つの意味が出現してくるところまでゆくからです。だからこそオンブルダーヌも言語活動を「記号論的身ぶり」と呼ぶことができたのです。これは、ちょうどわれわれが物を指さすとき、その身ぶりに意味が内在しているのと同じように、生きた発話《パロール》に意味が内在しているということを言わんとするものです。

　この過程を、個人の「スタイル」の把握に関するヴォルフの研究と比較してみる必要があります。ヴォルフはまず、科学的訓練をまったく受けたことのない被験者たちに、さまざまな人物の写真を見せます。また、それとは別に、彼らに同じ人物たちの署名、シルエット、録音された声の入ったレコードを見せたり聴かせたりします。そして彼らに全部の資料を各人物ごとに分類させました。その結果は、正しく分類された比率がおよそ七〇パーセントと驚くほど高かったのですが、被験者たち自身は、なにが彼らをそう分類するように導いたのかをはっきり言うことはできませんでした。してみれば、知覚が他者のうちに、その表情、声、筆跡などのすべてに及ぶある独自の構造を捉えるのだと認めざるをえません。こうしてヴォルフは、主題化されない流動的な意味の存在を明るみに出しました。幼児が自分のまわりで言語が使われているのを聴くときに、その幼児にとって言語がはらんでいるのは、この種の意味なのです。その意味は、最初はぼんやりしたものですが、それが分節されて、次第に明確なものになってゆきます。ここで問題になっているのは、純粋な思考や悟性の次元の現象ではありません。ここで言語を定義しているのは、その使用価値なのです。言語の道具的使用が本来の意味作用に先行するわけです。きわめて洗練された言語《ラング》体系の水準においても、たとえば哲学的言語のうちに新たな概念を導入するようなばあいにも、事情は変わりません。哲学者がある新たな用語を使うとき、それにもたせようとする意味を読者に受け容れさせるのは、それを使ってみせることによってです。したがって、彼が提示する意味は開かれた意味なのです。もしそういったものがなければ、思考の次元において獲得されるものなどないことになりましょう。完全に定義された言語（「論理実証主義」が考えているようなアルゴリズム）などは不毛なものにちがいありません。

これまでわれわれは、幼児の最初の言葉に限って、言語の獲得を考察してきました。幼児はそこにない物を指示する手段をすでに獲得しているわけですが、しかしここではまだ幼児の感性的経験に与えられうる物しか問題になりませんでした。

感性的なもののレベルで問題が解決されると、今度は同じ問題が「思考」のレベルで新たに立てられることになります。ピアジェが「層的転位《デカラージュ》」と呼んでいるのが、まさにこれです。つまり、あるレベルで達成されるすべての獲得は、高次のレベルで再開されねばならないのです。たとえば幼児の自己中心性に関して言ってみれば、幼児は知覚のレベルで自己中心性を乗り越えてから、ずいぶんあとになって、知的論理的なレベルであらためて自己中心性を乗り越えねばなりません。のみならず、成人にとってさえも、その経験のうちにあっていっそう自分らしいものの表現は、いつまでも仕上げつづけられねばならないものでしょう。マルロー（『芸術の心理学』全三巻、スキラ、一九四七－一九五〇年）は、「芸術家が最終的に自分自身の声で語れるようになるのに、いったいどれだけの歳月が要るのだろうか」と述べていますが、それもこのような意味においてなのです。

してみれば、言語の獲得は最初の数年に限られるどころではありません。それは、言語を使用しているかぎりつづくようなものなのです。

〔第六節〕 七歳までの言語の発達

さて、幼児が感性的世界の事物を指示することを学んだ時点での言語活動の研究を再開しましょう。言語活動のその後の発達を跡づけるために、われわれはピアジェの著作『幼児の言語と思考』一九二三年（デノエル社「メディタシオン」叢書）から着想を得ることにしましょう。〔ピアジェによりますと、〕七歳ごろまでは、幼児にとって言語は他者とのコミュニケーションの手段であるよりは、むしろ自己を表現する手段です。それは自己中心的言語なのです。その自己中心的言語の現れの一つが反響言語《エコラリア》です。

1　反響言語《エコラリア》の現象

これは、同じ言葉を際限なく繰りかえすことであり、ピアジェがこれを遊びの活動と性格づけたのは適切でした。幼児は、言葉を繰りかえすことによってその言葉の意味を出現させたり確かめたりするのを楽しむのです。遊び一般と同様に――遊びの本領は、さまざまな役割を引き受けるところにあります――、遊びとしての言語活動は、幼児に次第に数を増してゆく状況に近づくことを可能にします。言葉を繰りかえすことによって幼児は、その行為の幅を広げてゆくのです。幼児は、言語活動を想像的生活の顕現としておこなって楽しんでいるわけです。

　ここで、すべての遊びについてと同様に、いったい幼児はどの程度こうした想像的状況の現実性を信じているのだろうかという問題が立てられます（ディドロの『喜劇役者《コメディアン》のパラドックス』における次の発言を参照してください――「俳優は自分が自分の演じている当の人物だと思っているのだろうか、それともただ人を欺いているのだろうか」）。しかしサルトル（『想像的なもの《イマジネール》』[26]）は、これは問題の立て方が誤っていると教えています。俳優と同様に幼児も、ふりをしているのでも幻想のなかにいるのでもありません。幼児は日常生活を離れて夢の生活に入りこみ、それを実際に生きているのです、役割のなかでおのれを非現実化しているのです。

2　独語

「自己中心的言語」のもう一つの局面は独語、特に他者が一緒にいるばあいの「集団的独語」に見られます。これは、二人ないしそれ以上の幼児たちが、一見応答しあっているように見えながら、実際には他者の反応を顧慮したりせず、一人ひとりが独語をつづけているにすぎない、といった事態です。

　これについて、次のような疑問がもたれました。つまり、独語が他者へ語りかける発話《パロール》行為に先行するのか、それとも逆なのか、という疑問です。これに対してピアジェはこう答えます。幼児にとっては自他の区別がなく（これこそがまさしく幼児の「自己中心性」にほかなりません）、幼児は自分の考えや感情が普遍的なものだと信じているのだ、と。だからこそ、幼児の表現の仕方は非人称的、無記名的なのであり（つまり、「ひと《オン》」が「X」に語りかけるのです）、幼児は言語を所有しているというより、言語によって所有されているのです。したがって、同時に幼児は、おのれの個別性《ペルソナリテ》を意識してしまっている成人ほど、自己のうちに閉じこめられてはいませんし、また同時に、他の個体と居合わせていることを知っており、彼らと本当に意思を疎通し合おうと努力し、自分が独りのときでさえも他者の考えるように考える成人ほど、幼児は社会化されてもいないのです。ですから、幼児の自己中心性の乗り越えは、「自己の外へ出る」ということによってではなく（幼児は個体としての自我を知らないのですから）、自我と他者との関係を組みなおすということによって特徴づけられることになりましょう。

3　独語から対話への移行

ピアジェは、五歳から六歳までの幼児の言語活動のうちに五―一五パーセントの自己中心的な発話を拾いあげています。それ以降について、彼は継起する二つの段階を区別します。

まず、意見の一致が見られるばあい。

――中間段階。ここでは話し相手は行動にくわわりますが、共同作業はおこなわれません。しかし、これと同じ段階でももう少しあとになると、事実や明確な記憶に関して一定限度の共同作業がおこなわれます。

――七歳以後。本当の対話がおこなわれ、議論や説明を探しもとめるということがはじまります。

意見に一致が見られないばあい。

——中間段階。単純な言い争い、根拠のない主張と主張の衝突。

——およそ七歳以後。根拠のある主張と主張の衝突、理にかなった議論。

だが、ピアジェの解釈は正しいでしょうか。彼は大人に対する幼児の答えは自発的なものではないとしてすべて削除しています（実はこれが七歳以前の幼児の発話の一四—一八パーセントを占めているのです）。しかし、彼は「自発的」ということでなにを考えているのでしょうか。幼児が大人と話すとき、いつもと違った言葉を使うというのは事実です。しかし、これが自発性が低いということになるのでしょうか。先取りや高次のレベルへの突然の移行は、おそらく幼児期の発達の全過程の特徴をなすものです（ラカン[27]によると、「前熟」〔prématuration〕という概念こそ、幼児の心的発達を特徴づけるものだといいます）。おそらくピアジェは、幼児言語の本質的要素の一つを「自発的」でないからというので排除していることになりましょう。彼自身指摘しているように、幼児は七歳になるずっと以前からひそかに抽象的概念に関心を示すということなのであってみれば、いっそうそういうことになりそうです。もし幼児に関して、他の幼児に対する反応だけを「自発的」なものと数えなければならないのだとすると、幼児期の像《タブロー》などどうにでも描けるということになりましょう。

しかし、ピアジェにあって、幼児の言語活動についてのこうした考え方は、幼児期についての彼の一般的な考え方に対応しています。彼は幼児の言語活動をもっぱらその一時的な、したがって否定的な局面においてしか考察しません。幼児が到達しなければならない理想である成人の言語についてのピアジェの考え方は狭すぎるように思われます。ピアジェは成人の言語に伝達機能しか認めていないからです(『言語理論』の著者ビューラーにとっては、言語は真理の伝達機能と同じくらい自己表現の機能であり他者への呼びかけの機能です)。[28] ピアジェの考え方のこの狭さは、彼が議論《ディスカッション》に与えている役割に反映しています。彼は、議論のあるところには客観的真理を引き出す可能性があると考えます。しかし、議論についての別の考え方も可能だということを忘れてはなりません。たとえば政治的議論は、両義的な事実に一般的歴史観を適用しなければならないようなとき、したがって、客観的真理などないようなときにこそ起こってくるものです。プラトンの対話篇のなかでさえ、議論はピアジェがそれに与えたのとは違った機能を果たしています。たしかに議論は真理の形成に寄与します。議論こそが結論に真理という意味を与えるのであり、議論こそが真理へいたる道なのです。けれども、この真理はこの議論の運動のなかでのみ意味をもつものであり、したがってピアジェの言う意味での客観的な真理などではありません。

だからこそピアジェは、成人の言語から自己表出や他者への呼びかけといったものはすべて除去するわけです。しかし、一人の作家のもつ力量といったものにしても、客観的真理の伝達によりも、はるかにその「文体《スタイル》」に存するものです。それは、さまざまな意味作用を制限することなしに提示するその仕方、さまざまな意味作用に、なくてはすまないある声を提供してやるその仕方にあるのです。そうなると、ピアジェによってモデルとして提出された客観性が、はたして人間の言語活動についての既知の事実に尺度として役立ちうるものかどうかが問題になってきます。

もっとも、作家の文体が幼児の自己中心的言語と同じでないことは明らかです。自己中心的言語は乗り越えられねばならないものであり、たとえもっとあとに現れる詩的言語が幼児言語に似ているにはちがいないにしても、幼児は客観的表現の段階を通過しなければなりません。幼児の描画のばあいと同様に、ここでも理性以下の次元と理性以上の次元とを区別しなければならないのです。描画のばあいも言語表現のばあいも、幼児は芸術家ではありません。しかし、超客観的なこうした言語活動を認めるとすれば、幼児と成人は当初そう見えるほどたがいに異質ではないことになります。そして、客観的言語への移行を貧困化とみなすこともできましょう。幼児期から成年期へ進むとき、そこで起こるのは単に無知から認識への移行なのではなく、あらゆる可能性をひめた多形性の段階から、純化され、いっそう明確にはされたが、しかしいっそう貧しくもなった言語活動への移行なのです。

〔第七節〕　七歳以上の子どもたちのおこなうコミュニケーション

ピアジェのおこなっている実験のねらいは、一人の子どもが別の子どもに一つの物語や一つの機構《メカニズム》の説明をどんなふうに伝えるかを調べるというところにあります。まず大人が一定のテキストに従って、最初の子ども（この子は「説明者」と呼ばれます）に一つの物語をしてきかせたり、一つの器具（蛇口や注射器）の機能を説明したりします。この説明者が二番目の子ども（この子は「再生者」と呼ばれます）にそれを伝え、この子は大人に自分が理解したことを再生してみせなければなりません。

二通りの手続きがとられます。

――㈠　説明者は、二番目の子に伝える前に、自分の説明を一度大人に言ってみせます（この手続きには、子どもの説明を検討しうるという利点もありますが、不都合なところもあって、説明者が再生者に対しておこなう二度目の説明があまりうまくゆきません。子どもが疲れてしまうからです）。

――㈡　最初の子どもはすぐに二番目の子どもに会いにゆき、この二番目の子はもどってきて大人に自分の理解したことを伝えます。

ピアジェは、表現と理解のあいだのすべての関係を特徴づける四つの係数を定めています。[29]

1　再生者が理解したもの／説明者が理解したもの
2　再生者が理解したもの／説明者が表現したもの
3　説明者が理解したもの／大人が表現したもの
4　説明者が表現したもの／説明者自身が理解したもの

結　果

――物理的機構《メカニズム》の説明は、物語の説明よりもよく理解された。

――物語のばあい、子どもは大人の話はよく理解した。しかし子どもどうしはよく理解し合えなかったが、うまく表現はできた。

――器具の説明のばあい、現象は物語よりよく理解されたが、表現はあまりうまくいかなかった。

——最初の子どもの表現はまずかったにもかかわらず、二番目の子どもは、最初の子が大人の言うことを理解したよりももっとよく最初の子の言うことを理解した。

解釈

ピアジェの考えでは、器具の説明についての理解がよかったのは、そこでは真のコミュニケーションが問題にならなかったという事実によります。つまり、二番目の子が最初の子の言うことを理解したのは、当の器具（ないしその絵）が眼の前に置かれていたからなので、その子は説明者のいうことを聞いたというよりは、むしろその対象を見ていたのです。まるで最初の子は、自分が実際に理解した以上のことを理解したと思いこんでいるし、二番目の子は最初の子の説明してくれることをあらかじめ知っているとでもいわんばかりに、万事が進行するのです。彼らが使っている言葉は、聴き手のうちに、彼がすでにもっている図式を喚び起こす記号でしかありません。したがって、実際には、器具の説明のばあいの方が、物語のばあいよりもコミュニケーションはうまくおこなわれなかったのですが、しかし結果は総体的に良いことになりました。それは、コミュニケーションの過程が言語的伝達に部分的にしかもとづかなかったからなのです。

そこでピアジェは、子どもたちのあいだに真のコミュニケーションはなかったという結論を出します。一般的に言って、一方の子は、細部をまったく無視していながらも説明したと信じていますし、他方の子は、自分がすでに知っていたことを理解しているのに、すべてを理解したと思いこんでいるのです。子どもが自分は理解していないと気づいたことは稀でした（五パーセント）。ある機構《メカニズム》を説明している子どもが、問題になっているのがどの機構なのか（蛇口なのか注射器なのか）さえはっきりしていないこともあります。子どもは論理的順序、因果的順序、時間的順序を混同し、原因を探しもとめることなしに事実に直行してしまうのです。たとえば「なぜなら」の転倒が見られます。子どもは結果を原因に結びつけるためにではなく結果に原因を結びつけるために、この「なぜなら」という言葉を使うのです。こういったことはすべて、「言語的癒合性」（現象の大まかな把握、まわりをとりまくだけの記述）の一部であり、リュケ[30]が幼児の描画のうちに発見した「統合能力の欠如」に近づけて理解さるべきものです。

ピアジェはこうした思考を「自閉的レベル」に属するものと特徴づけています。つまり、子どもは本当に理解をもとめているのではなく、準魔術的な仕方で結果を原因に結びつけているのだ、というのです。成人のばあいには、因果の連鎖を再現できると思うとき、理解したという確信が生じます。しかし、子どもや自閉的な患者のばあい、そして一般にすべての情動においては、因果の連鎖を再現するといったことは必要ではありません。因果の連鎖など追うことなしに、一気に理解したと思いこんでしまいます。子どもにとって、論理は自分自身の思考の連鎖のうちにしかないのです。外からの呼びかけは、前に獲得された図式を賦活するだけです。そして、偶然の些事がその思考の流れを変えてしまうこともあります（ある子どもは、「〈ニオベ〉は岩に縛りつけられている〔attachée au roc〕」と言うのを聞いて、「ニオベは汚《し》みをつけた〔a taché〕と理解し、汚み〔tache〕→洗濯〔nettoyage〕の連想から、「ニオベは石を洗った」と話しました)。子どもは、文章を分析することなく、文章全体で事を進めてゆくのです。

ピアジェの考え方の検討

ピアジェの述べていることは、すべてその通りです。しかし、われわれも彼と同じ諸様相(幼児の思考の過渡的性格)を強調しなければならないものでしょうか。成人の思考も新しい考えを表現するためには既得のものの領域を乗り越えてゆかねばならないのであってみれば、成人にもこうした自己中心的・自閉的・癒合的思考は見いだされるのではないでしょうか。もし自己中心的言語活動が成人のもとにも正当なかたちで存在し、認識上の価値をもちうるということが認められるとしたら、自己中心的言語活動という概念も完全に修正されることになります。事実、新しい概念は一挙に明確に説明されるものではなく、またそのための用語も、使用されることによってはじめて十全に定義されることになるのですから、あらかじめ定義はされえないものです。だからこそ、幼児において見られるように、観念的ないし論理的順序がただ逆転されるということも起こりうるわけですし、成人も、まさしく未知のものを既知のものとみなすことを本領とする「直接的方法」を使うのです(たとえば哲学の教授は、第一回目の講義で——そこで使われる用語はすべてまだ未知のものなのですが——十回目の講義が終わってはじめて学生が十全に理解するようになる用語を使わざるをえません)。

十全に定義された言語という幻想は、言語学の領域でソシュールによって論じられた「言外にふくまれているもの〔sous-entendu〕」という概念と対比させることができます。われわれは、フランス語では表現されているのにほかの言葉では表現されていないものを「言外にふくまれているもの」と呼びます（たとえば、英語の the man I love という表現にあって、われわれは関係代名詞は言外にふくまれていると言います）。しかし、当の言語を使っている者にとっては、ほかの言語から見てそう呼ばれるものは実際に存在しないのですから、こうした言い方は作為的だということになりましょう。事実、「十全な表現」などというものはけっしてあるものではなく、自分たちの言語においては意識されえない脱落や非連続性があるものです。それが意識されないのは、同じ言語を話す人びとのあいだでは、それによって理解になんの影響もないからです。

この意味では、幼児の言語活動にもコミュニケーションのための効力がないわけではありませんし、いずれにしてもそれは、いわゆる「十全な表現」という概念に照らして評価されうるようなものではありません。幼児たちは、たとえばほかの幼児によって「多面投影法《ラパトマン》」（「幼児の描画」についての講義〔31〕参照）で描かれた立方体が本当に立方体を表現しているのだということをすぐに理解するものですが、それと同じように、彼らは時折はおたがいに分かり合うものなのです。ある表現様式が相手によって理解されているばあいには、その表現様式はこの特殊なレベルでは有効に働いているとみなされねばなりません。その総体的言語活動によって幼児はおのれを他者に理解させるわけですし、その他者は幼児の意識のうちに入りこみ、その発話《パロール》の理にかなった秩序を通して現象の全体を捉えるのです。それは、描画のばあいに幼児たちが描画対象を単一平面に投影したりしないのと同様に、言語活動のばあいにも彼らは意味を論理的発話《パロール》という単一平面に投影したりしないということからくるのです。言語活動を生きた状態で研究する必要があるということになりましょう。つまり論理学者の言語ではなく、演説家や作家や学者自身が自分の言うことを人に分かってもらおうとするときのその言語を研究する必要があるのです。そうすれば、ある点では言語活動は「自己中心的」であらざるをえないということが分かるでしょう。もしピアジェがこの事実を見過したとすれば、それは、彼の選んだ二つの例（機構《メカニズム》と物語）が、一方は論理的でありすぎ、他方は論理的でなさすぎるといったふうに極端な例だったからです。七歳以上の子どもならみな、言われたことを聞かなくとも、自分のこれまでの経験と説明のときに見せられた絵によって蛇口の機構を理解するでしょう。逆に「ニオベ」の物語のばあいには、一つのエピソードでも削られたら、どんな直観をもってしてもこの空隙を埋めることはできないにちがいありません。

要するに、理解という概念には二つの側面があり、一方は、原則としてあますところなく表現されている概念の意味を捉えるところに本領があり、他方は、言葉の痕跡をもとにして意味を捉え発見することを本領とします。スタンダールはこの言葉の痕跡を、全体を意味する「小さな真実」と呼んでいます（たとえば、画像《タブロー》を通して、人はその画家の世界全体を捉えることができるものです）。

結局のところピアジェは、自己中心的言語活動という事実はよく見ているのですが、しかし彼はそのあらゆるニュアンスをともなった中間的事例を問題にしなかったので、この自己中心的言語活動を否定的にしか規定しませんでした。これは心理学においてよく起こることです。心理学においては、単純化するために末梢的で非人格的な活動だけしか採りあげられません。たとえば、実験室の結果に基礎を置いているゲシュタルト主義者たちの知覚研究でさえ、知覚の遂行にふくまれているより人格的でより表意的なものを見落しています。

言語活動に関しても同様です。たしかに論理的言語活動は正確さという相対的な特権をもっています。しかし、それが言語活動全体の一要素にすぎず、死せる要素にすぎないということを忘れているのです。

（木田 元・鯨岡 峻訳）

大人から見た子ども

〔序　論〕

この最初の授業で講義の対象である教育学というものを明確にしておこうと思います。われわれは教育学をどう考えるべきでしょうか。

I　他の諸学科に対する教育学の位置

通常、教育学は児童心理学に対してきわめて単純に位置づけられています。つまり、教育学は教育技術であり、一つの科学に支えられている、教育学の依存しているその科学が児童心理学だ、とこう認められているのです。一見したところ、この関係は明白であるように思われます。というのも、それは科学（原因と結果の研究）と技術（手段と目的の研究）の関係だと言っているわけですから。

この考え方からすると、教育学とは心的科学を集約しそれを行動規則に変えるさまざまな技術の総体だということになります。

しかし、このような関係にあっては、教育学はまず心理学に、次いで道徳にといったように二重に従属していることになります。道徳に従属しているというのは、教育学が既定の諸価値を前提にし、自分ではそれを問題にしないからです（たとえば、医師が生は一つの価値であり死よりも好ましいと暗黙のうちに要請するように、いくつもの暗黙の要請が教育学にはあります）。

だが、こうした二重の依存関係は受け容れることのできるものでしょうか。

a　教育学と道徳の関係

教育学は既定の道徳を前提にしなければならないものでしょうか。また、教育学はこのような既定価値の適用に甘んじなければならないものでしょうか。そうではないと思います。子どもの実際に置かれている状況を認識する前に、既定の価値を認めることなどできるわけはありません。なによりも必要なのは、状況そのものが要求する価値を確立することです。大人と子どものあいだの葛藤を認識する前に、先入見的な道徳規範をそのまま承認することなどできるわけはないのです。

F・ローが『道徳的経験』（アルカン、一九〇三年）で、いかなる道徳もアプリオリに確立されうるものではないということの考えを明確に示しています。つまり、抽象的目的しかないようなばあいには、現実的道徳などあるわけはないのです。現実の道徳的規範はさまざまな状況との接触から現れてくるものだからです。

してみれば、教育学と道徳の分断にはどこか人為的なところがあることになります。

b　教育学と児童心理学の関係

教育学が児童心理学に依存しているということに関して言うと、これもきわめて人為的です。教育学は心理学の応用などではなく、それがまるごと児童心理学だからです。純粋な開業医などというものがいないのと同様、教育学にとっても観察と実践を切り離すことはできません。生物が問題であるばあい、ましてや人間存在が問題であるばあい、純粋な観察などありえません。観察はすべてすでに介入であり、被験者のなかのなにかを変えることなしに、実験したり観察したりはできないのです。理論はすべて同時に実践であり、逆に行為はすべて了解関係を前提にしています。教育者と子どもの関係は状況にとって副次的なものではなく、それこそが状況の本質をなすものなのです。

したがって、理論と実践の関係は直線的な依存関係ではなく、循環的依存関係あるいは相互包摂の関係だと言えそうです。実践はすべて一つの判断を前提にするとともに、一つの判断を生み出しもするのですから、教育学はすべて心理学、少なくとも暗黙の心理学だということになります。

教育学者の問題は精神分析家の問題でもあり、一般に実験をおこなうすべての者の問題です。つまり、教育学者は生徒を変えてしまうものです。それが不都合なことになるとすれば、それは、彼が自分のおこなっている介入の意味に気づかないばあいだけです。もっとも重大なことは、教育学者が自分の介入の意味を、時として子どもの反応を通してしか認識できないことがあるということです。してみれば、大人がおのれを知ることと子どもを教えることとは同時に起こることになります。

われわれと子どもの関係において、子どもとはわれわれが子どもに仕立てあげるものなのです。もっとも、このこと自体は、われわれが自分で子どものうちになにを持ちこんだかを知ってさえいれば（つまり、子どものあらゆる反応が、あくまで大人の問いかけに対する応答にすぎないのだということをわきまえてさえいれば）、さして重大なことではありません。この循環的な関係は、たとえそこに思いちがいの入りこむ危険がひそんでいるとしても、避けえないものであり、それ以外に子どもに近づく手段はないのです。必要なのは、われわれに由来するものと、子ども自身に由来するものとを区別するすべを少しずつ身につけることです。要するに、観察と働きかけ、理論と実践の関係は、けっして純粋認識の関係ではなく、存在の関係なのであり、われわれは十分批判的になることによってはじめて、現実的な知の構成を望みうるのです。

したがって、異なった三つの学科があるわけでも、そこに本質的な違いがあるわけでもなく、あるのは、次のような三つの方向に向かうただ一つの作業なのです。

——行為の規則についての研究（倫理学）

——客観的知識に向けられる研究（児童心理学）

——子どもに対する大人の反応に向けられる研究（教育学）

ただ、児童心理学はどちらかというと子どものがわの事象に眼を向け、教育学は大人のがわの事象に眼を向ける、とは言えましょう。したがって、教育学は、大人が子どもについてもつイメージの記述だということになりそうです。つまり、大人はどのようにして子どもとの関係を築くのか、またその関係は、歴史上のさまざまな時期にどのようにして築かれてきたのか、教育学はこういうことを知ろうとするのです。

II　教育学と歴史

事実、以上のすべての研究は教育学の歴史に頼らざるをえません。この歴史こそがわれわれに、子どもを前にした大人のさまざまな行為——事実上のものであれ、理論上のものであれ——について教えてくれるのです。この歴史は、大人と子どものあいだに生ずる鏡の現象を理解させてくれます。事実、大人と子どもは、向かい合わせて立てられた二枚の鏡のように、おたがいを無限に映し合うのです。子どもとは、われわれ大人がこうだと信じている当のもの、子どもはこうあってほしいと望んでいるわれわれの子ども像の反映にほかなりません。[1] 他者はわれわれに対しており、われわれは他者に対しているという事実によって、われわれ大人と子どもは分かちがたく結びつけられているのです。われわれがどの程度まで「幼児的心性」の造り手であるかをわれわれに感じとらせてくれるのは歴史だけです。それはわれわれに、一方が変わることによって他方も変わるという随伴的変化というもののあることを教えてくれますし、たとえば大人と子どもとの「抑圧的」な諸関係——われわれが生物学的必然性にもとづくものだと信じているこの関係——が実は間主観性についてのある考え方の表現にほかならないのだということをわれわれに感じとらせてくれます。われわれ自身が問題になっているときほど意識化の難しいことはありませんし、われわれが状況に直接巻きこまれているときには、ほとんどきまって現象はわれわれの眼を逃れてしまうものです。われわれは、歴史と民族誌を通してはじめて、われわれが子どもに感じさせている圧力を理解できるのです。

われわれと子どもの関係は、自然によって課せられたもの、恒久的差異つまり生物学的差異の上に築かれたもののように思われます。子どもはすべてをわれわれに期待しているわけですから、われわれが支配の行為をおこなうことは自然で必然的なことに思われるのです。子どもたちは、彼らがわれわれに似ているというそれだけのことによってさえもすでに、つまり、彼らがわれわれの希望を実現する責任を負わされたわれわれの延長物のように思われるという理由からしても、われわれの所有にゆだねられているように思われます。われわれのとる態度は、われわれには当然のことと思われますし、「自然」によって課せられているものとさえ思われます。というのも、自然は子どもを欠乏と無能力の状態で世界に到来させるからです。だが、ここでデカルトのように「自由」と「能力」の区別をしておいた方がよさそうです。なるほど、自由は万人にとって同じですが、能力（自由を実現するもろもろの手段）はそうではありません。これは子どもにも当てはまります。子どもは誕生時に「能力」をまったく欠いているので、子どもにとって自由は無意味です。子どもにとって自律的行為はまったく不可能だからです。われわれに所有的態度をとることを薦めているように思われるのは、まったく一時的なものであるこの状態なのです。だが、実際には、人間の子どものこの一時的な欠乏状態は、子どものその後の能力と結びついています。人間の子どもがほとんど本能などもたず、動物の子どもに比べるとはるかに貧困であるのも、人間の子どもが将来人間になるからにほかなりません。ですから、大人が子どもに対して一度にぎった権威を最初の幼児期を越えてまで引きのばすようなことがあれば、彼は「自然」に従わずにある依存関係をつくりだし、一人の奴隷をつくって、それを更新してゆくことになるのです。

われわれは、自分の行為に人を愚弄するところがあるのに気づかないことがありますが、それは、われわれがおのれをある「地」（ゲシュタルト主義者が言うような意味での）の上に浮きあがらせることをしないからです。われわれは〔民族誌によって〕さまざまな文明を比較することで、まさしくこの地を手に入れ、おのれの文明を理解しうるようになります。〔一方、〕歴史はわれわれに人間活動の過去と他の諸領域とへの二重の参照を可能にしてくれますし、またわれわれにさまざまな態度、つまり宗教的態度、経済的態度、政治的態度の奥深い統一を開示してくれます。

このことに促されてわれわれは、現代の教育学にとって、一方では精神分析がいかなる貢献をし、他方では史的唯物論がいかなる貢献をしているかを探ってみようという気にさせられます。

Ⅲ　教育学と精神分析

精神分析が検討するのは、「大人の子どもに対する」関係よりも、どちらかといえば「子どもの大人に対する」関係です。もっとも、分析の過程で典型的な大人の反応が現れてくることもあります

（たとえば、六十五歳の祖母の症例のような敵対反応がそうです。この例では、彼女の敵意はその孫息子に向けられたのですが、これは実は、彼女が二歳のときに生まれた弟に対するはるか昔の敵意の置き換えられたものであることが判明しました）[2]。そこで、ある種の一般化された行為が、どのようにして似たような置き換えられた行為に引きもどされるかを検討しなければならないことになりましょう。

ある部族には、生まれた子どもが共同体にくわわることを認められるまで、その子にきまった名前を付けないという習慣があります。まるで部族が子どもを信用せず、子どもが二重の仕方で表しているすべての未知のものを恐れているとでもいわんばかりに事が進められるのです。つまり、生まれたばかりの子どもは、先祖の生まれかわりであり、まだ敵対的とも好意的とも分からない存在であるし、その子がまわりの慣習についてまったく無知なので、その社会の解体者とみなされます。子どもを隔離したり信用しなかったりというこうした事実は、おそらく嬰児殺しや子どもの面前での威嚇行為といった諸事実と結びつけて考えることができそうです。そして、おそらくフロイトが『トーテムとタブー』で試みたような研究を一般化してみる必要がありましょう（そこでフロイトは、トーテミズムを動物に変装した父親の殺害を想定した儀式だと説明しています）。してみれば、精神分析を集団心理学や哲学の道具と考える必要があるのではないでしょうか。

a　精神分析は社会関係の研究にどの程度まで応用できるか

精神分析は、人生の過程で築きあげられた対人関係を研究するもので、一般に、社会が個人に押しつけるような、社会生活に深く根をおろしている行為の図式にはかかわりません。そうだとすると、精神分析を社会生活の研究にまで拡張することはできるものでしょうか。

まず最初に、フロイトがすべての歴史的ないし社会的ドラマのうちに親子関係のドラマの発現を見ようとしているということに注意を向けましょう。彼はたとえば、トーテミズムを太古の親殺しの偽装された復活ということで説明します。けれども、「社会的なもの」、つまり生活のうちでさまざまな制度との関係に収まるような部分は、固有の儀式をともない、聖と俗についてのある考え方をふくんでいるように思われます。それらは、個人に固有な経験から結果するものではなく、個人に先行するものなのです。社会のうちで生きるということは、厳密に個人的な経験よりももっと広い経験を生きることです。してみれば、社会的な顕現をもっぱら個人的経験を考慮して解釈するというのは理屈に合わないことではないでしょうか。しかるべき行為の類型的な総体のうちにわれわれがはめこまれてゆくということは、われわれの対人関係に変容を惹き起こします。したがって、われわれの対人関係はすべて、個人的行為だけから出発して理解することはできないように思われます。

フロイトは、人が社会に対してとる態度をかなりの程度まで幼児が両親に対してとる態度に関連させて考えています（幼児にとって両親は社会の最初のイメージなのです）。しかし、社会への統合はすべて個人生活の拡張・変容をふくんでいるのですから、社会的態度を規定している他の要因もあるにちがいありません。しかるにフロイトは、個人の態度のうちに社会の真の構成要素があると教えます。一神教についてのその著作（『モーゼと一神教』）においてフロイトは、モーゼによって広められ、モーゼの死によって一時期排除された一神教が、一定期間後どのようにして勝利をおさめ、モーゼの復権と「追放された者の帰還」を達成するかを示そうと試みています。ここでフロイトは、歴史的かつ社会的なそのドラマを、一人の女性神経症患者の心性の展開過程（心的外傷経験、潜伏期、抑圧されたものの回帰）と同一視し、幾世代ものち個人に影響を及ぼす集団的な心的外傷経験のあることを認めているように思われます。しかし、こうした集団的因子の影響を認めている以上、彼は個人的ドラマが唯一の決定因ではないこと、集団の歴史がそのリズムを個人の生活史に重ね合わせるものだということを認めていることになります。

結論

1　このように、個人の生活史が社会的態度の唯一の決定因ではありません（ユングの集合的無意識を考え合わせてみてください）。個人内部の生活史（個人による社会的規則の習得）と歴史的－社会的ドラマとが個人の形成において大きな役割を演じているのです。

2　フロイトによって引合いに出されたこの図式は、一般に個人の生活史との類比によって作成されたものです。たしかにこれは、その発見を助ける効力によって、またさまざまな研究に開かれた新しい視角によって、興味ある見方にはちがいありません。しかし、この見方は、いかなる歴史的証拠によっても支えられていないのですから、不十分なものです。つまり、それは個人の精神分析から出発して組み立てられた仮説であり憶測にすぎません（たとえば、トーテミズムに関する原初の親殺しの仮説などがそうです）。しかも、そこには個人の精神分析にあって真正とみなされるもの、説得的なもののいっさいが欠けています。つまり、分析医を患者に結びつけ、医師が患者の反応や感情を予見するのを可能にするきわめて具体的な感情のようなものが、そこには欠けているのです。

b　精神分析の考え方のうちにある曖昧さ（性的ドラマは普遍的な説明価値をもつか）

精神分析といっても、そこに二つの考え方、つまり厳格な意味での精神分析と広義の精神分析とを区別することができます。そして、精神分析の曖昧さは、フロイトとその弟子たちのもとでこの二つの考え方が混じり合っていること、この二つの考え方には本質的な違いがあるのに、両者が連続的に移行し合うことから生じてくるのです。

1　狭義の精神分析

フロイトはその初期の著作においては、行為をその性的な構成要素に還元するところに本領のある厳格な精神分析の体系を構築していますが、これは三段階にわたっておこなわれました。第一段階では、成人の行為がその幼児期の前史にもとづくということ、第二段階では、幼児期のこの前史が無意識の状態にとどまっていること、第三段階では、この幼児期の無意識が性的な性格のものだということが主張されました。

2　広義の精神分析

この厳格な考え方のほかに、フロイトの経歴の第二期を支配したもっと広い考え方があります。ポリツェル（『心理学の基礎の批判』一九二九年、P・U・F、新版一九六七年）、バシュラール、サルトル（「実存的精神分析」）、それに家族に関するその論文における ラカン（『フランス百科事典』第八巻、『家族』の標題のもとに刊行、一九三八年、ナヴァラン、新版一九八四年）たちが示唆を受けるのは、この広い考え方からです。

この広義の考え方は、以下の三点のそれぞれについて狭義の考え方と違っています。

——第一段階については、幼児期の前史は不活性な状態で成人のもとに残存しているのではなく、その現在のさまざまな態度によって絶えず再生されているのだ、と考えるようになります。「コンプレックス」は幼児がけっして乗り越えようと望まず、不断に再生する心的外傷経験のことであり、それを受け容れないことが退行を惹き起こすと考えるわけです。

——第二段階についても、無意識の概念が両価性《アンビヴァレンツ》〔3〕の概念に席を譲ることになります。両価性とはなにかということについての最良の分析がポリツェルによって与えられています。彼はこう述べています。「無意識というのは分析医の創作物であり、それはこんなふうにして創られたのである。すなわち、ある患者が分析医に自分のみた夢の話をするとき、分析医はこの〈第一の物語〉を一定の規則に従って解釈し、それをいわば精神分析用語に翻訳する（〈第二の物語〉）。そして分析医は、夢みる人が〈第一の物語〉を夢みながら心にいだいているのはこの第二の物語なのだと仮定している。これは、その夢みる主体が真の意味を隠蔽し〈抑圧〉したいと望んでいた、ということを含意している。」ポリツェルにとっては、元の物語を解釈された物語によってこのように置き換えるのは、まったく不当なことなのです。なぜなら、第二の物語は、患者の第一の意識の背後に第二の意識があると想定し、そこに自分が分析によって手に入れるすべてのものを持ちこむ分析医だけに属するものだからです。この手続きは、もし夢みる人がその夢を物語ったのと同じ状態——つまり目覚めた状態——でその夢をみたというのなら、正当かもしれません。しかし、定義からしても、目覚めている人と夢みる人が同じ視角《パースペクティヴ》をもっているわけはありません。事実、夢みる人は、あとになってそれを物語るようにその夢をみているわけではなく、彼はそのさまざまなシンボルとともにその夢を生きているのです。これらのシンボルは、彼に夢のなかでのその思考を偽装することを可能にしてくれるような慣用記号ではなく、夢のうちに自由に投影されている、意味に満ちた感情的実在なのです。ただ、一度目覚めてしまうと、彼はそれらの意味を認めなくなります。したがって、この意味は、彼にとってけっして無意識の状態にあるのではなく、両価的状態（生きられ、予感されてはいるが、知られてはいない状態）にあるのです。

してみれば、たとえば、患者がなかば共犯関係にあるような治療時の「抵抗」とか、同時に愛情でもあるような嫌悪の態度とか、不安を通して表現される欲動とか、こういったある種の行為にふくまれている曖昧なものすべてを完全に描き出してくれる両価性の概念に与しなければならないことになりましょう。

——第三段階についても、性愛性が広い意味で理解されるようになります。もっとも、フロイトにおいてもすでに、「性器的なもの」（性器やその働きに直接かかわるもの）と「性愛的《セクシュアル》なもの」——つまり、性器的なものをもやはりふくみながら、それを大きく越え出るような感情の備給[4]のすべて——を区別する理由はあるのです。

フロイトに向けられる「汎性欲主義」という非難の原因となるのが、これら二つの用語にふくまれる両義性なのですが、実際には、汎性欲的説明などが問題なのではなく、問題は身体性の概念の一般化、身体意識の一般化なのです。のちにフロイトは「性愛的‐攻撃的」という用語を使いますが、それによって、性愛性とは主体と他者との一般的関係に結びついているものだということを示しているのです。

この第二期のあいだに、フロイトは同様に、投射[5]、同一化[6]、固着[7]といった諸概念を展開しています。これらは、他者への疎外の現象であり、超‐性器的な意味をもっています。

このように、すべての精神分析的概念は採りあげなおされ深められてゆきます。たとえばラカンは、はるかに具体的な仕方で幼児期ナルシシズムの概念を採りあげなおします（「鏡像段階[8]」）。おのれの鏡像に見入ることには、幼児にとってどこか魅惑的なところがあります。幼児はそこで、人が外から見ているときの、つまり他者が見るときの自分自身の身体の視像と、幼児が自分で自分の身体についてもつ像との対照（つまり、対象としての「私」と生きられる意識としての「私」の対照）を体験するわけです。

対人関係は、他者へのある種の同一化を惹き起こすことがあります（異種のバッタの存在が当のバッタの形態学的変容を惹き起こすという、バッタについての実験を参照してください）。この事実は、「対人関係」の側面が個人の「性愛的」側面に優越するということを教えています。こうして、「身体性」が「性愛性」を凌ぐことになり、性愛性を身体性のより重要なケースとみなしてよいことになります。性愛性が重要なのは、それがわれわれと身体の関係の鏡だからなのです。したがって、性愛性が身体性に構成要素という資格で参加していることは明らかなのですが、しかし行為は性愛性だけで説明できるものではないのです。

こうして、すべてを狭義の精神分析的説明に還元することも、それをまったく無視することもできないということが分かります。嫉妬の分析を例に引いてみましょう。よく知られているように、フロイトは嫉妬を、嫉妬している当人の同性愛によって説明します。つまり、夫を嫉妬している妻は、実は夫によりも相手の女性に受動的に惹かれているのであり、敵対関係は思いがけないところに生じている、つまり、敵対関係は、相手の女性をめぐって夫と妻のあいだに生じるのであって、夫をめぐって二人の女性のあいだに生じるわけではない、というのです。

しかし、この解釈は支持しがたいように思われます。嫉妬する妻の「同性愛」などとうてい考えられません。もしそういうことがあるとすると、彼女の同性愛は、夫が不貞を働いたばあいにかぎって現れることになりましょうし、夫によって愛された女性しか対象にしないということになりましょう。これは、妻が夫によってしか価値を与えられないということを意味することになりそうです。夫がいなければ、愛着も敵対関係もないだろうからです。したがって、嫉妬についてのこの解釈は、狭義の精神分析に固執するかぎり、いくつもの大きな困難に突き当ります。しかし、「広義」の解釈は、この考え方に異論の余地のない深い意味を与えてくれます。人から愛されている者への愛着は、ある人への単なる愛着よりも、つねにはるかに多くのことを意味しています。それは、愛されている者が関心をもつあらゆる領域、その家族やその恋人などその人が「心的エネルギーを備給している」すべてのものを包みこむのです。この意味でなら、夫を愛する妻の一種の性的多形性という言い方をすることもできます。一人の男に結びつけられることによって、彼女は彼を通して不可避的に、彼が愛着ししているすべてのものに結びつけられることになるのです。こうして、嫉妬している妻は、自分の夫と同一化することによって、夫が他の女性とのあいだに維持することのできる愛情関係のうちに自分自身も居合わせているように感じてしまいます。彼女の苦しみはなによりも、望むと望むまいと彼女がそこに巻きこまれてしまっていることから生じてきているのです。

この解釈は、「性愛的」領域を大きく越え出ており、すべての人間関係は放射状に拡がり、まわりに「溢れ出る」ものだという一般的現象に注意を惹きつけます。単に二人だけの関係などあるものではなく、夫と妻の関係でさえも、彼らのたがいの感情に影響を及ぼす与件の全体を包含しているものなのです。

こうした見方からすると、フロイトの考えには異論の余地がないように思われます。先の例がわれわれに教えているのは、社会心理学においてはすべての行為の深い統一性を考える必要があるということです。

Ⅳ　教育学と史的唯物論

人間の労働による自然の変容は、あらゆる人間関係に深い影響を及ぼしますが、この自然の変容と比較して、大人と子どもの関係を理解することができます。所有・設備・生産のあり方は、人が思っているよりもずっと深く当該社会に影響を及ぼすものであり、われわれが外界に「働きかける」その仕方は、われわれの考え方を規定するものなのです。

a　エンゲルスの考え方の提示

エンゲルスは、『私有財産、家族、国家の起源』において、現在の家族構造の成立をかなり推測的なやり方で粗描してみせています。彼はその成立が、石器時代に対応するある時期以降に属すると想定します。石器時代には、土地は部族の成員によって共有され、希少な労働用具である鋤《すき》と鍬《くわ》は、男と同様に女も扱うことができました。エンゲルスによると、男は狩猟と漁労に専念し、女は畑の耕作にいそしみ、男女平等に生産にあずかっていたというのです。

つまり、この時代には女はけっして男に従属してはいないし、家事労働に閉じこめられてもいませんでした。この平等性に終止符を打ったのは、犂《すき》の発明でした。それを使っての土地の耕作は、もはや女の手に負えず、男の特権になり、それと同時に土地の一部を自分のものにしようという欲望が生まれます。そして、労働力が不足したため、人は奴隷の労働力（捕虜や奴隷）に頼るようになりました。これが私有財産のはじまりなのです。エンゲルスは、犂の出現を「女性の歴史的敗北」と呼んでいます。そして彼は、私有財産と現在の社会構造および家族構造によって足枷をはめられている社会の新たな進歩は、女性の生産生活への復帰によって以外果たされえないし、新たな産業過程の出現は、女性が集団生活にそのように再統合されることを可能にする、と結論します。

家族内の葛藤、幼児の心的外傷経験、こういったものはすべて、女性の置かれている不当な状況に由来する、と考えられています。根本的な不平等にもとづく現在の家族構造は消滅する運命にあり、それとともに、子どもの教育にふくまれている好ましからざるものもすべて消滅してゆくだろうと、エンゲルスは考えているのです。

エンゲルスのこの分析にはある種の不連続があります。彼は次から次に「飛躍」しながら事を進めてゆくのです。

b　この考え方の検討

1　エンゲルスは、犂の出現にともなう私有財産の誕生を、土地を手に入れた人びとへの「羨望」によって説明しますが、なぜ彼らが所有の観念を望み、形成しはじめるのかは説明していません。事実、われわれにとっては自然なこの所有の観念も、彼らには無縁なものであったにちがいありません。というのも、彼らはそれまでこうした観念をまったくもっていなかったとみなされるからです。エンゲルスの分析では、この点は謎のままにとどまっています。これを明らかにするには、所有の観念の起源に関するヘーゲルの主張（『法哲学綱要』）を参照してみる必要がありましょう。ヘーゲルは所有の観念を、ある基本的な所有物の意識、つまり人間の身体、それもおのれの身体についての意識に結びつけています。この身体がわれわれにとって大切なのは、身体がおのれを確立する手段だからであり、身体はわれわれの具体的な外形なのです。私有財産はその拡張にすぎません。もし人が自分の身体と連帯関係にあると感じているとすれば、所有の観念はきわめてよく理解されます。それにしても、なぜ人間は、おのれが部族から切り離されえないもの、その不可欠な一部だと感じるのをやめて、おのれ自身の存在を確立するようになったのでしょうか。ここで問題になるのは、人間存在の究極的創造作用、つまり集団のなかの無記名性から身を脱し、自分の身体のあらゆる延長物とともにおのれの個別性を確立しようとする人間の運動です。

技術的発明は、自己のこの確立をつくり出すどころか、むしろそれを前提にしています。人間が力を発現する新たな手段を追いもとめるのは、人間がおのれを意識するようになるからにほかなりません。進歩というものがあるとすれば、それはあとになってそうした新たな獲得物が行為の安定化をもたらし、その発明の起源にあったような態度を後継者たちにもとらせるように促すというところにあるのです。要するに、発明は発明者のもとにあっては、その自己確立の結果なのであり、後継者たちのもとでは、自己確立の条件になる、というわけです。しかし、おのれを確立しようという志向がなければ、新たな創造もありません。

要約すれば、エンゲルスの分析は、条件と結果を区別していないことになります。用具が生産力の条件であることは明らかですが、それが生産力の原因だと言うのは誤りです。技術はある種の態度を安定化するものですが、後続する世代にとっては、それはある思考様式をとるように促す動機になるのです。

2　エンゲルスの主張にひそむ第二の間隙は、私有財産が女性を奴隷化したという断定にあります。エンゲルスにとっては、女性の奴隷化のこの過程は単純なものです。生産性を増強するために奴隷をつくり出した男は、今度は自分の家のために、補助的で恒久的な一人の奴隷をつくり出した、というわけです。しかし、このばあい、なぜ男は通常の奴隷で満足しなかったのでしょうか。エンゲルスは、この特別な種類の奴隷の出現も、夫と妻という特殊な関係の出現も説明してはいません。

ヘーゲルはこの現象を分析して、それが男の新たな態度から自然に生じてくるものだと教えています。ヘーゲルにとって問題なのは、まさしく奴隷ではない人間を支配しようという関心があるということです。女という半奴隷は、単に経済的な意味だけではなく人間的意味をももっています。つまり男は、おのれを全面的に、かつ攻撃的に確立しようとする企てのうちで、自分のために自分の優越性の恒常的証人をつくり出すのです。新たな用具の発明と女の奴隷化は男の自己確立的 - 攻撃的態度に由来するものであり、これらの結果の一方を他方に還元する必要はない、ということが分かります。家族構造は、経済構造に還元されうるものではなく、両者は男の志向という同じものに起因するのです。してみれば、いわゆる上部構造と下部構造はたがいに支えあっているわけですから、エンゲルスが考えているような意味での「上部構造」などはないことになります。

エンゲルスにとっては、現在の社会にあっては、私有財産はそれが起源においてもっていた意味をもはやもってはおらず、逆になっています。つまり、かつては進歩の道具や征服の道具であった私有財産が、いまや新たな進歩を麻痺させる障害物になっているのです。私有財産はつねに同じ傾向をもちつづけているのに、どうしてこうしたことになるのでしょうか。なにしろ同じ家族構造がつねに存続しており、これは、いわゆる「上部構造」が明らかに一つの力をもっていること、そしてそうした上部構造はある人間的態度を表すものであって、単なる経済の結果を表しているわけではないということ、そして最初からそうであったことを証示しているからです。

c　結論

エンゲルスの考え方にあって重要なのは、経済現象を人間的意味をもつものとみなしているところです。しかし、経済的下部構造が唯一の原因だと考えるのは間違いでしょう。たとえば、家族はある社会の経済の所産にすぎないものではなく、ある人間関係を表現しているのです。したがって、史的唯物論についても、精神分析についてと同じことが言えます。つまり、すべての人間的現象において、その経済的意味を捨象することはできませんが、それ以外のすべての意味を経済的意味に従属させることもやはりできません。そこには相互規定の関係があるのですが、「広義」の史的唯物論は（「広義」の精神分析と同様に）完全にこれを考慮に入れています。

教育学の歴史は、子どもについてのわれわれの考え方がどのようなものであるかをわれわれに理解させてくれることでしょう。しかし、原始社会における子どもの状況を研究するに先立って、われわれの現在の社会に見られる親子関係を考察することにしましょう。

〔第一章　親子関係〕

I　子どもの誕生以前

一人の人間の誕生は、母親ほど直接の関心をもっていない者にとっては、誰にとっても「考えにくい」問題（フッサール）です。なんといっても、問題は意識のはじまり、つまりある生き物が有機体の身分から主体の身分へ移行すること、「即自」から「対自」へ移行することだからです。

これから子どもを産もうとしている女性はこの問題を原初的な仕方で生きているわけです。彼女は自分自身の身体が自分から疎外され、もはや自分の活動の単なる補助者ではないように感じます。身体は全面的に彼女のものではなくなり、別の存在によって組織的に住みつかれ、まもなく別の意識を生み出すことになるのです。

彼女にとって自分の妊娠は、人が自分の身体によって果たす他のもろもろの活動とならぶ一つの活動ではありません。問題になるのはむしろ、彼女を介して生起し、彼女がその座になっている無記名の過程なのです。

こうして、一方では、彼女自身の身体は彼女のものではなくなるのに、他方、生まれてくる子どもは彼女にとって明らかに彼女の身体の延長なのです。妊娠期間中ずっと彼女は、物質の秩序に属するのでも精神の秩序に属するのでもなく、生の秩序に属するこの大きな謎を生きるのです。

それゆえ、妊娠はありとあらゆる種類の不安、懸念、両価的感情をともないます。妊娠したことに対して女性がいだくのは、つねに複雑な感情です。というのも、彼女の個体的な生活と、まさしく種と呼ばねばならないものの侵入とのあいだにはつねに潜在的な葛藤があるからです（ヘレーネ・ドイッチュ『女性心理学』1・2、一九四五年を参照してください。子どもが欲しいと切望している既婚女性についての観察によりますと、度を越したこの種の願望は、新たな役割に対する恐怖を蔽い隠すものだったといいます）。そこには女性のあらゆる不安の目覚め、つまり自分の周囲の者に対する不安の目覚めだけではなく、彼女の幼児期のさまざまな葛藤の目覚めもあるのです。

周囲の者との関係のいくつかを見てみましょう。

a　母親との関係

妊娠した女性にはその母親に対する二つの類型的態度が観察されます。

——一つは、彼女が母親という来たるべき役割を自分自身の母親に譲り渡し、自分のことをむしろこれから生まれてくる子どもの姉とみなし、その子を実際に自分の母親のものにしてしまうというばあいです。

——もう一つは、彼女がそのように母親に子どもを譲り渡すことを恐れ拒否するというばあいですが、この態度はしばしば罪悪感をともないます（ヘレーネ・ドイッチュは、子どもを自分の母親に譲り渡さざるをえなくなるという恐怖が流産を惹き起こしたという多くの例を挙げています）。

b　夫との関係

妊娠したことに対する妻の態度は、彼女がその夫に対していだく感情に大きく左右されましょう。もし彼女が夫を愛しているなら、彼女は夫に対するさまざまな感情を子どもに対する感情の原型にするでしょう。もし彼女が子どもによって夫の愛情をかちとろうと望むとしたら、その感情はまた違ったものになりましょう。しかしまた、彼女の妊娠が夫からの精神的離反を惹き起こす機会になることもありえます。彼女は夫に反感をもちながら、子どもを愛することもできるのです。つまり、彼女は子どもが夫に似ていないから子どもを愛することもあれば、子どもが夫に似ているから子どもを嫌うということもあるのです。

c　子どもとの関係

しかし、もっと大きな困難は、明らかに彼女が子ども自身との関係をどう見るか、その見方から生じてきます。この関係は本質的に両価的であり、彼女が子どもを所有する一方、彼女のほうも子どもによって所有されているのです。したがって、子どもは彼女のうちに、肯定的否定的なあらゆる種類の感情を惹き起こすことになります。

――肯定的な感情。この子どもはいわば彼女の生きる目的であり、彼女の存在を正当化してくれるものです。その子は彼女に、彼女の人生が彼女にとって必要なものだと感じさせてくれます。その上、妊娠は女性を、彼女自身の長所とは別に、既定の「価値」そのものに変えてしまいます。

精神分析家たちの考察によれば、妊娠は女性にとって離乳コンプレックスの補償になるということです。もっとも、このコンプレックスを文字通りに考える必要はなく、母親とははっきり分離する不安、人間的孤独の習得の開始と解さねばなりません。このような意味で、妊娠は彼女を生の流れのうちに、また他者との一体感の流れのうちにふたたび投げ入れるものなのです。[9]

――否定的な感情。しかし、それと同時に、妊娠によって彼女は、多くの個人的計画を断念し、疲労に耐え、容姿の崩れる恐れに耐えねばなりません。また彼女は、謎めいた作用が自分のうちで進行し、彼女を危険にさらしていると感じています（誕生と死の対称性）。

その上、彼女には調節できず、受動的にその展開を待つしかないこのつらい状況は、ありとあらゆる種類の空想をともなうものです。生まれてくる子どもは、あるときは英雄のように、あるときは怪物のように想像されますし、すべてのもののうちでもっとも幸せになるとかもっとも不幸になるとか定められているように想像されたりもします。しばしば彼女は、この誕生の意味や、それが彼女の人生にもたらすであろう変化を鋭く感じとっているものです。ヘーゲルは、子どもの到来と夫婦について語るなかで、「夫婦のあいだに生まれ落ちる子どもは、夫婦の愛の対自存在である」と述べています。子どもは、両親という二人で一つの存在の表現であると同時に、その否定でもあります。つまり、子どもとは、この夫婦関係を変容せずにはおかない第三の登場人物なのです。それゆえヘーゲルは、「子どもの誕生は両親の死である」とも言っています。子どもの誕生は、夫婦の絆の完成であると同時にその変容でもあるのです。

妊娠をめぐる多くの現象は、この基本的な両価的感情の現れにほかなりません。

——生理的変化にもとづく「つわり」(これは他の哺乳類には見られないものです)は、大部分心理的に条件づけられています。精神分析家たちはこれを妊娠の拒否、子どもの象徴的な追放とみなしていますが、妊娠においてはつねに個体と種の葛藤が問題になっているのですから、この拒否も理解できないではありません。

——「妊娠の気まぐれな嗜好」もかなり人為的な現象です。これは周囲の人によってそそのかされ、誇張された幼児性の強迫観念にほかなりません。

しかし、これらの現象が起こるのは、特に妊娠の初期においてであり、妊娠が一見どうしようもない、はっきりしない不快感を惹き起こしているあいだです。その後、子どもの存在が感じられるようになり、結末が近づいてくると、落着いてきます。それでも、子どもに対する不安は存続するものです。

II　誕生後

出産直後、母親に奇妙な感じ、非現実的だという感じが生じるということが、しばしば指摘されています。出産前の生活がかなり自律的であったとはいうものの、子どもは母親の不可欠な部分であり、その所有物であったのだと考えて、このことを人は納得するのです。つまり、誕生するやいなや、子どもはもはや彼女のものではなくなり、彼女からのがれることになるので、母親の方も同じ程度に、もはや子どもを「自分のもの」と感じられなくなる、と考えられるわけです。いく人かの心理学者は、こうした感情を分娩中の知覚麻痺のせいにしますが、しかし知覚麻痺の起こらないときにもかなり頻繁にこうした感情の起こるのが認められます。むしろこうした感情は、子どもがあらゆる可能性に開かれていた想像上の子どもの身分から、それらの想像のすべてを実現することのできない――なによりも、すべてを一度に実現することのできない――現実の子どもの身分に移行したという事実によって説明されるものでしょう。これは、多様な可能性と唯一の現実との違いですが、その結果きまって失望をともなった一種の貧困化が生じてくることになります（これは、休暇をもらった軍人が帰宅して感じる失望に似ています。両面をもった印象、「これは違う」という印象、こんなはずではないという印象、これは、一瞬にしておのれの理想を完全に実現したり、生まれたばかりなのに、人が生涯をかけて成るのと同じものに成らせようとしたりすることは明らかに不可能だという事実によるものです。「偉大な人物」にインタヴューしたあと一般に感じるのも同じ印象であり、これも同じ理由によります）。

母親が子どもを自分のものとみなし、その子をあるがままに自分の子として認め愛するようになるには、人によって違いはありますが、しばしばかなり長い時間が必要です。母親と子どもの関係が本能的関係であるのはごく一部分であり、それは人間的関係なのです。

A 「母－子」関係

母親は自分の子どもを、一方では自分自身の延長、自分自身の分身とみなし、他方では独立した存在、自分にとっての一人の証人とみなします。そのため、子どもを前にするときまって両価的な感情が生じ、その感情のいずれが支配するかによって、気まぐれな行動をしてしまうことになります。自分でも気づかずに、彼女は、自分の子どもが強く伸びのびと育ってくれればよいと思う願望から、子どもがいつも自分のものであってくれればよいと思う願望へ移ってゆくのです。この両価的態度から無数の葛藤が生じてくることもあるのですが、特に、母親が自分自身の過去の心的外傷経験から自由になるのに成功していないときにはそうなります。

――一つには、母親が子どもたちを自分の延長とみなし、子どもたちが自分のしたような経験をしないでくれればよいと望みながらも、彼女の行為のうちに子どもたちにとって不可解なものがあるため、自分が目指したのとはしばしば正反対の結果にゆきつくというばあいがあります（H・ドイッチュ『女性心理学』2で採りあげられているマツェッティ夫人の症例[10]を参照してください)。
――また、母親が子どもたちの奴隷になり、子どもたちのために表向き自分の個人的な生活をいっさい放棄しているように見えながら、実はこの態度が子どもたちに影響を及ぼす手段だということがしばしばあります(彼女はおのれの苦しみを武器にし、おのれの忍従によって子どもに愛情のこもった態度をとらせようと努めているのです)。

事実、大人と子どもの関係は、周囲のあらゆる状況がこの関係全体を問いなおしているわけですから、人間関係《ユマニテ》のうちでもつねに難しい問題なのです(たとえば、ある問題をうまく片づけた子どもが、父親に向かって「ぼく、パパを食べちゃった!」と言ったといいます。レヴィ=ストロース『親族の基本構造』第七章[11]を参照してください)。

一般に、子どもに対しておこなうことのできる本当に適切な行為などというものはありません。というのも、子どもはたしかにいろいろな面でまだ小さな動物にすぎませんが、釈明の道具としての言葉《パロール》を使うことができるからです。道理を言いきかせようとする大人の前では、子どもは小さな動物として振舞いますが、しかし、大人が小さな動物として調教しようとすると、子どもは言葉で言い返してくるのです(S・ド・ボーヴォワール)。

1　母親と息子の関係。女性はしばしば自分の息子を、彼女が耐え忍んできた男性優位に対する彼女の恨みを晴らしてくれる男性というふうに考えるものです。この目的のために彼女は、自分が他の男性たちにおいて経験した「男らしさ」よりももっとずっと「男らしい」態度をとるように息子を励ますことになります。

しかし、彼女は、このような息子によって自分自身の野心を満足させようとして、息子が有名になり偉大になることを望みながらも、息子をあらゆる危険から保護しようとします。息子を失うことは彼女の人生の失敗を意味することになるからです。

2　母親と娘の関係。他のさまざまな同一化が母親と娘の関係を複雑なものにしてゆきます。母親は一方では、娘を通して自分自身の人生をやりなおすのですが、他方では娘のうちに、家事や生活の上で自分を追い落す競争相手を見ます。そこから、自分に取って替わるほど有能な娘に対して理屈に合わない怒りを感じるようになったり、自分の娘が一人前の女性になってゆくのを見て、感動すると同時にいらだったりもすることになります。

要するに、母－子関係は、すべての問題を自動的に解決することのできる「母性本能」なるものによって導かれているわけではないということが分かります。母親のかかえているすべての問題は、夫と子どもを前にしたときの彼女の態度に映し出され、それが家族の均衡を危くしかねません。したがって、自分のかかえている困難を収拾するために、若い娘に結婚を勧めたり、出産することを勧めたりしますが、これも空しいことなのです。彼女の娘の出産は、おそらくごく短期間の平穏をもたらしはしても、その後彼女のノイローゼをいっそう強めるだけのことでしょう。娘の出産は、彼女の個人的な問題を解決してはくれません。それどころか、しばしばそれをいっそう深刻にしてしまいます。

これに対して、日頃精神的に安定している母親は、娘が母親になっても平静を失うことはありません。

3　年老いた母親と成人した息子との関係。女性が自分の息子に最大の情熱を燃やし、無意味になった自分の人生の生きがいにし、現在の自分の無用さの埋め合わせにしようとするのは、ある点では、かつて有用な人物であった自分の衰えによるものです。

そこから、自分の息子を奪い、自分に代わって息子の母親の役をしている、もとはといえば赤の他人にすぎない息子の嫁との、しばしば悲劇的なものにまでなる敵対関係が生じてきます（「ドイッチュ『女性心理学』に採りあげられている」ルフェーヴル夫人の事例[12]を参照してください。彼女は、妊娠した自分の嫁を冷酷に殺害し、しかも自分の行為に少しも良心の呵責を覚えなかったといいます）。

B　父親の役割

自分の子どもたちに対する父親の態度も、母親の態度に劣らず両価的です。父親も子どもに同一化し、支配と犠牲とのあいだを揺れ動くのですが、あらゆる同一化においてそうであるように、その行動にはサド－マゾヒズム的諸要素がひそんでいます。彼は子どもを第二の自分自身だと感じていますが、その子どもの方は、父親の一部となっているために、そのさまざまな行動によって父親を巻きぞえにし、叱られるはめになります。しかし、父親自身子どもに同一化しているので、子どもを罰することは自分自身を打つことになります。自分の子どもにいらだち、がみがみ叱ってばかりいる親たちがよく見うけられますが、こうした親たちは、他人が介入しようとすると、たちどころに子どもと団結してしまうのです。それはともかく、父親の問題は母親の問題ほど深刻ではありません。それにはいくつかの理由があります。

——父親の子どもへの同一化はそれほど強くなく、母親のばあいとは性質が違います。母親の同一化は、妊娠という生理的一体化にもとづいていますが、父親の同一化はもっと遅発性のものであり、別のレベルで起こるものです。

——われわれの習俗では、子どもとの葛藤が起こったばあい、男親は女親よりもどっしりと平静に構えるものだとされています。これは、男性が一日の大半家を離れていることによるものです。つまり彼は葛藤を大所高所から調停するわけで、これがしばしば父親に母親よりも大きな寛容さをもたせ、彼の裁決に偶然的要因をもちこむことになるのです。

しかし、このために父親の役割が無意味になるわけではありません。父親像は、子どもの人生にあってもっとも持続的でもっとも強烈な諸要素のうちの一つなのです。父親はただそこにいるというだけで影響を及ぼすのであり、それが父親の任務なのです。

社会学的観点。父親であるということは、多くの点で制度的なつながりだと言えましょう。マリノフスキー[13]は、トロブリアンド諸島の諸部族における性的諸関係や父性について研究することによって、これらの部族が性行為と出産とを、一方が他人の原因だというふうに結びつけて考えてはいないということを確かめています[14]。たとえば、父親と子どもたちのあいだに実際の絆はないと考えられています。したがって、父親の役割は子どもたちに気晴らしや楽しみを与えることで、抑えつけたり厳しくしつけたりする役割は母方の叔父にゆだねられます。父親としての機能がこのように分離されているので、父親と子どもたちのあいだにあまり葛藤はありません。

したがって、エディプス・コンプレックスはかなり弱められます。しかし、社会学者たちは、これと引き替えに、こうしたモデルの上に組織されているこれら諸部族が怠惰で無気力であること、父親の役割の退化（「父親のイマゴの衰微」[15]）がおそらくは文化の退化を惹き起こしているのであろうということを確認しました（ラカン「家族」『フランス百科事典』第Ⅷ巻を参照してください）。

父親と子どもの同一化は、それが運命のうちに刻みこまれているものではなく、一つの自由な決定であるという意味で、一つの構成だと言うことができます。といって、これは、それが恣意的なものだということではなく、それが人間の共同生活によって創り出された一つの所産だという意味なのです。

C　結論

対人関係はつねに複雑です。客観的なレベルでおこなわれる議論においてさえも、理屈の勝利がきまってその人の人格全体の勝利と感じられるものです。しかも、地位がまったく対等だなどということはめったにありません。他者の自律性を尊重しようと努め、他者に自由を与えるというばあいでさえも、その他者の方は、この自由を相手から受けとったというそれだけのことからでも、自分が完全に自由だとは感じられないものなのです。

もっとも、大人同士の関係であれば、地位が対等だと申し合わせることによって、いつでもこのディレンマから脱することができます。つまり、争いを越えたレベルに身を置いて（友情や結婚のばあいのように）、この争いを放棄することができるのです。しかし、定義からして、大人と子どものあいだにはこうした対等の関係はありませんし、それをつくり出すこともできません。

生後二年間、子どもはまったく「力」を奪われており、これが両親に一種の支配の習慣をつけるのです。以後、両親には完全に公正な態度をとることはできなくなります。あるときは子どもの自由を過度に尊重し、あるときはあまり尊重しないといったように、彼らはつねに両極端をあっちにいったりこっちにいったりするのです。それはともかく、両親は将来に眼を向けるのに対して、子どもたちは、思春期になってからでさえ、現在にしか眼を向けないというところから、無数の葛藤が生まれてきます。どちらもそれ以外にはなしえないのです。したがって、大人と子どものあいだに対等の関係はありえません。ある意味では、（1）子どもを説得することはきわめて簡単だと言えます。というのも、彼らを説得するのはわれわれの権威であって理屈ではないからです。しかし、（2）子どもたちを完全に説得することはけっしてできません。子どものうちには、大人から影響を受けている（大人が理づめで言いきかせようとしか望んでいないときでさえも）という確信が植えつけられており、これが子どものすべての態度を規定しているからです。

こうして、大人は、そうしようと望まないときでさえも、子どもたちの自由を侵害するのを避けることはできません。けれども、大人の責務は、この侵害を厳密に必要な程度に引き下げることにあります。子どもの幻想をすべて尊重するというのではなく、すべてを幻想とみなさないということの方が必要なのです。われわれは自分自身の態度を検討し、自分の行為のうち、現在の状況によって命じられているのではなく、昔の心的外傷経験に由来するようなものを細心に遠ざけねばなりません。

しかし、さらにもっと先へ進み、かつて自分のために引き受けたさまざまな危険を、今度は子どものために引き受けねばなりません。ところが、子どもからすべての危険を遠ざけるというまさにそのことによって、別の危険を招き寄せることになってしまいます。このように、大人と子どもの関係は、まったく客観的な関係ではけっしてありませんが、しかしわれわれは、その関係の不均衡が子どもを犠牲にしたりしないようにしなければならないのです。

両親自身の幼児期の記憶が、自分の子どもたちに対する彼らの行為を二重に規定しています。

1　彼ら自身、自分の両親に同一化し、そこから権威的、抑圧的な行為が生じてきます。

2　彼らはまた自分の子どもたちに同一化し、そこから共犯的・連帯的行為が生じます。

これらの同一化のいずれかが一貫して優越することもありますが、一般的には同じ一人の大人のうちにそれらが替わるがわる現れ、それが親子関係に特徴的な矛盾や両価的態度を惹き起こします。両親の過去がこれほど多くの点で彼らの現在の行為を規定するわけですから、子どもが経由してゆく諸段階、そして成人してからのその行動にまで影響を及ぼす諸段階の簡単な記述が必要になってきます。

〔第二章〕 子どもの発達の諸段階

参考文献、『フランス百科事典』第Ⅷ巻、ラカンが担当した「家族」の項。『家族コンプレックス』ナヴァラン、一九八四年。

ラカン博士の見方は、精神分析の考え方を修正し拡張するものであり、興味深いものです。彼は次の二つのことを提唱しています。

コンプレックスについての新たな考え方

「コンプレックス」の概念を病的形成物という意味でではなく、すべての常態的形成物の鍵として理解しなければなりません（「コンプレックスをもたない人間」はいないのです）。コンプレックスとは、特定の状況に対する常同化した態度であり、いわば行為のもっとも安定した要素、ある特定の状況のあいだに類似性があるとき、きまって再現される一群の行動特性のことです。

コンプレックスが病的形成物になるのは、行為の統一性が初期の心的外傷経験（あるいは、ジャネの言葉を借りますと、「清算されていない状況」）を介して獲得されているばあいに限られます。

　この意味では、家族の基盤は本能ではなく、コンプレックスだと言うことができます。つまり、家族はその本能的基盤がいかなるものであれ、人間的要因によって変容され複雑にされるものなのです。家族コンプレックスというのは、特定の家族に認められる一群の類型的態度のことです。しかし、こうした家族の態度は、それが子どもの経験を開けたものにするか否かによって、あるときは発達を促し、あるときはノイローゼを惹き起こします。

イマゴの概念

コンプレックスは「イマゴ」の現前となって現れます。フロイト的な意味でのイマゴは、感性的表象でも現実的イメージでもなく、行為の潜在的発生源を意味します。たとえばある男性はその幼児期の外傷的な記憶について一度も考えたことはありませんが、しかしこれが彼の行動のすべてを支配しています。彼はこうした過去の経験の現在に対する支配を逃れられず、それを甘受しているのです。

　ラカンは「無意識」の概念を「想像的なもの」という概念によって置き換えようとします。たとえば、イマゴは奥深く包み隠された「無意識的なもの」なのではなく、「想像的」形成物、つまり意識の前に投影されたものと考えられねばなりません。要するにラカンは、回顧《レトロスペクティフ》的な考え方を前望《プロスペクティフ》的な考え方によって置き換えるわけです。

　われわれはいまや、子どもの発達をその出現によって順次画してゆくようないくつかのコンプレックスの研究に移ることにしましょう。

I　離乳コンプレックス

ラカンによると、性的なものを基盤とするコンプレックスは、古典的精神分析派の人たちが一般に認めているよりもずっと遅い時期になってはじめて生じてくるものです。そしてもっとも早いものは、いわゆる「離乳」コンプレックスだとされています。この概念によって考えなければならないのは、離乳によって子どもに惹き起こされる障害だけではなく、母親の乳房が取り去られるということが人間の意識において帯びる意味、つまりそのことが異論の余地なくまとうことになる象徴的性格です（生後数ヵ月の幼児に自分のまわりにいる人についての明瞭な知覚があるとみなすことはできませんし、明確な弁別的意識を前提にする「口唇性欲」があるとみなすのも、この年齢では不可能です）。

しかし、生後数週間たつと、母親のいることについての感受性、母親の存在についてのぼんやりした知覚があるということを認めねばなりません。その上、母親と乳房をふくむ乳児とのあいだに一種の融合が生じますから、離乳という分離は最初の分離、つまり出生という分離を再現し、それを強調するものだと推測することができそうです。

出生の経験というのは、窒息や環境の変化に起因する身体的苦痛やある種の内耳性の不安感のことです。生後六ヵ月間は、多かれ少なかれこの状態に浸されています（つまり、「生きることの難しさ」

を経験するわけです）。こうして、たとえ子どもが出生の事実を思い出すわけではないにしても、子どもはこの不安感の記憶を保持しており、あとになってから、この時期に先行した安らぎの状態を想像することになるのです（母の胎内、閉じられた世界などについてのさまざまな幻想のあることには疑う余地がありません）。

成人の思考では、出生は分離を意味しますし、離乳は、それがありとあらゆる種類の困難（歯牙発生や歩行など）に結びついているだけにいっそう苦痛な分離の再開を意味することになりましょう。つまり、出生と離乳は、大人の心のなかで結びつき、「失楽園」と対照をなすとみなされるのです。このコンプレックスは母親の行動にも重大な反響を惹き起こさずにはいません。彼女は、かつてやはり彼女のものであった子どもの不安感を感じとっており、子どものショックをできるかぎり和らげようとします。そのために、子どもの世話がずっとつづけられ、一般に「生の苦痛」を子どもから遠ざけようという強い意欲が生まれてきます。

離乳コンプレックスの諸帰結。このコンプレックスには、子どもに絶え間なく苦痛を与えるものがふくまれているので、個体の発達を促すよりも、むしろそれを阻止することがあります。離乳後にしばしば、フロイトが「死の本能」と呼んだものが現れてきますが、これはむしろさまざまな本能の不在、生命力の不足という意味に解する必要がありましょう。神経性無食欲症、胃性ノイローゼといった多くの障害は、離乳後の食事の拒否、生きる意欲の欠如を思い出させます。母親から切り離されて生きることの拒否のこうした現れには、母の胎内に帰りたいという欲望、保護してもらいたいという欲望、全体性を回復し、故郷へ帰りたいという欲望がともなっています（大地と母の胸に関しては、多くの言語体系《ラング》や民族誌的儀礼のうちに類義性が見られます。たとえば、母なる大地、生命を与え、とりもどしてくれる大地、といった表現がそうです）。

いずれにしても、「離乳コンプレックス」は哺乳停止という事実の単なる派生物ではなく、人生の最初期にとられる一つの態度の展開であり、その充実なのです。

II　闖入コンプレックス

これは、弟や妹に対する一群の常同化した態度のことです。ここで問題になるのは、生命的レベルでの（たとえば、食事のためなどの）敵対関係ではなく、しばしば第二子の誕生によって発動する人間的レベルでの嫉妬、両親の愛を得ようとしての争いなのです。このコンプレックスは、なによりも年長児がもっとも幼い子に同一化しようとすることにもとづくものであり、赤ん坊の世話をする情景が年長児に母の胸の必要——とその欲望——を目覚めさせるということです。

もっと年長になると、このコンプレックスは遊びのなかに現れてきます。もし相手が同じくらいの年齢であれば、関係はとりわけ敵対的なものになり、そのもっとも明快な遊びは、果てしなく繰りかえされる挑発とやり返しから成る遊びです。

年齢差がもっと大きいばあいには、その関係も変わってきます。つまり誇示（これはつねに他者の面前での誇示であり、自分自身の面前での誇示なのですが）、籠絡、命令などの関係になってきますが、しかし、その根底にはつねに他者への同一化があるのです。

こうして、嫉妬もうまく説明できることになります。それは、フロイトの考えたように同性愛的リビドーによるものではなく、同一化によるものなのです。ラカンは同一化と欲動をきっぱり区別しています。嫉妬は、なによりもまず性愛的であるような関係ではないのです。おのれを他者に同一化しながら嫉妬している人の態度は二重になっています。（1）まずその人は他者が経験するものをすべて経験します。つまり、その人は自分自身から離れて他者に侵入しているわけです。（2）しかし、その人は自分が他者と対立しているようにも感じ、その他者を嫌います。

ここでは、サディズムとマゾヒズムが入り混じっているのです。もっとも、この二つの態度のあいだに基本的な違いはなく、それらはたがいに結びついています。他者に同一化しているため、他者にくわえられる苦痛は、自分の苦痛でもあり、逆に自分にくわえられる苦痛は他者の苦痛であるように思われるからです。

ラカンの眼には、マゾヒズムは離乳コンプレックスの再演であり、それに意図的な強弱をつけるものであって、離乳コンプレックスの特殊なケースにすぎない、と映ります（フロイトによれば、ある種の遊びもまた離乳の象徴だとのことです。たとえば、ある物を手にとったり、隠したり、またとり出すといった遊び[16]がそうです。マゾヒズム的な幼児は、自分の苦痛の糧を見いだそうとして別の子どものそばに寄ってゆきます。別の子どもは彼を褒めそやすこともありますが、彼を嫌うこともあるからです。その子の態度は、敵意から服従へ、そして極端なばあいには自殺(少なくとも象徴的な自殺)へといったぐあいに、ある役割から別の役割へと移行してゆきます。要するに、まだ乳離れしていない弟のイメージが、母の胸の「イマゴ」と死への傾性を目覚めさせるわけなのです。

ところで、子どもが他者との組織だった関係をなんとか確立するようになるのは、ラカンによれば、鏡のおかげです。

鏡像の重要性

鏡に対する幼児の反応は、人間特有のものであり、写真のなかに自分を認知するばあいと同様、いかなる動物にもそのままの反応は見られません。もっとも、チンパンジーですと鏡の前で興味を示し、うしろになにがあるのか見ようとして鏡の裏がわにまわったりもします。しかし、鏡のなかの自分を注意深く見つめ、自分を認め、強い喜びを示すのは人間の子どもだけです。この強い喜び方はたしかに、視覚的な見えのうちに観察される変化と内的志向とのあいだに対応があると気づくことに結びついています。

幼児にとって、鏡像の出現は自分の身体の一種の奪回という意味をもちます。こうした視覚的コントロールができるようになる前は、身体は寸断された状態、分離した状態にあったからです(この状態の特殊ケースであり、明らかに多くの夢や神話のなかに現れてくる「去勢幻想」を考え合わせてみてください)。

したがって、

1　鏡のおかげで、自己の身体を自己受容的意識のうちで視覚的に統合することができるようになります。

2　しかし鏡は、幼児の心的発達にとっての一つの危険を表してもいます。ラカンは、ナルシス神話をとりあげなおし、それを豊かなものにしています。ナルシスとは、水に映ったおのれの姿に恋こがれ、それに近づこうと水に身を投じ溺れ死んでしまったという神話の主人公です。フロイトがナルシシズムのうちに見たのは、なによりもその性的構成要素、つまり自己の身体に向けられたリビドーでしたが、ラカンは、明らかにこの伝説を利用し、そこに別の構成要素を組みこみます。すなわち、

1　死への傾性、自己破壊の傾性。

2　見られるものとしての自己への偏愛（自己の点検、ないし自己の目録作成）。

3　ナルシシズムにふくまれている孤独という構成要素。ナルシス的で魅力があり、しかも専制的な人は、過度に見たがり、また見られたがるものですが、同時に他者を拒否するものです。

こうして、鏡は主体が自分自身のうちに閉じこもることも可能にしますが、相互性の体系を打ち立て、他者の侵入を容易にもしてくれます。

ラカンはある論文（「心的因果性について」『ノイローゼと精神病の精神発生学的諸問題』デクレ・ド・ブルーウェ、一九五〇年、再刊一九七七年、ラカン『エクリ』一九六六年、一五一―一九三ページに収録）において、鏡の問題を採りあげなおしています。それによると、鏡像のおかげで子どもは、世界のなかでのおの

れの位置をおのれに確認させ、「人間であることの受難《パッシオン》」「人間がそれによっておのれを人間であると信じるこの気ちがいじみた所業」をおのれに確認させることができるのだ、というのです。鏡像は子どもの限界を画し、子どものうちにあって人間という身分をはみ出すような要素を取り除いてくれるのです。

ラカンは、動物にあってさえも身体像の知覚が重要だということを証示する二つの実験を引いています。

1　――メスの「ハト」についてのハリソンの実験

メスの排卵は、もっぱら同種の仲間を見ることによって惹き起こされ、他の諸感官はすべて無関係だということが分かりました。オスを見たときには十二日目に排卵が起こり、メスを見たときには二ヵ月目に、そして自分の鏡像を見たときには二ヵ月半で排卵が起こりました。

2　――バッタについてのショーヴァンの実験

バッタにはその形態学的外観を異にする二つの変種があります。一つは群生する種、もう一つは群生しない種です。ショーヴァンの明らかにしたところでは、卵からかえったときに仲間を見たか見なかったかによって、幼虫はそのどちらかに成長してゆくということです。

これら二つの実験は、これらの動物に基本的な自己認知のメカニズムのあることを証示しています。先に述べたように、人間にあっては自己の身体像がきわめて深い意味をもっています。しかし、動物にあってさえもすでに、身体像は、厳密に生物学的なものだと信じられてきたさまざまなメカニズムを規定する一つの契機なのです。

III　エディプス・コンプレックス

1　定義

　フロイトによれば、これは異性の親に向けられた近親相姦的愛着によってつくり出される状況です。これに対してラカンは、そんな幼い子ども（四歳から七歳までのあいだ）に性的な愛着があると考えることは不可能であり、この時期の性愛は特定の経験に結びつくようなものではない、と異論を唱えます。彼の考えでは、そこで問題になるのは、たしかに大人の感情とは比較しようもないが、突然子どもをその年齢よりもはるかに高い心的水準に移し入れる一種の先取り――こうした先取りは幼児の発達過程にしばしば見られるものなのですが――ともいうべきある感情なのです。これは、実際の思春期に先立つ、一種の心理的思春期と言えそうです。この時点での性の区別は、どちらかと言えば、表情や一般的挙措にもとづいてなされますし、その感情は主題化されることなく、成人の言う意味での近親相姦的なものなどではありません。

　この種の性的早熟はおおよそ四歳を過ぎるころから生じ、その後、性愛を現実のものにする思春期までまったく眠りにつくことになります。

同性の親への同一化と敵対関係を内包しているエディプス・コンプレックスは、親のがわに禁止の態度を惹き起こし、子どものがわに罪の感情を惹き起こすことになります。

2 「エディプス・コンプレックス」と「エレクトラ・コンプレックス」

フロイトは幼い男の子の発達と幼い女の子の発達を平行的に考えていましたが、あとになると、女の子の父親への愛着に「エレクトラ・コンプレックス」という名称を与えました。やはり両者のあいだには多くの本質的な違いがあるのです。

a　男児の母親への固着は、女児の父親への固着よりもはっきりしているように思われます。女児も男児と同様、もともとは母親へ固着しているのでしょうから、女児はその発達の過程で一種の方向転換をおこなうにちがいありません。これに対して男児の母親への愛着は直線的なものです。父親には威信と権威がそなわり、そのため父親のくわえる罰は母親のそれよりもずっと衝撃的なものであるため、女児も男児のばあいと同じくらい強い抑圧をこうむる、ということもあります。

b　性的機能や性的感情の発達は、身体構造の違いから、両者において同じではありえません。男児のばあい、それらの発達は性器にいっそう直接結びついており、その発達もいっそう連続的です。これに対して女児のばあいは、漠然とした性愛から性器に結びついた性愛への移行のほかに、クリトリス性愛から膣性愛への移行もおこなわれなければなりません。

c　もう一つの本質的な違いは「去勢コンプレックス」の発達に関連します。フロイトによれば、女児のばあいこのコンプレックスは、女児が五歳ごろに両性の違いを発見して、「想像上の男根」を断念せざるをえなくなるというところにその本領があり、これが母親からの分離と父親への愛着というかたちで現れてきます。男児においては、去勢コンプレックスは超自我の形成、つまり監視と懲罰の審級にもっと密接に結びついています。これに対し女児のばあいは、最初の固着が同性の親に向けられ、父親への愛着は二番目にしか現れないということから、その「超自我」はあまり強固ではないと考えられています。

この見方に対する批判。

その身体構造からしても、女児に特殊な去勢コンプレックスがあると考えるのは根拠がありません。去勢幻想とは、実は、世界中に共通して見られる身体寸断化幻想の一特殊例にすぎないのです。また、女児に男らしさの欠けていることの悔みがあるとすれば、多くの男児にも同様に母性の欠けていることへの悔みがあるわけですが、そこから男児にも同じようなコンプレックスがあるという結論が引き出されることはありません（メラニー・クラインの指摘）。しかも、女児の悔みが早発的に得た情報にもとづくということはめったにあるものではなく、むしろ男性の力についてのつくられたイメージにもとづくものなのです。この種の願望が、果たしてフロイトの言うような意味で女児にあるかどうかも確かではありません。というのも、男児自身にしても、性器に結びついた誇りの感情などというものは内面でしか知りえないものだからです。

要するに、男児と女児におけるこうした感情の発達は、フロイトによってあまりにも対称的に考えられすぎたと言えそうです。

3 エディプス・コンプレックスの重要性

それにもかかわらず、フロイトの考え方のうちにある本質的なものはすべて堅持しなければならない、とラカンは主張します。そして、エディプス・コンプレックスが個人のその後の発達を——明らかに逸脱の危険をはらんだその発達を——規定するのは確かなところです。

男児にとって、母親への愛着は離乳コンプレックスを保存したり目覚めさせたりする力をもつものですから、ひいては退行を惹き起こし、「死の本能」を目覚めさせ、つまりは生きる欲望を失わせることもあります。しかし、それはまた、きわめて重要な積極的側面をもふくんでいます。それは父親のようになりたいという願望をともなった、父親への同一化です。

女児のばあい、母親への同一化が同じような危険をともなうことはありません。というのも、女児は母性のうちに離乳コンプレックスの正常なはけ口を見いだすものだからです。

エディプス・コンプレックスの重要性は、それが子どもにとって世界の客観化をはじめて実行するものだというところ、つまり、それが子どもを助けて、自分とは区別される外界があるのだと考えさせるところにあります。子どものその後の人生は、この客観化がどのようにおこなわれてゆくかによって左右されることになるのです。こうして、ラカンによると、エディプス・コンプレックスは二重の機能をもつことになります。一つは抑圧という否定的機能、一つは昇華と形成という肯定的な機能です。

a　抑圧の機能

エディプス・コンプレックスは（現実の、あるいは想像上の）禁止と懲罰の総体を表すものなので、「超自我」の形成にはかなりの役割を果たしています。けれどもラカンは、自己の身体に関する禁止は幼児の人生のもっとはるか以前にまで遡るものだと考えます。すなわち、おそらく肛門括約筋のしつけと即時的満足の放棄以来、太古的《アルカイック》な「超自我」と身体寸断（および去勢）感情の基礎は形成されてきている、というのです。人間はおのれの身体の一部を犠牲にしてはじめて真の人間になりうるのだという考えは、人間精神のうちにきわめて深く根ざしているものであり、多くの原始的儀礼に見いだされるものです。

b　昇華の機能

エディプス・コンプレックスはその同一化の機制によって、自我理想[17]、つまり「良心」の形成に寄与し、子どもが到達したいと望む理想の男性像や理想の女性像の構成を保証します。しかし、この形成は明らかに葛藤なしには実現されえません。

4　エディプス・コンプレックスの普遍性の問題

フロイトは『トーテムとタブー』において、エディプス・コンプレックスは普遍的なものだという仮説を立てました。彼はまず、父親の強権的支配下に置かれた原初の家族と息子たちによる父親殺しを仮定し、次いで、抑圧されていたものが回復することによって、一定の潜伏期を経たのち、父親の権威が復権されるのだが、それが父親殺しの記念という意味をもつトーテム崇拝（トーテム共同体）、および数々の罪悪感と多くの性的タブーというかたちでおこなわれる、と考えるのです。

しかし、この考え方はいかなる歴史的分析にももとづいてはおりませんし、それに反対する多くの論拠があります。たとえば、

――母系制社会にも性的抑圧がないわけではありません。

――そこにもやはり近親相姦のタブーはあるのです。

――このエディプス・コンプレックスの普遍性――これは原初の親殺しという主張の論拠として使われるのですが――についても、エディプス・コンプレックスの見いだされない社会がありそうなのです（マリノフスキーを参照してください）。

エディプス・コンプレックスはわれわれの社会の構造に結びついた一つの「制度」ではないのでしょうか。もっとも、たとえ制度だと仮定してさえも、エディプス・コンプレックスの存在する社会において、果たしてそれが文化のよりよい発展を保証するものかどうかも問題なのです（ラカン）。ひと

は、エディプス・コンプレックスと父親のイマゴがその力を失っているすべての文明には一種の停滞と退歩が認められると信じています。人間が進歩できるようになるのは、母親への固着とそれによって具象化されている死への傾性を克服することによってなのだ、と考えるわけです。そして、母系制社会においては、抑圧と昇華という二つの機能が分離されている（追い出された母方の叔父が前者の機能を担います）ので、昇華による飛躍を社会の退歩が圧倒してしまう、というわけです。

こうした主張に、次のような主張を対置してみると面白いと思います。それはつまり、上の主張とは逆に、文明は女性の生産社会への再統合と、男性の圧制の撤廃、それまでは「歴史にとっては無駄とされてきた」（S・ド・ボーヴォワールによるスタンダールからの引用）女性的な身分のすべての価値の利用をふくまざるをえないであろう、という主張です。

〔5〕　具体例の分析

——L・サイモンズ『太陽の酋長』（ドン・C・タラエスヴァの自伝）

幼児にさまざまな葛藤があるということは、精神分析によって照明を当てられたわけですが、その例証を、アリゾナ州のインディアン、ホピ族の一員の自叙伝が与えてくれます。これは、ある期間アメリカ社会で暮らしたのち、結局最終的に自分の村に帰って定住した一労働者の生活記録です。

彼はアリゾナ州の砂漠地方の標高一五〇〇メートルのところにある小さな村に住んでいます。その村はたび重なる飢饉の思い出にとりつかれていて、社会はまったく荒廃しているように思われます。

彼が「世間並み」でないことは確かです。彼は自分の誕生についてこう語っています。彼が母親の胎内にいたとき、彼には双子の妹がいました。しかし、出産後に村の祈禱師があまり強く押しつけたので、二人の妹は彼一人に癒合してしまいました。したがって、彼は自分のうちに「妹」がいることを証拠だてる一つの印を額につけているのです。

幼児期に、彼はいくつもの外傷的経験をします。ある夜彼は両親の性交場面を見てしまい、父親が母親を殺そうとしているのだと思いこみます。そして結局は、母を気遣う彼の態度に敵意のこもった反応を受けてしまいます。もう一つの外傷的経験は、実際の——あるいはほとんど実際に起こりかけた——去勢の脅威を受けた経験です。彼の祖父が、冗談にもほどがあると思うのですが、彼を縛りつけ、去勢するまねをしたのです。彼は気を失ってしまい、女たちはひどく怒ってはみたものの、その祖父に「この子が大きくなったら、あんたに同じ仕返しをするだろうよ！」としか言えませんでした。

もっとも、この社会では一般に、子どもと年寄りは敵対関係にあるのです。

ところで、子どもは部族の伝説を学びます。その伝説はすべて威嚇的な性格のものばかりです。そのなかに「二重心臓の化物たち」の話があります。それは、出会った人を殺したり、出会った人にその兄弟や姉妹を殺すように命じたりする一種の吸血鬼なのです。——「二重心臓」の次は「カチナたち」の話です。彼らは竹馬に乗った踊り手によって演じられるのですが、きまった日に子どもを捕えようとして村中をうろつくのです。母親たちは彼らに食物を贈ってなだめようとします（これらの行事には遊びと本当の信仰とが入り混じっています）。——また「女郎グモ」の話があります。この自叙伝の主人公であるドンは、ある晩平原でそれに出会い、それが彼を誘惑しようとしたと思いこみました（両親は彼をなだめますが、彼ら自身もその話を幾分かは信じているのです）。

教育の手続き

この村には、少なくとも表面上は、暴力の顕在化に対する明らかな抑制があります。子どもたちを叩くことは禁じられています。すべての暴力は子どもを危険にさらすことになるからです（「自然な」死でさえも、つねによこしまな考えの惹き起こすことなのだから、すべての暴力行為ははかりしれない結果を招きうるのです）。許される唯一の罰の与え方は、つねに宗教的性格を帯びています。たとえば、子どもに布団をかぶせたままにするとか、煙のなかに置いたままにするとか、あるいは冷たい水に漬けるとか、威嚇的要素、ことに窒息させるような要素に接触させるのが罰の与え方です。したがって、蔽い隠された暴力が問題なのです。残虐性もやはり蔽い隠されていますが、しかし、これは遊びのうちにおのずと現れてきます。年寄りたちのがわからの性的いたずら（男にとって女がその象徴であるような身体的危険）から子どもたちを守る措置もやはりとられています。

さて、ドンが十歳のときに弟が生まれました。彼の心はそのため傷つきます。そして、（めったにないことなのですが）母親に頬を打たれたあと、自殺をはかります（闖入コンプレックスを思い合わせてみてください）。

その後彼は、村から三〇キロ離れたところにあるアメリカ人の学校に通うようになります。そして、十四歳のころに彼の最初の性的な試みがおこなわれました。水浴びをしている若い娘たちに出会って、彼は眼をそむけます（これは、この社会の規範に合った行為です）。しかし、彼はそこからそれほど遠くない、よく見えるところに立ちどまって、彼女たちが追いかけてこられるように待ってみたりします。こうした両義的信念による態度（一方で規範の形式を尊重しながらも、自分に都合のよいときにはその規範を変えてしまうという）が、彼のその後の人生のすべてを特徴づけることになります。

十四歳で声変わりしますが、彼は生えてきたヒゲを抜いてしまいます。そして、彼は奇妙な夢をみます。彼が若い娘たちに近づこうとすると、彼女たちが男の子に変身してしまうという夢です（フロイトはこの発達段階に性的両価性を認めていますが、それを思い合わせてください）。あるとき、彼の村で、つねに反目し合っていた少年たちと老人たちとのあいだで、容認される最大限の暴力形態をともなった事件が起こりました。彼はたまたま村にいて、自分の祖父と出会い、その祖父を投縄でつかまえて村中引きずりまわしたのです。

彼は学校を出てから、コロラドに出稼ぎにゆきますが、そこでの彼の最初の買物は一丁の拳銃でした（攻撃性）。このころ彼の村で離脱が起こりました。原住民の大部分は白人に敵意をもち、白人とのあいだで仲裁裁定がおこなわれたあと、そこを出てもっと遠くに居を構えました。だが、ドンは居残る方のがわにつきました。

感情的なエピソード

彼は飢えた一人の女性と出会い、彼女の世話をしようとしました（飢えと昔の飢饉の思い出――当時人びとは子どもたちをむさぼり食ったように思われます――が強い感情的因子として残っているわけです）。この女性とのエピソードは永くはつづかず、ドンのもう一つの恒常的特性を露わにしただけでした。つまり、女性に誘惑されるたびに、その女性に求婚し、また別の女性が現れるとそのことをすっかり忘れてしまう、という特性です。

彼はキリスト教に入信し、ＹＭＣＡのメンバーになります。そのときだけは、自分が白人であればいいのにと思ったそうです。

重大な危機

彼は自分の妹が出産中に死んだこと、そしてその死が「二重心臓の化物」のせいだということを知ります。この知らせは彼をその出自に連れもどし、彼のうちに罪悪感を目覚めさせ、どうして「二重心臓の化物」が妹の代わりに自分を奪いとらなかったのだろうかと自問します。そして、その日彼は風邪をひき、肺炎になってしまいました。病院で手当てを受けましたが、治療の効果はありません。彼は「二重心臓の化物」たちを怒らせてしまったのだと思いこみます（彼らは力をもっていると同時に、よこしまで不吉な連中なのです）。そのとき彼は、自分のこれまでの人生をすべて回想させられるような幻視を体験します。それは、ひとりの「カチナ」が現れて、彼に死者の国を訪ね、完全に死んでしまう前に、自分の身体にもどり、急いでその身体を時間に結びつけるように勧めるのです。あの世へゆく途中、彼は自分の村を通り、母に出会いますが、彼女は彼に気づきません。次いで彼は祖母に出会い、彼女が「二重心臓の化物」の一人だということに気づきます。ついに彼は道が二股に分かれる分岐点に着き、いずれかを選ばねばなりません（これはよくある神話のテーマです）。彼は良い方の道を選び、彼に急ぐように吠えかかる奇妙な動物たちに出会い、「先祖の家」の前の山にたどり着きます。道化師のような連中が彼に、もう遅いと言います。そこで彼はさまざまな霊薬のなかから、彼に命を返してくれるものを選ぶというもう一つの重大な選択をしなければなりません。老人たちが彼に、うしろを振りかえらずに逃げろと勧めてくれます（これは、化肉と、克服せねばならない偶発事とを表している、よく知られた神話です）。こうして、彼は悪霊たちから逃れるわけですが、そのとき前に出会った動物たちが彼に、お前は帰ったら長生きするよと言います。いまや彼は、自分の身体が「かなり住みごこちよくなっている」ことに気づきます。彼は目覚め、自分に憐憫の情を覚えました、——病院の人は彼がもう死んでしまったと思っていたのです、——彼がふたたび自分の「守護神」である「カチナ」に出会うと、「カチナ」は、彼を見守ってやることと、彼を四度だけいさめてやることを彼に約束します。それ以後は、もし彼が新たに罪を犯せば、彼は死ぬことになるのです（このように数に頼るのは、子どもや精神衰弱者に見られるものです）。

彼は自分の経験に深く震撼されつづけ、以後は自分の部族の慣習にきわめて素直に従うようになります。彼の最大の関心事は結婚を避けるということでした。それにもかかわらず、彼は同じ氏族の女性たちと多くのアヴァンチュールを経験します（結婚することはできないということを彼は知っているのです）。結局、ずっとあとになって彼は結婚し、三児をもうけますが、三人とも幼いうちに死んでしまいます。そこで彼は呪術を使ったと非難はされますが裁かれはせず、もう子どもをもてなくなってから一人の男の子を養子にもらいます。

心身上の第二の危機

その養子との喧嘩の最中に、彼は養子をぶつぞと脅しますと、養子は怒ってこう言い返します、「さあ、すぐにも殺してくれ」と。父親は病的な怒りの発作を起こし、息子をなぐりました（これはホピ族ではめったにないやり方なのです）。それから彼は態度をやわらげて、父親の死を願ったりするものではないといさめます。しかし、そのとき彼は実際に自分の死が近づいてくるのを感じ、窒息するという感じをともなうあらゆる身体症状が現れました。もっとも、結局彼は回復するのですが。この暴力とこの病気のふるまいをどう説明すべきでしょうか。

養子との出来事における怒りと病気の意味

養子に対するドンの暴力行為は、すでに述べたようなホピ族の親子関係のふだんの甘さと対照的です。ドンはかつて、自分の三人の子が死んだとき、呪術を使ったと告発され、「さあ、すぐにでも殺してくれ」と言って、攻撃的防衛の態度をとったことがあります。養子が彼の面前で同じ態度をとったので、それが同時に彼のうちに当時の罪悪感をよみがえらせました。そこで彼は、この罪悪感を息子に投射して、状況を逆転しようとし、息子のほうが自分の死を願っているのだ、と言ったのです。こうしてドンは自分を病気にしてしまったのです。

さまざまな身体症状は、彼の幼児期に認められていた懲罰がもたらす身体症状にほかなりません。息苦しい感じ、窒息する感じ、それに口のなかの痛みなどがそうですが、ことに最後のものは、彼の女性教師の特別に残酷な懲罰を思い出させるものです（彼女は彼の口のなかに石鹸のかけらを長いあいだくわえさせたといいます）。したがって、こうした症状はすべて、彼の幼児期の心的外傷経験に結びついています。

結論

ドンの全生活は、「自己疎外」という徴標のもとに位置づけられます。いっさいの責任、いっさいの自律性が外的権威である慣習や精霊などに托されているのです。ヘーゲル的意味での「不幸なる意識」とは、おのれ自身の外部にその中心を置こうとした意識にほかなりません。

この社会では、暴力の顕在化を抑制することが重視されています。したがって、暴力を外に表すことはできませんが、しかしそれは、夢や伝説のうちに現れてきます。

誕生と死にかかわるものにはすべて、暴力の恐怖が刻印されています。死は自然な死でさえもすべて疑われ、つねによこしまな考えによって惹き起こされたとされます。

昔の飢饉の強迫的記憶からしても、食糧問題の重要性も強調しておかねばなりません。

抑圧された暴力の全体が「親－子」関係に反映しています。つまり、外見は甘いのですが、その背景には「老－若」の敵対関係があります（この関係は、少年が一人前の男の生活に入るときの加入儀礼に象徴されています――踊りと乱暴なからかいは、これから年寄りを虐待できるのは若者なのだということを表しているのです）。

性的関係について言いますと、それは自由で寛大に考えられています。しかし、時どき恐怖のお告げや深い不信のお告げがあります（これは、少年たちを年寄りから守る措置なのです）。

社会関係について言いますと、一般に憎悪と愛情の混在、一般的な両価的感情、疎外感があって、それによって（少なくとも、ドンにあっては）超自然的なものと日常的なもの（世界のこうした二分法は自然人によく見られるものですが）という完全に分離された二つの心的領域が形成されます。

こういった例から、一つの行動を、性的なり社会的なりただ一つの構成分に還元することはできないということが分かります。両者のあいだにはつねに相互作用があり、それに、すべての問題に対する個人的な態度決定がつけくわわるのです。そこからさまざまな条件とそのさまざまな帰結の錯綜が生じてくることになります。

〔6〕もう一つ別の例の分析
トロブリアンド諸島において子どもの置かれている諸条件
（マリノフスキー、以下はグランジャン嬢の口頭報告である）

この社会では、「父親」は子どもの概念には無関係なものとみなされています。彼はただその家で暮らしている一人の男、母親の夫にすぎません。結婚は父方居住制です。

子どもたちが父親に払う敬意は、父親がいろいろ子どもたちの世話をする以上当然とされます。家は父親のものだし、彼はその主人なのですが、妻の役割もかなりのものであり、ある種の物は彼女だけの所有物なのです。

父性的権威は母親の兄弟によって行使されますし、母方のこの兄弟が家計を見、男の子はその財産を相続するのです。

数多くの厳格なタブーがあります（厳格ですが、つねに実際に遵守されます）。

子どもたちは死者の精霊の再生したものであり、これらの精霊がその永遠の若さに疲れたとき、子どもの形をとるのです。ところで、これらの精霊は水の上を漂い、通常は頭から女の体内に入ると考えられています。

かなり逆説的なことですが、私生児は除け者にされます。性的にはまったく自由であるにもかかわらずそうなのです。そうした子どもたちには可愛がってくれる父親がいないからだ、という説明がされます。もう一つ矛盾しているのは、子どもを「母親似」だと言うのは当を得ないことだとされることです。これは、なるほど父親は子どもにとって他人ではあるけれど、やはりその父親がその子に与える不断の世話によって子どもの姿かたちをつくりあげるのだと考えられているからです。妊娠期間中、妻は夫とは離れて暮らします。男は自分の家族（姉妹、従姉妹たち、娘たち）に対してきわめて尊大にふるまいます。子どもは〈おなかがすいた〉とか〈のどがかわいた〉とか言っても、ずっとあとになってからしか与えられません。神経質な子どもたちや気むずかしい子どもたちは海辺から別の村に連れていかれます。空気が変わるとよく育つと考えられているからです。

子どもたちはきわめて自由で、両親に従う義務はありません。性的な遊びにおいても、やはりきわめて大きな自由が与えられています。両親は子どもたちに罰をくわえたりはしません。たとえ両親が子どもたちを叩くとしても、彼らは子どもの反撃を当然のこととして認めます。一般に、懲罰という考えは、非道徳的でとんでもないこととみなされています。その上、子どもたちは一種の「子ども共和国」をつくり、そこで彼らは完全に自由なのです。

性生活

人びとは子どもに性行為を隠そうとしません。しばしば子どもたちは両親の性行為の証人になります。ただ子どもたちは、あまり大きな好奇心を示さないようにとだけ要求されます。多数のタブーを別にすれば、道徳的戒律はありません。女の子だと四、五歳ごろから、男の子だと六―八歳ごろから、子どもたちは遊びのかたちで男女間の性的関係を素描してみるようになります。

青年たちにも、同じように自由な性生活があります。

タブー

兄弟－姉妹間の愛情は厳重に禁じられ、一緒に遊ぶことも禁止されます。

大きくなるにつれて、子どもはさまざまなタブーを学ばねばなりませんし（子どもたちはそれまでなんの束縛も受けることなく育てられてきたので、これはしばしば心的外傷効果を生みます）、社会の規律を学ばねばなりません。たとえば、子どもは、自分が父方の氏族の一員になるのではなく、彼が遺産を相続する母方の叔父の氏族の一員になるのだということ、そしてこの氏族においては彼自身の父親は他人とみなされているといったことを学ぶのです。

子どもたちと同じように、若者たちも一緒にまとまって暮らします。彼らは「若者宿」をもっており、そこで出会いますが、そこに定住するわけではありません。その宿は、一度に三組《カップル》から五組を受け容れることができますし、きわめて頻繁に使われます。

結婚生活

若者たちの結びつきは対等な結びつきではありません。婚約が性的自由を制限することになるからです。もっとも好ましいとされるのは、ある男の息子とその男の姉妹の娘とが結婚するばあいです。

これによってその男は、自分の姪に贈る義務のある物品や財産といった利益を自分の息子に与えることができます。そして、自分の姪でもあるこの息子の嫁は、彼の真の血縁ですから、ゆくゆくは年老いた父である自分を、他所者の呪術から守ってくれるだろう、というわけです。

これに対して、姉妹同士の子どもたちの結婚は禁じられています。

〔7〕マリノフスキーの観察についての補足

参考文献——マリノフスキー『メラネシア北西部の自然人の性生活』『原始社会における性とその抑圧』

1　父親の状況

生理学上の父親（彼は父親とはみなされていないわけですが）は、一般に、彼が責任を負い資産を相続させねばならない甥よりも自分の本当の息子の方を可愛がりますから、そこに葛藤が生じます。しかし、彼には多くの便法が開かれていて、実の息子にその財産の使用権を与えるようにすることができます。つまり、彼は実の息子に自分の姪を妻《め》あわせるように計らうことができるのです。こうして、実の息子が父の遺産の恩恵に浴しうるわけです。

2　妻の状況

妻はある種の社会的価値を享受しています。彼女は数々の自分用の物品を所有しており、特に水甕がそうです。家庭の食糧の半分は、彼女の実家が供給しなければなりません。また、時どき妻の方から離婚をもとめることも見受けられますが、夫の方からもとめることはめったにありません。

しかし、家の主人はやはり夫です。結婚は父方居住制ですから、妻も子どもたちも本当の意味ではその村の者ではないことになります（子どもたちは、原則として、子ども時代の前半を過ぎると、母方の叔父の村——彼らの本当の村だとみなされている村——へもどらねばなりません）。

妻はいくつかの特権と、妻の地位に固有のいくつかのタブーをもっています。夫に万一のことが起こったばあいにも、彼女は結婚によって得た社会的優位を保持します。しかし、彼女がその力を実際に行使することはなく、それを氏族の長にゆだねるのが習わしです。

呪術に関して言えば、妻はどちらかといえば詩的、抒情的なある種の呪術をおこないますが、実際の呪術（病気の治療）は男のものです（しかし、虫歯の治療だけは別です）。

3　結婚生活

独身者の自由な生活と結婚生活の厳格な性格とは際立った対照をなしています。結婚式というものはなく、夫婦は公衆の前を並んで歩き、みんなのなかで食事をすればよいのです（もし女の両親が承知すれば、彼らは贈り物を贈りますし、そうでなければ、女の両親が娘を連れもどしにきます）。若夫婦は次の収穫時まで夫の家族のなかで暮らさねばならず、その後自分たちの家に住むことになります。

夫婦は愛情の多さを示しあい、つねに余暇の一部を会話についやします。

夫には姦通した妻を殺す権利があります。しかし、もし妻の方が先に別れる決心を夫に通告すれば、夫はそれに反対できません。一般に、離婚したばあいには、両方とも非常に早く再婚します。といっても、妻が夫から誤って姦通の責めを受けて自殺する例が相当見受けられます。もっとも、マリノフスキーはこれらの事実を、その妻がその夫と暮らしつづけることも、夫なしに暮らすこともできなくなるからだと解釈しています。しかし、おそらく夫にその誤りを認めさせようという意図のあることもやはり認める必要がありましょう（これは、極東における「名誉」のための自殺と比較できそうです）。

氏族の酋長には、多くの妻をもつ権利があります。彼には三種類の妻がいます。つまり、先代酋長の妻たち、自分が若いときに選んだ妻たち、死んだ妻たちの代わりのもっと若い妻たちです。彼には自分が出会うすべての女を選ぶ権利があります。しかし、このばあい妻の貞操は実際には通常の既婚者たちのばあいほど堅固ではありません。

妊娠した妻は、思いやりで包まれます。彼女は特別の寝まきをもらい、（体を浄めるため）水浴に連れてゆかれます。出産時は母親のもとに住み、その家の男たちはみな追い出されます。出産後、二ヵ月間はきわめて厳重にタブーを守りながら、家に閉じこもっていなければなりません（たとえば、彼女は夫にも門越しにしか話しかけてはいけないのです)。子どもが離乳するまで、彼女は夫から離れて暮らします。こうした状況は、子どもにとってはきわめて好ましく、出産後の心的外傷を最大限やわらげてくれます。

4　子どもたち

子どもたちは暴力を知りませんし、懲罰も性的抑圧も知りません。このことから、子どもたちは愛着の感情と性行為のときのいつくしみの感情とを非常に早くから混同するようになります。こうした社会には、われわれの社会においてあれほど頻繁に見られる性愛と愛情との解離は見られません。結婚したいという欲求の起源は、単に経済的利害だけではありません。すでに彼らを結びつけている絆を持続的で公然たるものにしたいという意図や、要するに、自分たち自身の子どもをもちたいという欲求もまたその起源になるのです。

5　否定的側面

非暴力の代償として、公の大饗宴の物語や女たちが男をナイフで傷つけて夫を選ぶという慣習についての物語(おそらく失われかけているものでしょうが)があります。また近くの島に住んでいて、男たちや子どもたちを惹きつけておいて殺す残忍な女たちについての伝説にも、攻撃的要素や去勢幻想が見いだされます。

さらにまた、畑の草取りの季節に、女たちが村を通過する他所者に言い寄ることが全面的に許される期間が設定されているという習慣も見られます。
したがって、ある種の攻撃性が潜在的に存在していることになります。

6　トロブリアンド諸島の子どもたちと文明圏の子どもたちとの比較

マリノフスキーはこれらの事実から次のような対比を引き出します。

――トロブリアンド島の妊婦の方がより大きな保護を受けている。

――離乳はいっそう遅くおこなわれ、乳児は母親とともに隔離されて暮らす。したがって、状況はあまり外傷的ではなく、子どもにとってはいっそう安楽な生活から出発できることになる。

――母親の愛情を得ようとする父親と子どもたちの敵対関係は存在しない。

――男性の専制はない。

――倒錯はきわめて少ない（白人たちの到来前には同性愛は知られていなかった）。

――子どもの心的発達過程で、性的なものと肛門とが、両者とも「みだら」だということで結びつけられることはない（われわれの社会ではこの結びつきは習慣的なものであるが）。したがって、性的発達はより直接的で逸脱に陥ることはほとんどない。

――三歳から六歳までのあいだに、われわれの社会では、理想的父親像が構成され、それには同時にその幻滅もともなうが、彼らのもとでは似たようなことはまったくない。権威はいっさいの社会的記憶をまとっている母方の叔父に委ねられ、父親の役割は純粋に愛情を注ぐことに限られ、したがって、思春期の危機は存在しない。

六歳から思春期までは、われわれの文明では「潜伏期」である（「エディプス・コンプレックス」が弱まり、性的関心が入眠状態になる）。たしかに、これを一般的法則として言明する前には、フロイトも潜伏期の存在、その強度、持続期間に環境が影響することを認めていたのだが。それはともかく、われわれの文明においてさえも、ブルジョワジーの環境に比べると農家や労働者の環境においては、この潜伏期が目立たない（この潜伏期と、学校への関心が急に優越してくる時期とが合致していることを思い合わせてみよ）。

トロブリアンド諸島の子どもたちには、この潜伏期は存在しない。この時期は、彼らのもっとも自由な期間であり（子どもたちの共和国での生活）、彼らの最初の性的経験の時期である。

――思春期。われわれの社会では家族内の緊張の高まる時期であり、特に父親に向けられる攻撃性と、母親や姉妹への暴力が注目されるが、これはおそらく、自分自身の出生をあれこれ考えるようになることと関係があるのであろう。

こうした緊張はトロブリアンド諸島の人たちのもとでは認められない。この時期は、子どもが自分の村を去って母方の叔父の村にゆかねばならない時期である。

こうして、マリノフスキーはこの社会にコンプレックスが存在しないことを確認する一方、神経症や精神病（躁病《マニー》やクレチン病を除けば精神病は見られません）が存在しないこと、彼らが自分たちの夢について語ることがほとんどないという事実、また彼らが祈禱師たちの力をあまり信じていないような印象を与えるという事実によって、そのことを肌身で感じているのです。

　これとは反対にマリノフスキーは、トロブリアンド諸島の人たちに特有のあるドラマのあることを信じています。それは、妹に惹かれ、権威を代表する母方の叔父を憎むというドラマです。それに、次のような一連の事実が葛藤の存在を証明しています。たとえば、過度に厳格なタブーが兄弟姉妹間の愛情はもとより、そのいっさいの関係を禁じています。また、多くの神話に近親相姦的傾向が認められます。そして、不法行為を分析してみると、やはり抑圧されているもののあることが分かるのです。

〔8〕マリノフスキー対ジョーンズの論争
——「エディプス・コンプレックス」の普遍性をめぐって

　マリノフスキーはこれらの事実から出発して、「エディプス・コンプレックス」は一社会の特殊な体制に結びついた歴史的形成体であるということを証明しようとします。そこで彼は、単にエディプス的形成体だけではなしに、それぞれの社会に固有のコンプレックスの研究をこととする精神分析の新たな方向を切り拓くように勧めます。これが、彼と精神分析医ジョーンズとのあいだに一つの論争を惹き起こすことになりました。

ジョーンズの議論

彼の考えでは、トロブリアンド諸島の人びとのコンプレックスは、父に対する攻撃性を叔父に置き換え、母に対する愛を（母を象徴している）妹に置き換えることによって、「エディプス・コンプレックス」を包み隠し、それに対処せんがための仮面にすぎません。ジョーンズはまた、母系制の起源を説明せずに放置しているといって、マリノフスキーを非難します。

マリノフスキーの反論

マリノフスキーによると、ジョーンズの異議と精神分析の立場は明らかに反駁しようのないものです。というのも、徴候がないということも徴候があるばあいと同じ意味で解釈され、否定も肯定と同じ価値をもつからです。精神分析医にとって、徴候がないということは、特に強い抑圧があるということを物語るにすぎないわけですが、これは証明もできなければ論駁もできないことです。しかし、エディプス・コンプレックスがほかのコンプレックスの背後に包み隠されているということになると、それは一種の「超－無意識」を前提していることになりましょう。これは、まったく言葉の上だけの解決にすぎない、とマリノフスキーは反論するのです。

しかし、マリノフスキーがなによりも固執しているのは、フロイトの方法論に対する批判です。フロイトの方法論の本領は、われわれ自身の心的発生から借りてこられた諸要素でもって歴史を再構成しようとするところにあります。しかし、心的メカニズムの普遍性が証明されたというのでもないかぎり、われわれには、たとえば自然人のトーテミズムを、西洋の子どもの精神分析によって得られた情報の助けを借りて解釈する権利はありません。さもなければ、われわれは要請にすぎないものを証拠として提出していることになりましょう。客観的な人類学的精神分析を構成するためには、研究される社会の現場で諸要素を探しもとめなければならないのです。

ジョーンズに対するもう一つの反駁

父親殺しは、フロイトによって、父の権威の惹き起こす結果だと仮定されるのと同時に、父権制文化の原因だとも仮定されていますが、これは考えにくいことのように思われます。ある特定の文化の結果であると同時にその基礎だとされる父親殺しは、ただ一度だけ起こって、その後その文化が広く伝播したというのでしょうか、それとも「父親殺しの流行」といったことを認めねばならないのでしょうか（クレーバー『トーテムとタブー――民族学的精神分析』を参照してください）。

こうした難問に直面すると、たしかにアプリオリな証明ですましているわけにはいきません。もっとも、マリノフスキーのこうした見解はまことに興味深いものではありますが、それでもその主張のいくつかの弱点を指摘しておく必要もあります。

――トロブリアンド諸島人の夢に関して、彼らは夢の話はしなかったとマリノフスキーは言っています。しかし、それは彼らが夢をみないということの証明にはなりません（精神病のあらゆる症例において、かたくなな沈黙は抵抗の存在することの確かな指標なのです）。性的な質問に対しては極端なまでの分別を示したこととあいまって、この事実はかえってある種の抑圧のあることを物語っているように思われます。

——「トロブリアンド諸島人のコンプレックス」の臨床像は、「エディプス・コンプレックス」と対照をなすものと考えられています。しかし、それは真のコンプレックスではありませんし、コンプレックスとして働くこともありえません。というのも、「エディプス・コンプレックス」の力動性は、それが「三者のドラマ」だということにもとづくものであり、このドラマでは、拮抗関係にある三者のそれぞれが他の二者と結びつけられ、三者のあいだのすべての二者関係が第三者に影響を及ぼすというぐあいになっているからです。トロブリアンド諸島の人びとのコンプレックスには、こうした力動性はまったくありません。妹と叔父の二者間にはなんの結びつきもありませんし、男の子が叔父を嫌うのは、彼が妹に愛着を感じているからではありません。つまり、ここではたがいに無関係な二つの葛藤があるだけです。

フロイト派の人びとは、心的構造が文化の原因であると主張します。これに対してマリノフスキーは心理学的因果性に替えて社会学的因果性を立て、エディプス・コンプレックスを文化の所産とみなします。しかし、この二つの因果性は切り離しにくいものであり、たがいに干渉し合うものです。むしろ必要なのは、因果性の用語で構想されるのではないような精神分析と社会学を構築することでしょう。こうして、古典的精神分析の所与を乗り越え、その綜合をはかるのが新たな人類学的精神分析、つまり文化主義の目指す方向なのです。

（木田 元・鯨岡 峻訳）

幼児の対人関係

序論

この時間と次の時間の講義で、序論として、今年の私の主題が児童心理学全体のなかでどんな位置を占めているかを、お話ししておきたいと思います。

まず、今年扱おうとしているテーマが昨年掲げたテーマとどんな関係にあるかということは、あなた方にもよくおわかりのことでしょう。

昨年われわれは、幼児の対〈自然〉関係のいくつかの面を研究しようと試みたのでした。それは、たとえば幼児の知覚、つまり幼児が自分の外にある自然的諸事実についておこなう認識であるとか、それら外的諸事実を描写するその仕方、たとえば粗描といったものであったわけですし、また幼児の想像力は知覚的経験をどんなふうに利用するか、さらにそうした知覚的経験はどのようにして因果関係に組織されるかといった問題でした。そして最後に、ときとして幼児における〈世界の表象〉と呼ばれてきたもの、すなわち幼児が一つの世界観をもつに必要な〈観念の総体〉——幼児にも観念があるとしてのことですが——が考察されたわけです。

この最後の節では、われわれは幼児の知性という問題に到達していたことになります。さらに、われわれが昨年導かれていった問題は、それがどれほどの多様性をもっていたにしても、次の点でみな共通していたということは、みなさんにもおわかりと思います。つまり昨年は、幼児の〈生きている他者〉に対する関係は問われなかった、少なくとも主題にはならなかった、そしてむしろ幼児の〈自然〉に対する関係が問題になっていた、という点です。

ところが今年は、幼児期の対〈人〉関係をとりあげながら、幼児の両親や兄弟・姉妹・自分以外の幼児などに対する関係を問題にし、さらにもし時間があれば、学校環境や彼の所属している社会階級、またもっと広く彼の属している文化や文明に対する関係をも取り上げてみたいと思います。

もっとも、この最後の問題を扱うのはずっと後のことですから、今年はその問題にふれられないということになりそうです。おそらく、両親・兄弟・姉妹、それに他人との関係だけでも、十分に時間をとられることでしょう。

われわれが今年扱おうとしている問題は、昨年扱ったのよりも特殊な問題だと思われるかもしれません。また、昨年われわれは幼児の認識の「下部構造」、つまり幼児が感じたり知覚したり認識したりするその一般的なやり方の全体を学んだのに対して、今年はそうした知覚や認識のかなり限られた一領域、すなわち〈他人〉の知覚とか〈他人〉の認識を問題にするのだろう、と思われるかもしれません。最後に、昨年は幼児の認識の心理学的研究にたずさわってきたが、それに対して今年は、それよりもっと限られた主題である感情性（affectivité）に関わることになるのだろう、と言われるかもしれません。

しかし、この二種類の問題の関係はそういったものではありません。他人との関係が、昨年考察してきた問題よりもより特殊で、感情性というより狭いところに隔離された二次的な問題だとは、私は少しも思いません。

昨年の研究の結果それ自体が、他人との関係の問題を従属的な問題と考えることを、われわれに思いとどまらせているのです。

実際、幼児の知覚について述べたり幼児の捉える因果関係について述べたりした際、われわれの注意を引いたのは、幼児の知覚というものが、外的現象の幼児のうちへのたんなる反映であるとか、感官の行使によって得られた与件の単なる区分けであるなどとはとても考えられないということでした。つまり大事なのは、幼児のなかで、その経験が実際にどう形態化（Gestaltung）されているかということだと思われたのです。たとえば知性の行使にもとづけるのが伝統になっている因果の諸関係も、幼児にあっては、外的出来事に対する幼児の知覚それ自体に根を下ろしたものであって、幼児の知覚は単なる反映や与件区分の結果などではないということを、われわれはミショット[1]によりながら見たわけです。それは幼児が外的経験を組織化するより深い操作であり、したがっていわゆる論理的あるいは述語的な活動ではなかったのです。

幼児の想像力を考察した際も同じことであって、心像《イマージュ》と呼ばれているものは、幼児においては、先行する〈知覚〉の稀薄になったり微弱になった一種の〈写し〉のごときものではけっしてないと思われました。想像と呼ばれるものは実は情動的行為であり、したがってここでもわれわれは〈認識主観と認識対象との関係〉のいわば手前にいたことになります。問題は、幼児が〈想像的なもの〉を組織し上げるその原初的操作にあるわけであって、それはちょうど、知覚においては〈知覚されたもの〉を組織し上げる原初的操作が重要であるのと同じことだったのです。

幼児の粗描について調べたとき、有名なリュケ[2]の著書に抱いた不満の一つは、まさにその点でした。と言いますのは、その著書では、幼児の粗描は欠陥をもった〈成人の粗描〉と考えられていますし、また幼児の発達ということも、いろいろな年齢の粗描を通してみると、ちょうど成人がおこなっている世界表象、少なくとも西洋の白人のいわゆる「文明化した」成人がおこなっているような、いいかえれば古典的幾何学の遠近法の法則にのっとった世界表象の試みの、〈一連の失敗〉のようなものだとされているからです。だが、われわれが示そうとしたのは、その反対に、幼児の表現の仕方は、いわゆる「視覚的写実主義」の途上のたんなる〈あやまち〉としては理解できないものだということ、それはむしろ、幼児には古典的スタイルの粗描の遠近法的投影にみられるのとはまったく違った〈物[3]や感覚的なものに対する関係〉があることを証明するものだということでした。

最後に、ワロン[4]の指示に従ってではありますが、〈幼児における世界表象〉という問題は、おそらく問う必要のない問題だろうと思われました。世界表象について語りうるためには、幼児が本当に自分の経験をいろいろな一般的思考によって全体化している必要があります。しかるにワロンが指摘しているように、幼児にとっては、この世界という経験の領域は全体として隙間だらけなのです。なぜなら、世界経験の領域全体ということになると、そこにはワロンが「超‐物」（ultra-choses）〔＝物を越えたもの〕と呼んでいるもの、つまり幼児がその経験を身近にはもっていないような存在者、いいかえれば太陽とか月などのように幼児の知覚の〈地平〉にある存在者が含まれることになるからです。そういった存在者は、幼児にとっては比較的無規定の状態にとどまっており、彼らはそれについて本来の意味での概念的思考をもってはおりません。もちろん身近な対象については、幼児もときには成人とかなり類似した表象をもっています（ホワン）[5]。ですから、いささか乱暴に使われているアニミズムとか人工論[6]といった概念は、「超‐物」に当面した場合の幼児の当惑を言い表す成人のやり方だ、ということになります。それは成人の提出した問いに答えようとして幼児がときどき用いる窮余の策であって、おそらく彼固有の経験の仕方ではないにちがいありません。

以上のことはすべて、次のような観念に帰着するはずのものだったと思います。つまり、一般に認識の機能と呼ばれているもの、アカデミックな古典的心理学においても認識の機能——知能・知覚・想像など——と呼ばれているものは、もっとよく検討してみると、いわゆる認識以前の活動にわれわれを送り返すものだということです。いいかえれば、ある経験組織化の能力というものがあって、そのおかげである刺激群は、幼児なりの身体的・社会的条件のなかで可能な限りでの〈布置〉や〈平衡の型〉を得てくることになるのです。

なお、われわれは別の講義で、言語習得の問題をも検討し、そこでもやはり同じ次元の結論に当面していました。すなわち言語の習得は表現の開放系の習得、つまり一定数の認識や観念だけではなく、将来の不特定数の認識や観念をも表しうるような系の習得であるように思われたし、また国語というこの系が幼児に習得されるのも、けっして本当の知的理解の操作によるものではなかったわけです。もしそういうものなら、幼児は国語やその形態論や構文論の諸原理を知性によって理解するというようなことになってしまいましょう。その際大事なのは、むしろ一種の習慣づけ（fréquentation）、言葉を道具として使いこなすことそのことです。そして言語の実際の使用は知的発達の結果であるばかりか、そのもっとも効果的な促進剤でもあるのですから、それは純粋な知性の行使にもとづくのではなく、もっと不明瞭な操作、つまり幼児が自分の生きている環境の言語体系を自分に同化していく作用にもとづくのであり、そしてその作用も、ある習慣の習得とか行為のある構造の習得に比すべき操作であるように思われたのです。

　こういった結論からみますと、われわれはどうしても、昨年とりあげることができた認識の諸機能と今年のテーマである感情性との関係は、たんに後者が前者に従属するといったものではないにちがいない、と考えざるをえなくなります。

　しかし私は、そのことを二つの例でもっと直接に示してみたいと思います。まず、最近の研究は、外的知覚でさえ、つまり感覚的な諸性質や空間の知覚など一見したところもっとも公平でもっとも非感情的にみえる知覚でさえ、パーソナリティや、幼児がそのなかに生きている人間関係（rapports inter-personnels）によって深く変容されるものだということを示す傾向にあるのです。

第二の例は言語の習得に関するものですが、何人かの著者たちの教えているところでは、〈言語の発達〉と、幼児の発達の場面となる〈人間的環境の布置〉とのあいだには、きわめて密接な、きわめて深い関係があるのです。

第一章　心理的硬さ

第一の点については、私は、一九四九年九月、『ジャーナル・オブ・パーソナリティ』誌に、「情動と知覚からみたパーソナリティの変数としての〈両義性に対する不耐性〉」(Intolerance of ambiguity as an emotional and perceptual personality variable) という標題で発表されたフレンケル＝ブランズウィック夫人[7]のめずらしい研究を参照したいと思います。

この研究は、過去の一連の研究全体と関連するものであり、とくにドイツの心理学者イェンシュの研究と関連しています。イェンシュは、二十五年前からいわゆる「直観像[8]」の研究でよく知られており、またそれ以来、〈対象知覚〉の仕方と、その人の〈パーソナリティ〉、とくにその人の〈対人関係〉の一般的特徴とのあいだには密接な関係があるということを示そうとして、知覚の研究に向かった人です。両義的な知覚（たとえばあるときはこちらから、別なときには別の方向から見られた同一立方体の投影図の知覚）は、「自由な」被験者には比較的頻繁に現れます（自由な被験者というのは、物の違った諸局面が一見したところ容易に符合しないような場合でさえ、そうした多くの局面を容認しようとする人のことです)。もっとも、実をいえば、この方面でのイェンシュの研究はあまり性急にすぎ、きわめて無謀でした。それに対してフレンケル゠ブランズウィック夫人は、厳密な、実験的研究をしようとします。夫人はいろいろな投影法[9]の原理そのものの上に、きちんと土台を置こうとするのです。ロールシャッハ・テストでは、被験者がある視覚的与件を知覚するそのやり方を利用して、そこから被験者のパーソナリティのある特徴を引き出そうとするわけですから、ロールシャッハは、被験者の知覚がそのパーソナリティによって全面的に変容されるという考えにもとづいて、その検査を作り上げていたことになります。

フレンケル゠ブランズウィック夫人は、パーソナリティとあるタイプの知覚との相関関係を研究するために、パーソナリティの特徴となるもののなかからきわめて的確な一例を選び出しています。つまり、夫人のいわゆる「心理的硬さ」(rigidité psychologique) がそれです。それがどういうものかはやがて定義しますが、とにかく夫人は、そうした心理的硬さとある種の知覚との相関関係を実験的調査によって研究しようと努めたのです。そんなわけで、カリフォルニア大学では十一歳から十六歳までの一五〇〇人の学童が調査され、夫人はそのうち、極限の例、つまり心理的硬さの極端な例を表す一二〇人の学童を選んでいます。

彼女は、彼らにたびたび面接し、臨床検査を施し、いろいろなテストをおこなっております。この子どもたちの両親をも訪問して、そのうちの幾組かには──三分の一にあたりますが──、知覚のタイプと、上に述べたようなパーソナリティあるいは対人関係上の因子とのあいだにどんな連関があるかがわかるように、彼らの知覚について精密な実験をおこないました。

そういう研究のために選ばれたパーソナリティの問題の変数について、一言しておきましょう。「心理的硬さ」と言うのは、フロイト流の用語や考え方とはかなり距たっているにしても、精神分析学に由来する概念です。したがってその言葉は、次のような被験者の態度を指すわけです。つまり、どんな質問にも、何のニュアンスもない切口上で返事をする人の態度であるとか、さらに物とか人物を検討する場合にも、相互に符合しないような特徴はなかなか認めたがらず、ものを述べるのにも、つねに単純で断定的で結論的な見解に達しようとする人の態度です。

ところで、彼女の目から見れば、この「心理的硬さ」は、他の人たちがときにそう信じているように、その下にかくれている何か本物の心理的力[10]を指し示す記号といったものではありません。それは一つの仮面にすぎないのであって、実はその硬さの下に、混乱したもの、少なくともひどく分裂したパーソナリティがかなり容易に見出されます。彼女によりますと、心理的硬さなるものは、フロイト派の人たちによって「反動形成[11]」と呼ばれているものであり、個人が〈おのれの心理的実態〉とそれを吟味にかけようとしている〈他人〉とのあいだに置く〈見せかけの顔〉なのです。これは、あなた方にもその原理がよくおわかりの形成物であって、もしある個人がきわめて攻撃的である場合には、その人は自分の攻撃的性質を後天的に身につけた礼儀正しさのヴェールでおおいかくしてしまうので、したがって外面的にもっとも礼儀正しい人が本当はかえってもっとも攻撃的だということがよくあるのです。そんなふうにして、彼女は、硬さなるもののもつ反作用的性格を見せてくれるわけです。心理的に硬い人とは、くわしく調べてみると、実は、いわばその人格が力学的にひどく分裂している人なのです。そういう人に仮に家族について何か質問をしてみると、一般に彼らは断言的肯定命題で答え、家族はまったく健全でそれ以上何も望むことがないか、あるいは反対に家族はお話にならないほどひどい状態にあるか、のいずれかになってしまいます。いずれにしても、ニュアンスというものがまったくありません。彼らはたいてい伝統主義者であって、たとえば家族——とくに両親——が健全だと言い張るとき、両親は彼らにとって絶対者の代表なのです。このようなことから、この硬さの下には心理学的力とか本当の確信は存在していない、と言うことができるのです。その理由は、まず第一に、両親のことを分析したり記述したりする場合、彼らはつねにまったく非本質的な外面的特徴にかかずらい、まるで、もっと細かい分析に立ち入って家族のなかに何かまずいことがあるのを認めなければならぬ破目に陥るのを恐れているみたいだ、ということです。第二の理由は、彼らに「あなたの両親をどう思いますか」といった質問を直接向ける代わりに、彼らに罠をしかけてみると、つまり彼らにはすぐにその意味が気づかれないような反応を引き出すようにしてみますと、彼らはいつも決まって一般に自分の両親に対して否定的だということです。たとえば、何年間も無人島で暮らさなければならぬ場合に自分と一緒に連れていきたいと思う人のリストを作成せよ、と彼らに命じたとします。このような場合、絶対に家族のためを思っているはずの大部分の被験者が、かなり規則的に、連れていきたいと思う人のうちに両親を加え忘れるということは、まことに意味のあることです。第三には、彼らにTAT検査〔12〕をおこなってみますと、彼らの両親の記述が、両親の強制的・処罰的な面にとらわれていることがわかります。したがって、そういったさまざまな指標と、臨床経験から明らかになるいろいろの証拠とを結びつけて考えてみますと、家族の価値について下す彼らの力強い肯定は、むしろ両親に対するかなり烈しい攻撃性をおおいかくす仮面の表現だと言うことができるのです。血族関係にある人物に対する攻撃があまりに烈しく、不安の種になるため、被験者はその攻撃性にある反動的現象を重ね合わせ、そのようにして仮面を脱ぐことを故意に避けるわけです。自分たちの描く両親像にいささかの陰影をも書きこむまいとする彼らの拒絶もそこから結果するのであって、それというのも、もし彼らが陰影を書きこみ始めるとなると、あまりに多くの影を書き入れることになってしまうからなのです。

一般的に言って、彼らは自分の両親についてだけではなく、道徳問題とか社会問題などあらゆる問題について、二分法、つまり〈権威か服従か〉の二分法によって事を処理しようとします。たとえば子どもは絶対に服従すべきものであり、そうしないのは権威の原理に疑義を抱いているからだ、ということにされてしまいます。それはまた、〈清潔か不潔か〉のジレンマでもあります（たとえば、あなた方もよくご存じの、ある種の婦人を雑用に文字どおり熱狂させる清潔マニアなどがそれであって、たとえその熱狂がどんなに彼女たちを苛むとしても、彼女たちにはニスで塗装した表面などの艶出しに、狂信したように縛りつけられるのです）。ところで、このようなことの根源は、みな幼時の「硬さ」、たとえば善悪の二分法、徳と不徳の二分法、しまいには男らしさと女らしさの二分法といったもののうちにあるわけです。もちろん、それらの区別そのものを否定する人はいませんが、しかし彼らにはそれが質的な絶対的相違とみなされ、その間に移行の現象とかニュアンスへの違いとか推移といったものはいっさい認められません。フレンケル＝ブランズウィック夫人の考えでは、彼らは、家族との最初の関係のなかでその態度を身につけたのです。なぜなら、その関係は彼らの〈価値や世界に対する最初の関係〉でもあるからです。両親とは、それを介して彼らが世界と交わる媒体です。したがって、問題となるような家族はたいてい権威主義的な、幼児を「調教」しようとする家族であり、またそこにいるのが幼児には危険に感じられるような「欲求不満的」家族なのです。

心理的硬さなるものは、挿話的な一時の出来事としてなら、どんな人にも認められるものであって、ただ、それがとくに権威主義的な環境におかれると、幼児の脱しきれない恒久的行動になってしまうというだけのことです。そういった権威主義的雰囲気のなかでは、幼児は親という対象を二重化するからです。つまり、一方には感謝の対象としての両親像があり、それは幼児自身も喜んで認めるものですが、他方には、幼児の闘争の対象としての両親像があるのです。そしてメラニー・クライン[13]が述べておりますように、「やさしいお母さん」と「意地悪なお母さん」という二つの像は、幼児のなかで統一されて同一人物に関係づけられるのではなく、前者だけが前面に押し出され、後者は幼児によっておのれ自身にさえ完全にかくされてしまいます。誰かに質問をされたとき幼児がはっきり認めるのは自分に有利なほうの像だけであり、そしてそのことこそがフレンケル＝ブランズウィック夫人によれば〈両極性〉(ambivalence)[14]の規定をなすところのものです。つまり、同一対象・同一存在に対して二つの二者択一的な心像《イマージュ》を抱きながら、それらを結びつけようと努力することもしないし、またそれらが実は同一対象や同一存在に関わっていることを認めようと努力もしないところに、両極性が成り立つわけです。

メラニー・クラインは、このような意味での〈両極性〉といわゆる〈両義性〉(ambiguïté)との深い差異を論定しております。両義性は、両極性とは違って、大人の現象、成熟性の現象であって、それには何ら病的なところはありません。それは、やさしく寛大なその同じ存在者が、いやらしく不完全なものでもありうることを認めるという点に、成り立ちます。つまり両極性とは、われわれがそれに真正面から立ち向かう場合の両極性であり、あえてそれをみつめる場合の両義性であって、心理的に硬い人に欠けているのは、まさにこの能力、すなわちいろいろな存在者に当面した場合に陥らざるをえない諸矛盾を真正面から見据える能力なのです[15]。

ところで、すでに述べたように、心理的な硬さをもった幼児というものは権威主義的な家庭に見られるものであり、そしてそういう家庭は——ここでわれわれはその現象の社会的側面にふれることになりますが——「社会の欄外にある」家庭でもあります。事実、フランスの社会にも、社会的欄外性なるものが存在しています。たとえばいわゆる成り上がり者は、自分がそこに深くとけこんでいるとは思えないような社会範疇に位置しているという意味で、欄外にいるわけですし、また零落者も同様です。アメリカ合衆国なら、このことは、さまざまな少数民族がいるだけに、いっそう重大な問題となりましょう。

「心理的硬さ」の現象は、社会的諸条件に結びついた場合には、いろいろの社会的な結果を生み出します。「硬い」幼児は、自分の二重な態度に気づかず、また自分のなかに「きらいな両親」の像があることさえ認めようとしないため、往々にして、自分の望まないおのれの部分を外部に投影しがちです。たとえば彼は、自分の望まない攻撃性を、いわゆる〈外在化〉(externisation)の過程によって外部に投影することになりますが、その過程は、ある場合にはまったくはっきりしているものです。非常にすぐれた観察者たちによりますと、アメリカばかりか仏領アフリカや実に多くの他の所にひろまっている黒人の性欲についての伝説のなかには、大部分、この種のメカニズムが働いていると言われています。つまり人々は、人なみ以上に烈しく強く「生まれついた」性欲の代表と考えられた黒人の上に、彼らの望まないおのれ自身のあるものを投影しているのです。同じメカニズムは、ユダヤ人に対しても働くことになりましょう。ユダヤ人の人物像を作り上げる場合、そのやり方は、しばしばこうした種類の両裂法(bipartition)によっています。反ユダヤ主義はユダヤ人の上に、ちょうど他の人たちが黒人に対してするように――これはまた他の少数民族にも当てはまるのですが――、自分が望んでもおらず、むしろ恥ずかしく思っているおのれの部分を投影するわけです。自分のなかにもその萌芽があり、しかもそれを自分のものと認めたくないような行為をこの少数者が代表していればいるほど、彼らは憎むべきものとなります。これは、シモーヌ・ド・ボーヴォワールが「性の戦い」[16]という現象のなかで分析してみせてくれたのと同じ種類のメカニズムです。そのようなことは、男の子と女の子とが一緒に育てられている養護施設のなかで、十歳のころから確かめられる事実です。仮に男の子なり女の子なりに、そうした男と女という社会的二分法――それもすでに一つの社会的二分法と言っていいのですから——の理由について尋ねてみますと、何か次のようなことを認めざるをえない気にさせられます。つまり各自がお互い、自分の望まない自分たちの人間的性格を、相手になすりつけているということです。たとえば、周知の昔話やまた生理的構造に由来するある傾向のせいで、自分を虚弱で神経質だとは思いたがらず、完全に決断力に富み精力的でありたいと思っている男子は、そうした自分の望まない自分たちの人格的特性をまさに女子に投影します。そして女子のほうでも、そうした虚偽においては彼らと共犯であって、自分たちの望まない、あるいはそのときまで身に引き受けることができないでいる自分たちの人格的特性を、男子に投影します。そんなわけで、相互中傷が存在することになりますが、それは同時に、いわば両性のあいだで結ばれる契約の基礎条件ともなるのです。男なんかきらいだと公言するその同じ女子は、決断を下したり、税金を払いにいったり、駅にトランクを運んだり、席をとっておいたりするのはやはり男の仕事だということを同時に認めるものです。ところが、ほとんど言うまでもないことですが、実際には男子も頼りないことがあり、そのおかげで裏切られるということもありうるわけですし、また女子も、必要の際には男と同じくらい決断力に富み、事を処理したり職業に従事したりすることができます。ただ、彼らは、一種の暗黙の合意によって、互いにきらい合い、また同時に共犯者となっているわけです。このようにして彼らは、仲よく並びながら、憎しみという愛、あるいは愛という憎しみのなかを生きつづけることになるのです。

だが、われわれはこれから、「心理的硬さ」という術語で呼ばれる〈パーソナリティや対人関係〉

のタイプが、どんなふうに外部知覚という非人格的な機能にも表れてくるのかを、みなければなりません。

さて、自己自身や他人に対する態度の様態としての〈心理的硬さ〉なるものと〈知覚〉との関係を明らかにするために試みられたいろいろの実験に立ち戻ってみましょう。その調査は前述のように、十一歳から十六歳までの学童一五〇〇人を対象にし、しかもそのなかから、いちじるしく「硬い」一二〇人をとくに対象にしておこなわれたものです。彼らはきわめて強い社会的偏見やきわめて強い人種的偏見を示したのですが、その偏見は、さっきのわれわれの言い方で申しますと、彼らには、自分自身について許容し是認している点と、許容も是認もしていない点との一種の内的分裂があるということを示しています。その際彼らは、自分のうちに見ることを望まないものは外の人に投影して、その人たちにいわゆる「身代わりの羊」の役を引き受けさせ、一方自分たち自身は、外の人たちに見られるような欠点を免れているというふうに、自身の目にうつることになるのです。

質問者は、心理的硬さを看破するために用意されたいくつかの質問を的確におこなったのですが、ここに、それを示す質問の一例をあげておきましょう。たとえば次のような文、「人間は弱者と強者の二種類に分類することができる」とか、あるいは「教師は、生徒が欲していることを知ろうとするよりも、彼らに、何をなすべきかを教えるべきであろう」といった文の評価が、被験者に課されます。こうした文は、被験者の権威主義的傾向を調べるのに役立つわけです。あるいはまた、「女子は、家庭に関することだけを学ぶべきであろう」とか、また（アメリカ合衆国でおこなわれていることですが）「亡命者を追放して、彼らのもっていた仕事を在郷軍人に与えるべきである」とか、最後に「あることをうまくやるには、一つの方法しかない」といった文もあります。心理的に硬い人たちは、こうした命題にたちまち固執するのです。

被験者にこういった「硬さ」のテストをした後、次に、彼らの知覚の性格を明らかにするような実験がおこなわれます。ところが心理的に硬い人は、ここでもやはり一種の〈知覚的硬さ〉を示すことになります。つまり彼らは、自分の態度を変え、問題の新しい与件を考慮して新たな態度をとることが困難なのです。また彼らは、いままでと違ったタイプのどんな経験に当面しても、それをすべて、いままでおこなってきたようなタイプの経験に還元しようとする傾向があります。

仮に彼らに、少しずつ変形していく映画みたいな像、たとえばだんだん猫に変形していく犬の像を呈示するとします。強い偏見をもった被験者のグループは、一般に最初の知覚様式を頑強に守り、客観的には変化がすでに感じられるはずになったときでさえ、呈示されている図形のうちにたいした変化を認めようとしません。

もっと一般的に言うと、その被験者は、あらゆる種類の移行現象に反撥するのです。実際、彼は自分に呈示されている刺激の変化に直ちに順応しないとしても、少なくとも何かが変わったということには気づきうるはずであり、またその知覚が全体として変わったとまではいかないにしても、図形が崩れつつあるということは、やはり認めうるはずです。だが、まさにこの移行現象の容認が、彼にはいやなのです。

要するに、自分のなかに極端に烈しい葛藤をもちあわせている被験者こそが、まさに、外的事物を見る場合、特殊で両義的・相剋的・混合的な性質の状況があるということを認めたがらぬ人たちなのです。ですから、きわめて強烈な感情的両極性が、認識とか知覚の次元では、知覚された事物や観念におけるきわめて弱い両義性に翻訳されるのだと言ってもいいわけです。彼が感情的に両極的であればあるほど、ますます彼は、事物やその視像のうちに両義性があることを認めまいとします。感情的両極性こそ、知的両義性の拒否を要求する当のものです。たいていの場合、知的両義性の強い人は、他の被験者よりも感情の土台がはるかに安定しています。

もう一つの系列の実験は、被験者が新しいタイプの問題に適応する速度を測るために考えられたものです。被験者は、若干の初歩的課題――そのなかには、一種の解決法も含まれているのですが――を解くように訓練され、その次に、見たところ形式は同じだが、実は別な方法でやればもっと簡単に解けるような問題が呈示されます。ただし、この〈別な方法〉を見出すには、被験者は柔軟性をもたなければならず、そして状況の示す未知数の部分にも応ずる形でその状況に反応することができなければなりません。

ところが、ここでもさっきと同じように、心理的に硬い被験者は、一般に自分の「反応構成」を組み直すことをいやがるということが確かめられます。

ここで、そうした探求の正確な射程範囲を十分に理解するのに不可欠な二つの注意をしておかなければなりません。

㈠　フレンケル＝ブランズヴィック夫人は、心理的硬さとか心理－社会的関係における硬さとかが、必然的あるいは一義的に、知覚の領域における硬さに翻訳されると言っているわけではありません。夫人が、一方の感情的生活や間主観性〔＝対人関係〕と、他方の認識とか知覚の機能とのあいだに設定する関係は、はるかに微妙なニュアンスに富み、はるかに柔軟なものです。その二つの領域のあいだにはいつもある関係があるにしても、しかしそれはいつでも単純な類比の関係だとは限りません。たとえば、心理的な硬さをもっておりながら、しかしまさにその硬さを知覚的領域における非常な柔軟性で代償する（compenser）ような人もあります。その二つの現象にはいつも連関があるにしても、それはいろいろの場合がありうるわけです。あるときにはどちらの現象にも同じ構造があって、心理的硬さがそのまま知覚的硬さとなって現れることもあれば、また知覚の現象が感情の現象に単純に似るのではなく、それの代償となるという場合もあります。いずれにしても重要なのは、つねにその二つの現象が相合してただ一つの全体を形成しているということです。

㈡　夫人は、社会や政治に関する世論について一つの社会心理学を略述しておりますが（フレンケル＝ブランズヴィック夫人とその協同研究者たちは「反民主的なパーソナリティ」について研究したわけです——その社会心理学については、一九五〇年の『レ・タン・モデルヌ』誌十月号にフランス語に訳されている論文[17]を参照していただきたいと思います）、その際夫人は、もちろん心理学だけで政治的問題を解決しうると仮定しているわけではありません。が、夫人によりますと、すべての人間が兄弟であることを認め、黒人とかユダヤ人とかまた他のどんな少数民族にも悪い性格だけを押しつけてはならぬことを認めるという意味で、とくに社会的偏見をもたず、まったく「自由」な考え方をしていながら、それでいてやはり「硬さ」をもった人たちがいるのです。それは、彼らが、いろいろな人たちのあいだにどんなに明白な境遇の違いがある場合にも、たとえば暮してきた集団や最初の教育をうけた集団にもとづく境遇の違いがある場合にも、それを見ようとしないからです。つまり、すべての人間は同一だと考えてしまうような、抽象的ないし硬い自由主義というものも存在するわけです。人種主義的な考え方というものは、神話を頼りに成り立っているものであり、したがって心理学的メカニズムによってのみ説明されるものですから、当然、心理的硬さに結びつきます。もっとも、政治的立場がすべて、人種主義的立場みたいに、心理的要因に還元されるわけではないし、すべての政治的な問題が心理学的分析によってたちどころに解決されうるわけのものでもありません。心理的硬さの存在が見破られるのは、国家とか歴史についてしかじかの考え方を採用しているということからではなく、そうした主張の採用の仕方、あるいはそれを正当化しようとするそのやり方によってなのです。

人間には歴史的境遇の違いや、違った文化的環境がありうるということを大変よくわきまえているという意味では、真に自由主義者の名に価する自由主義者がいます。だが、その自由主義者たちがすべての人を、人間である可能性をもつという限りでみな同じに扱うということがないとも言えません。しかし、本当に人間の基本的同一性を重んじるならば、自分のめざしていた目標に反するような結果にたどりつくことを望むのでもない限り、行動の違いとなって現れてくるさまざまの文化の違いに目をつぶってはならないのであって、その違いを認めていくことが大事なのです。

同様に、フレンケル＝ブランズウィック夫人にとって心理的に成熟した人の特徴をなすものは、彼が両義性をもっているかどうかということではなく、彼がおのれの両義性を処理するそのやり方です。もし彼がそれをおのれ自身にかくし、それから逃れ、それを真正面から見ようとしないならば彼は心理的に硬いということになります。もし反対に彼がそれを真正面から見据えているならば、彼は成熟に達しているということになるのです。

誰にしたところで、どのみち両義的なのです。ただ自分の両義性を身に引き受けて「内面化」することを拒む人もいれば——そのとき、いわゆる両極性となるわけですが——、いろいろな問題を、したがってまた自分のなかにある互いに矛盾したさまざまの特性を、安んじて直視する人もいるというだけのことです。

反ユダヤ主義がいかなるものであり、黒人に対する極端な偏見が何であるかを決定的に見極めるには、心理を研究するだけでは十分ではありません。それは、ある政治理論を評価するのに、その理論を立場とする人たちの心理を研究するだけで十分だとは言えないのと同様です。心理学はさまざまの行為を記述しはしても、その行為が身を委ねている原理の本質的内容については何も教えてくれません。それは、さまざまの態度を記述しうるにすぎません。

私の目的は、というよりも私が利用してきたこれら諸論文の筆者の目的は、一人の人間がさまざまの現象を相互に結びつけ合う場合、どんな社会的構造化の枠組みに従っているかがわかれば、それによって、知覚というその人の認識的機能も説明できるということを示すところにあったのではありません。そうした因果関係の問題は、このような研究によって解かれるものではありません。これらの研究は、ただ、知覚の仕方と社会を構造化する仕方とのあいだに相関関係があることを見定めようとしているだけです。しかも、この相関関係は二通りに解することができます。つまり、一方では、ある人が社会の事柄について二分法によって割り切って考えたり、上に述べたような偏見に陥りやすい素質をもっているのは、その人がものを硬く知覚するからであり、しかもそれはその人の体質的な特徴によるのだ、と考えることができます。が、他方では、彼が他人や世間に対する態度をしかじかのふうに組み立てていたからこそ、そのようなタイプの知覚をするようになったのだ、とも考えられます。ですから、そこに相関関係があることを確認したからといって、この問題に決着をつけたことにはならないわけです。

むしろ、ここで理解されなければならないのは、もともとそうした問題には意味がないということです。この問題が少しでも意味のあるものでありうるためには、これら二系列の事実がそれぞれ孤立して存在しうるものでなければなりません。ところが、実際は全然そうではないのです。事実、さまざまな偏見をもつことになるはずの当の幼児は、誕生以来ずっと環境によって陶冶されてきているわけですし、またそれに平行して親の権威の行使のもとにおかれてきています。したがって、その幼児の知覚様式を純粋な状態で、つまり彼に加えられる社会的条件づけからまったく切り離して捉えるなどということは一瞬たりといえどもできません。他方、幼児が自分の社会環境を形態化する仕方は、彼の神経組織の遺伝的ないし体質的素因に無関係だとは、もちろん言えないにしても、それでも環境を形態化するのは、やはり幼児自身です。幼児には一種の弾性みたいなものがあって、ときには、環境によって課せられる問題に自分独自の解答を見出すというふうにして、その影響に反応しかえすこともあるわけです。したがって、幼児が外界との関係をどう設定するかということには、その幼児の内的特質がつねに介入しているということになります。幼児はけっしてただ外界によって陶冶されるだけではなく、みずから外的諸条件に対して態度をとっているわけです。ですから、私が先ほどの因果関係の問題に、イエスかノーかのいずれかで答えることを拒むというのも、単にわれわれに情報が不足しているからではなく、もっと原理的な理由によるのです。つまり、事実上から言っても権利上から言っても、一人の人間に「生得的」なものと、社会的形成によってその人に属するにいたったものとのあいだに境界を設けることができないからなのです。この二系列の現象は、実は別のものではなく、ただ一つの全体的現象の部分にほかなりません。

したがって、われわれがめざしていたのは、知的な諸機能を、その主体の社会的関係に、まるで一義的に依存していると言わんばかりに結びつけることではありません。一人の人間のただ一つの全体的企投の部分たるこれら二系列の現象のあいだには深い関係があって、彼はその全体的企投のなかで、おのれの人間的・社会的環境に対する関係をも、また自分の経験に呈示される中性的な知覚野に対する関係をも築き上げるのだということを、明らかにすることが目的だったのです。

第二章　感情性と言語

次に、やはりこの講義の序論としてふれておいてよいと思われる第二の事実、つまり、知能の発達、なかでも言語の習得とその人の感情的環境の布置とのあいだには結びつきがある、という事実に移りたいと思います。

ここでも私は、『フランス精神分析学雑誌』（一九五〇年四—六月号）に発表されたフランソワ・ロスタン氏の「文法と感情性」という短い論文に、みなさんの注意を促そうと思います。

ロスタン氏はまず最初に、幼児がその両親に対してもっとも強い依存の状態にある年齢、つまり二歳までの時期と、その幼児が言語を習得する年齢とのあいだに、はっきりある相関関係があることを指摘します。幼児がとくに言語に対して「敏感」で、話すことを学習しうる時期というものがあるわけです。これまでに証明されたところでは、幼児が〇歳から二歳までの間に手本となるべき言語のモデルをもたず、言葉を話すという環境にいない場合には、その幼児は、当の時期に言語を習得した幼児と同じように話せるようにはけっしてなりません。「野生児」と呼ばれ、動物に育てられたり、言葉を話すようなものとの接触なしに成長した幼児がそうです。その幼児たちは、話すことをまったく学ばなかったのであり、ともかくも普通の幼児にみられるように言語が完成するようには学ばなかったわけです。再教育がおくれたために、「感受性豊かな」時期に話すことを学ばないでしまった聾児は、耳の聞こえる人が話すのと同じくらい正確には自分の国語を話すことはできません。事実、再教育を受けた後のこうした聾児の構文や語形にはひどく奇妙なところがあって、たとえば受動形が全然なかったり、きわめて稀れだったりするということが明らかにされています。

このことからわれわれは、厳密に知的な操作であるかに思われる言語の習得と、幼児が家族的環境に入りこむこととのあいだには、深いつながりがありそうだと推定できるわけです。ロスタン氏がはっきりさせようとするのも、この関係です。

幼児のその母親に対する関係と言語の習得とのあいだにもまた相関関係があるということは、世上普通に認められている事実です。

思いがけない仕方で長期間母親から引き離された幼児は、きまって言語の退行現象を示します。結局、幼児が最初に発音する「ママ」という言葉だけではなく、すべての言語がいわば〈母〉語だということになるのです。

ですから、言語の習得は対母親関係と同じスタイルの現象だということになりますし、また対母親関係が精神分析学者のいわゆる〈同一視〉[18]の関係であって、幼児が自分の体験を母親の上に投影したり、逆に母親の態度を身につけることだとすれば、それと同様に言語の習得も同一視の現象だと言うことができましょう。話し方を学ぶというのは、一連の役割を演ずることを学ぶということなのであり、一連の行為、一連の言語的動作を身につけることなのです。

ロスタン氏はまず、幼児の嫉妬についてのドルト＝マレット博士の観察を取り上げます。一番歳下の子どもは、その下に弟が生まれるとさまざまな形で嫉妬を表します。赤ん坊が生まれてからの最初の数日間は、子どもは自分を赤ん坊と同一視し、まるで自分が赤ん坊になったかのようにふるまいます。歴然たる言語の退行や性格の退行さえみられるのです。ところが次の数日間には態度の変化が見受けられるようになります。子どもは自分を兄と同一視し、おのれの嫉妬を克服します。その子は、兄のあらゆる特徴を自分に採り入れ、それまで自分の兄が自分に対してとってきたような態度を、赤ん坊に対してとるようになるのです。が、そのように嫉妬が克服されるのには、次のような幸運な事情があったからです。たまたまそのとき、この家に四番目の子どもが滞在していました。この第四の子どもは、三人の兄弟たちよりも年長でした。兄よりももっと年長のこの第四の子どもがいるということが、兄から絶対的な意味での年長という性格を取り除くことになったのです。兄よりも大きな子がいる以上、兄は絶対的に大きいということにはなりません。四番目の子どものいることが幸いして、真ん中の子どもが兄の役割をわがものにするという地すべりが起こったのです。

こうなると、神経性のどもりがなおったり、日増しに言葉がいちじるしく進歩したりするのが認められます。その子どもは、単純過去や半過去・単純未来・aller という動詞を使った未来（*Je vais sortir.* 私は出かけるところだ）などの用法を習得するのです。ロスタン氏はふたたびこの観察を取り上げて、次のように解釈します。——新しく赤ん坊ができたことを知ったときにその幼児に起こった嫉妬は、その本質において、状況が変わることに対する拒否である。この新来者は侵入者なのであり、この新来者は、いま嫉妬を抱いているその幼児がこれまで占めていた場所を取り上げようとしている。

下の弟が現れたことによって、彼が演じてきた家族的「役割」が廃棄されることになるのだ、——と。

ところで、感情的現象と言語現象とのあいだの結びつきが明瞭にうかがわれるのは、この嫉妬の「超克」の段階においてです。つまり、嫉妬が克服されるのは、〈過去‐現在‐未来〉という図式が構成されたおかげなのです。事実、この幼児の抱く嫉妬の本質は、自分の現在にしがみつこうとするところに、つまり、それまで自分の持ち分であった〈末っ子〉という境遇にしがみついていようとするところにありました。彼はこの現在を絶対的なものと考えていたのです。ところが、もはや自分は末っ子ではなく、自分は新しい末っ子に対して、ちょうど兄がいままで自分に対してそうであったような者になるのだと承知したそのとき、その幼児は、「私の場所が取られた」という態度から別の態度に変わるようになるわけです。その新しい態度を図式化してみれば、だいたい次のようなことになりましょう。「私は末っ子だった（*J'ai été*...）、が、もう末っ子で（ある）のではなく（je ne le *suis* plus）、私は一番上にもなることだろう（je *deviendrai*...）」。このようにみますと、そうした時間的構造が習得されることと——それによってその時間構造に対応するさまざまの言語的手段が生きてくるわけですが——、嫉妬が克服されている状況とのあいだには、連関があるということがおわかりでしょう。嫉妬の状態は、その幼児にとって、自分がその只中で生きている他人との関係の構造を再編成し、それと同時に実存の新しい次元（過去・現在・未来）を手に入れ、しかもそれらを自由に組み合わせたりするその機会だったといえるわけです。

ピアジェの言葉を借りれば、嫉妬を克服する際の問題はすべて「脱中心化」（décentration）の問題だと言うことができそうです。それまでその幼児の中心は自己に置かれ、自分が占めている末っ子という状況に中心があったわけです。が、新しい赤ん坊の誕生を受けいれるには、その子は自分を中心から外さなければなりません。しかし、ここで問題になっている脱中心化は、ピアジェの場合のように何よりもまず知的な現象であったり、純粋な認識の現象であったりするのではありません。問題は〈生きられる脱中心化〉であり、家族の布置の内部で幼児が占める位置によって引きおこされる脱中心化なのです。

幼児が嫉妬という問題を解決することによって学ぶのは、さまざまな概念を相対化することだと言っていいかもしれません。つまり、彼は年下とか年上という概念を相対化しなければなりません。もはや彼は絶対的な意味で〈年下なるもの〉ではなく、この役割は新しい赤ん坊が引きうけることになります。ですから役割と個人とをうまく区別し、絶対的な年下と、自分がなったばかりの相対的な年下とをうまく区別するようにならなければなりません。また同じようにして、彼は年上になることをも学ばねばなりません。というのは、いままでは年長という概念は絶対的な意味しかもたなかったのに、いまや彼は赤ん坊に対して相対的に年上となっているからです。

ピアジェの言葉を借りれば、その幼児は〈相互性〉（réciprocité）について考えるすべを学ばなければならないわけです。ロスタン氏自身は、そういったピアジェの用語をただ引用しているだけですが、それらの用語は、彼の場合新しい意味をもたされています。この相互性とか相対性とか脱中心化を学ぶということが、ロスタン氏にあっては、ものをまとめる知性の操作によってではなく、生命的秩序に属する操作によって、つまり幼児が他人との関係を建て直すその力によってなし遂げられるものだからです。

ロスタン氏はこの最初の観察に、次のような彼自身の観察を付け加えています。つまり彼は、生後三十五ヵ月の女児において、烈しい情動を経験した後では（その子はひとりで歩いていて大きな犬に出会ったのです）、興味深い言語学的現象が起こるということを認めました。この情動の結果は、二ヵ月経ってから現れてきたようです。その子はそれまで使ったことのないある特有の表現法、殊に動詞の半過去形を突如習得するにいたったのです。

ところで、こうした進歩は、その下の子どもが生まれたときにも起こりました。われわれは、まさにこの〈言語学的現象〉と〈弟の誕生〉と〈二ヵ月前に経験された情動〉との連関をこそ、理解しなければなりません。

ところで、その子が出会ったのは、仔犬に乳を呑ませている親犬でした。出会ったときには、その子はすでに、二ヵ月経つと自分にも弟か妹ができるのだということを、両親に教えられて知っていました。仔犬に乳を呑ませている犬に出会うということは、その子どもにとってどうでもよい現象ではなく、自分の身のまわりで起ころうとしているある似たような出来事の眼に見える象徴だったわけです。その女の子に対して二ヵ月後に実現されようとしている図式、つまり、〈両親‐自分‐弟〉という図式が、〈親犬‐私（女の子）‐仔犬〉という図式のなかに、すでに表されていたわけです。その光景の眺めは、何よりもその子が置かれようとしている状況との関係で意味をもつことになったのです。

弟の誕生を受けいれるためには、結局、自分の態度を変えなければなりません。それまで自分がみんなの注目の的であり、愛撫の的であったのに、いまや女の子は、この注目や愛撫が一部分他の人へ向けられるのだということを承認し、しかもこの態度に親しむ必要さえ起こりました。〈へつらい的態度〉(attitude captative)、つまり受けとるばかりで与えることのない態度から、生まれてこようとしている子どもに対する〈与える態度〉(attitude oblative)、つまり準母性的態度へ移らなければなりません。女の子は自分がある程度見捨てられていることを受けいれ、今後おのれのものとなるはずの生活、つまりそれまで両親のひたすらな注目によって与えられていたような手助けをもう受けられないといった生活に、直面しなければなりません。要するに、その子は、それまでの態度が受け身であったのに、いまや能動的な態度をとらなければならなくなったわけです。

同時に起こる言語学的現象も、こうしたパースペクティヴのなかに置いてみると、よく理解することができます。私はいましがた、弟の誕生後に半過去が使われはじめるようになる、と申しました。しかし、もっと重要なのは別な現象であって、それは動詞[19]が未来形で現れてくるということと、〈私〉(moi)とか〈私は〉(je)という言い方が増加してくることとです。いったいどうして、未来形がこの少女の新しい状況によって使用可能になるのかといえば、それは未来形が侵出性の時制だから、つまりわれわれがいろいろなことを企てたり、来たるべき出来事の面前に身を置き、しかもそれをただ来るに任せるのではなく、自分から進んですでにそこに地歩を占めたりする場合の時制だからです。弟の誕生によってその子に必要になったのは、まさにそういう態度だったわけです。〈私〉とか〈私は〉という言い方の習得については、あらためて言うまでもないでしょう。それは、その子どもがよりいっそう人称的な態度をとるようになり、比較的独力で生きるようになったことを示すわけです。最後に、弟の誕生に際して半過去形を習得したということは、その子が、現在は過去に転化していくものだということを理解したり、また自分でそういう仮定を立てうるようになった、ということを示しています。半過去とは過去の現在であり、定過去とは違って、ある点でなお現在と目されている過去です[20]。半過去は、まだそこにあるのです。したがって半過去形が習得されるということは、幼児が家族関係に関して自分なりに遂行しつつあるその〈現在から過去への移行〉を、具体的に把握しているということを予想します。事実、幼児が弟の誕生後に使う半過去形はすべて赤ん坊に関わりのあるものばかりです。赤ん坊とは、いまでは姉である自分が、この家族という世界のなかでかつてそうであったものにほかなりません。

もちろん、ここで情動が一役買うのは、あくまでもその情動が、人間的環境に対する関係の構造再編の機会を幼児に与えるものだというその限りでのことであって、ただそれが情動だからというわけではけっしてありません。課せられた問題も解決されず、嫉妬心や不安を克服できないことが自分でもわかったような場合には、情動といえども、あまりいい役割を果たすわけではありません。それどころか、はっきりした情動を伴わずに言葉の進歩がみられるという場合だってありえます。それにしても、言葉の進歩はいつも非連続な性格をもつものであって、これまで知らなかった語法が習得されるときには、一種の危機状態が訪れ、突如、ある分野の表現法全体[21]が一挙にできあがるのです。

要するに、われわれが世界経験を知的な形で形成する作業は、たえずわれわれの対人関係という感情的形成作業によって支えられているわけです。ある言語的手段の使用は、当人と人間的環境との関係を組み立てているいろいろな力の〈場〉のうちに、取りこまれています。幼児が手に入れるにいたった言葉の用法は、（精神分析学者たちの言葉でいえば）幼児が家族環境や人間的環境の力の場のなかでそのつど占める〈位置〉（position）に、密接に依存します。

だが、われわれはここでもまた、因果的説明の話をしているのではありません。つまり、膨張が熱によって説明されるというような意味で、言葉の進歩が感情の進歩によって説明される、と言おうとしているのではありません。もっとも、感情の進歩も知性の進歩の函数なのだから、むしろ感情の進歩は知性の発展全体によって可能になるのではないか、という答えが返ってくるかもしれません。おそらく、それに間違いはないでしょう。しかし、前にもそうであったように、ここでも、求められているのはそもそも因果的説明ではありません。私はただ二系列の現象の連帯性を示そうとしただけであって、経験主義的心理学や主知主義的心理学が伝統的にやってきたように一方を他方に還元しようとしているのではありません。幼児が自分自身の家族の布置についてもつ経験は、人間と人間とのさまざまな関係の単なる列記以上のものを、幼児に与えます。幼児が自分の家族関係を引きうけ具現するとき、それと同様に、幼児はある思考の型全体を学ぶのです。さらに幼児は、言葉のある用法全体を学び、また世界のある知覚様式をも学ぶことになります。

〔第一部〕[22] 幼児における他人知覚の問題

第一章　理論的問題

幼児と両親、幼児とその同類——つまり兄弟・姉妹などのような自分以外の幼児や、よその子どもたち——とのあいだにできあがるいろいろな関係を研究する前に、つまりそれらの関係の記述や分析にとりかかる前に、考えなければならぬ一つの原理的問題があります。つまり、一般に幼児が他の幼児や他人と接触するようになるのには、どんな条件があるのか、また幼児におけるこの対人関係はどんな性質をもっているのか、またこの関係はどうして誕生のそのときから成り立ちうるのか、といった問題です。

ところで、その点については、古典心理学がなかなか手をつけられなかった一つの問題があります。アカデミックな心理学が作り上げた理論的諸観念に頼っている限りそれを解決することが不可能だとわかったいままでは、その問題は古典心理学の躓きの石であったといえましょう。

では、どうしてそんな問題が古典心理学に課せられるにいたったのでしょうか。それは、古典心理学がその上に立って作業を進めているいろいろな仮説や、それが最初無批判に採り入れたさまざまの先入見を前提にしてみると、古典心理学には対人関係というものが了解できなくなってしまうからです。実際、古典心理学にとって、心理作用というもの、他人や自分の心理作用といったものは、当初どんなものだったのでしょうか。古典期のあらゆる心理学者たちの暗黙の相互理解を支えていた一点は、次のことでした。つまり、心理作用とか心的なものとは、当人にのみ与えられているものだ、ということです。実際、私の場合であれ他人の場合であれ、心理作用を構成しているものは、他と交通し合えないものだということが、もはやこれ以上吟味や論議をするまでもなく承認されることだと思われていたわけです。私のなかにある心的過程を捉えうるのは私だけであって、たとえば私の緑の感覚とか私の赤の感覚など、そういった私の感覚は、それが私にわかるようにはあなたにはわからないし、また私の代わりにあなたがそれを体験するわけにはいかないだろう、というのです。そこから、他人の心理作用は、少なくともその現実存在そのものにおいては、私にはまったく接近できないものだという考えが帰結します。他人の生活や他人の考えは、その仮定からして、ただ一人の個人、つまり当事者の観察にのみ開かれるものである以上、私はそれに到達できないことになります。

いま見たような理由で私は他人の心理作用に直接に近づくことはできませんから、そうだとすると、私はさまざまの身体的現象を介して間接に他人を把握するほかないことを、承認せざるをえなくなります。私は、骨肉をそなえたあなたを見、あなたはそこにいますが、あなたが何を考えているかは私にはわかりません。私はそれを、あなたの表情・動作・言葉などから、要するに私が目撃する一連の身体現象から、仮定し推測しうるだけなのです。

したがって、問題はこういうことになりましょう――人間によく似たこの人体模型を前にして、つまりある特徴をもった身振りをするこの物体を前にして、どうして私は、その物体が「心理作用」によって住まわれていると思うようになるのか、と（「心理作用」［psychisme］というこの漠然とした言葉を使うのは、もっと正確な言葉を使うと、意識についてのある理論が含意されることになるので、それを避けるためです）。いったい、どうして私は、私の前にあるこの物体をある心理作用の外皮だと考えるようになったのでしょうか。どうして私は、いわばこの物体を通して、他人の心理作用を知覚しうるのでしょうか。が、ここでも、〈身体〉と〈身体の意識〉についての古典心理学の考え方が第二の障害となって、問題の解決をさまたげます。それは、「体感」[23]という概念を指すわけですが、体感というのは、その当人に、さまざまの器官の状態やさまざまの身体機能の状態を表出してくれるはずの〈諸感覚の全体〉という意味です。そのようにして古典心理学では、私の身体は私に、あなたの身体はあなたに、体感によって把握され、認識されるというわけです。

諸感覚の全体も、その仮定からいって、心理作用そのものとまったく同じように個人的なものです。つまり、もし本当に私の身体が、それから得られる諸感覚の全体なるもの――それにあなた方が接近できないことはもちろんですが、われわれといえどもそうした〈全体〉についての具体的経験をもっているわけではありません――によってしか私に知られないとすれば、私が私の身体についてもっている意識は、あなた方には測り知れないことになります。あなた方は、私がどんなふうに自分の身体を感じているかを、思い浮かべることはできません。また私も、あなた方があなた方自身の身体をどう感じているかを、思い浮かべることはできません。それではいったい、私の前にあるこの身体的現象の背後に、ちょうど私が私の身体を体験しているような具合に自分の身体を体験している何者かがいるなどと、どうして私は想定しうるのでしょうか。

こうした問題に対して、古典心理学には一つの手だてしかありません。それは私が、私の面前で演じられる他人の身体的動作や話しぶりを目撃しながら、そのようにして与えられる記号の全体や、他人の身体が見せてくれる表情の全体を一つの機会にして、一種の〈記号解読〉をおこなうのだ、という仮定です。他人の身体——私には、その特徴をもった動作や話しぶりしか見えないのですが——の後ろに、私自身が自分の身体について感じているものを、いわば投影するわけです。文字どおりの観念連合の操作によるにしろ、むしろ一種の判断によって身体的現象を解釈するにしろ、とにかく私は自分自身の身体についてもっている内的経験を、他人に移し変えることになるのです。

〈他人経験〉という問題は、そこではいわば四つの項をもった一つの系として立てられています。第一に私、つまり私の「心理作用」があり、次に私が触覚や体感によって抱く私の身体像、つまりわれわれが簡単に〈私自身の身体の内受容的イメージ〉と呼んでいるものがあり、第三の項として、私に見えているような他人の身体、つまりわれわれが〈視覚的身体〉と呼ぶものがあります。最後に、これははなはだ蓋然的なものですが、第四の項として、私がまさに再構成したり推測したりしなければならぬもの、つまり他人がその視覚的身体によって私に示してくれる諸現象を通して、私が仮定したり想像したりする限りでの〈他人の「心理作用」なるもの〉、いいかえれば他人が自分自身の存在について感じている〈彼自身の感情〉というものがあるわけです。

こんな問題の立て方をすると、ありとあらゆる難題があらわれてきます。

第一の難題は、私の〈他人認識〉や〈他人経験〉というものが一種の観念連合や判断の作用に帰せられ、私が他人のうちに私自身の内的経験の与件を投影することにもとづくと見られる点です。ところが、他人知覚は比較的に発生がかなり早いものなのです。もちろん、われわれが他人の示す感情的表現の一つ一つの意味を正確に認識するのは、そう早くからではありません。そうした正確な認識は、いわば遅く発生します。しかし、ある表情の本当の意味を誤って受けとることはあるにしても、とにかく〈表情を知覚する〉というその事実は、きわめて早期に出現するのです。幼児は、きわめて早い時期から、いろいろな顔の表情、たとえば笑顔を感ずることができます。もし笑顔というものの全体的意味を理解するようになり、そしてたとえば笑顔はだいたい好意を意味するものだということを理解するようになるのに、いま話したような複雑な操作が必要だとすれば、すなわち他人の笑顔に対する視覚的知覚から出発して、その他人の視覚的表情を、自分が嬉しいときや好意を感じたときに自分でおこなう運動と結びつけながら、他人のうちに〈好意〉というものを投入するのだとしたら、しかもその〈好意〉が、その経験を自分のなかですることはあっても、他人のそれを直接に把握することはできないといったものだとしたら、どうして右のようなことが起こりえましょうか。こうした複雑な過程は、他人知覚が比較的早く起こるということと両立できないように思われます。

　さらに、そもそもそうした投入の作用が可能であり、また実際におこなわれるためには、他人が私に見せてくれる顔の表情と、私が自分でおこなう顔の動作とのあいだに類比関係があって、それを頼りにしていなければならぬはずでしょう。いまお話しした笑顔の場合でいえば、私が他人の視覚的笑顔を〈解釈〉するためには、その他人の視覚的笑顔を、「運動〔感覚〕的笑顔」とも呼びうるもの、つまり幼児の場合なら〈幼児が自分で感じている笑顔〉と結びつける手段がなければなりません。ところが、視覚的知覚に現れているような〈他人の身体〉と、私が内受容性によって、つまり体感によって感じているような〈私の身体〉とを、そのように比較する手段をはたしてわれわれはもっているでしょうか。また、はたしてわれわれは、私が見ているような〈他人の身体〉と、私が自分で感じているような〈私の身体〉とを、系統的に比較する手段をもっているでしょうか。そのようなことをなしうるためには、その二つの経験のあいだに、ほぼ規則的な対応がなければなりません。ところが幼児は、自分自身の身体について、運動感覚的あるいは体感的触感に比べてひじょうにわずかの視覚的経験しかもっていないのです。自分には見えていないし、けっして見ることもなく、鏡のようなもの（それについては間もなくお話しすることになります）を介してしか知ることもないひじょうに多くの身体領域が、幼児にはあります。したがって、二つの身体像の対応関係は、けっして正確ではありません。とすると、幼児がどうしてその二つを同じものと考えうるようになるかを説明するためには、かえって、彼は単に細部を根拠にしてそう考えるのではない、と仮定しなければならぬはずでしょう。

要するに、幼児が他人の身体と自分自身の身体とを、いわゆる〈身体〉として、つまり心をもった物体として同一視するようになるのは、それらを全体的に考えて同じものと見るからであって、けっして〈他人の視覚像〉と〈自分自身の内受容的身体像〉との対応関係を一点一点組み立てていくからではないのです。

〈模倣〉の現象を説明する際には、その二つの難点はとくにはっきりしてきます。模倣とは、他人のした動作に真似てある動作をおこなうことで、たとえば幼児が笑いかけられたから笑う、というようなことです。私がさっき仮定した〔古典心理学の〕原理からいえば、私は、他人の笑顔についてもっている視覚像を、運動の言葉に翻訳しなければなりません。幼児も、他人の笑顔と呼ばれている視覚的表現を再生するように、自分の顔の筋肉を動かさなければなりません。だが、どんなふうにして幼児がそれをするというのでしょうか。他人が自分の顔についてもつ内的運動感を、幼児がもっていることはもちろんないでしょうし、また自分自身の場合にしたところで、幼児が笑っているおのれの視覚像をもっているわけではありません。したがって、どうして他人の行為が私に転移するのかという問題を解決しようと思えば、〈他人の顔〉と〈幼児自身の顔〉とのあいだに仮定される類比関係などに頼ることはまったくできないわけです。

ところが、そうしたいくつかの古典的偏見を放棄するならば、その問題は解決に近づきます。そして、放棄しなければならない根本的偏見とは、心理作用が当人しか近づきえないものであって、私の心理作用も私だけが近づくことができて、外からは見えないものだとする偏見です。しかし私の「心理作用」は、きっちり自己自身に閉じこもって、「他人」はいっさい入りこめないといった一連の「意識の諸状態」ではありません。私の意識はまず世界に向かい、物に向かっており、それは何よりも〈世界に対する態度〉です。〈他人意識〉というものもまた、何にもまして、世界に対する一つの行動の仕方です。そうであってこそはじめて私は、他人の動作や彼の世界の扱い方のうちに、〈他人〉というものを見出すことができるわけでしょう。

もし私が〈物に向けられた意識〉であるとすれば、私はその物のところで、まさに他人のものである行為に出会い、その行為にある意味を見出すことができるはずです。なぜなら、他人の行為は、私自身の身体にとっても活動の主題となる可能性をもっているからです。いったい、ギョームの言うところによりますと、われわれははじめ〈他人〉ではなく他人の〈行為〉を模倣するものであって、他人という〈人〉は、その行為の起源が問題になったときに見出されるにすぎないのです（『幼児における模倣』）。幼児が最初に真似るのも、人ではなくて動作です。しかも、どうしてある動作が他人から私に移されうるかという問題は、どうして私が自分にとって根本的に外的なものである或る心理作用を想い浮かべうるかという問題よりも、はるかに解決の容易な問題です。たとえば他人が絵をかいているのを見る場合、私は絵をかくことを一つの行為として理解することができますが、それというのも絵をかいている動作がそのまま私自身の運動性に訴えかけてくるからです。その際、絵の作者としての他人はもちろんまだ完全に人格にはなっていませんし、また絵をかくことよりももっとはっきり彼が人間であることを示してくれるような行為、たとえば言語行為なども存在しないわけではありません。しかし大事なことは、私がそのように他人や私自身を、世界のなかで活動している行為として、あるいはわれわれを取り囲む自然的・文化的世界へのある「身構え」（prise）と規定しさえすれば、他人へのパースペクティヴが開けてくるということなのです。

だが、他人や私自身をそのように規定するためには、〈心理作用〉という概念の変革ばかりか（それは今後、行為という概念で置き換えられることになります）、われわれが〈自己の身体〉というものについてもっている観念の変革も前提されなければなりません。もし私の身体が、視像という形で私に与えられている〔他人の〕動作をも自分で再演しうるはずだということになれば、私の身体はもはやまったく私個人にのみ属する感覚の一団としてではなく、むしろ「体位図式」（schéma postural）とか「身体図式」（schéma corporel）といったものを通して私に与えられているのでなければなりません。ヘッド[24]によって以前に導入されていたこの概念は、ワロンとか若干のドイツの心理学者たちによってふたたび採り上げられ、豊かなものにされ、そしてついにレールミット教授[25]『われわれの身体像』の研究対象となったのです。

こういった人たちにとって、〈私の身体〉とは、諸感覚（視覚的・触覚的・筋緊張感覚的・体感的など）の寄せ集めではありません。それは何よりも、そこでさまざまの内受容的側面や外受容的側面が相互に表出し合っている一つの系なのであり、少なくとも萌芽としては周囲の空間やその主な諸方位とのいろいろな関係を含んでいます。私が自分の身体についてもっている意識は、孤立したある一塊りのものの意識ではなく、それは「体位図式」であり、鉛直線とか水平線とか、また自分がいる環境のしかるべき主要な座標軸などに対する〈私の身体位置〉の知覚なのです。

さらに、私の身体の知覚に関係するさまざまの感覚領域（視覚的・触覚的領域・関節感覚の与件など）は、相互にまったく無縁な領域として私に与えられるものではありません。たとえ、最初の一年や二年のあいだは、一方の領域の他方の領域への翻訳が不正確で不完全だとしても、それらはある働き方のスタイルを共有しており、それらの全部を〈すでに組織化された全体〉たらしめるようなある行為的意味をもっています。このように考えるならば、私が自分自身の身体についてもっている経験は、古典的心理学における「体感」などよりはるかに容易に他人に移されうることになりましょうし、またワロンも言っているように、私自身の身体が、私の目撃する動作から「体位を受胎」しうることにもなりましょう。

私が、他人というものの視覚像を通して、その他人が一個の有機体であるとか、その有機体は一個の「心理作用」によって住まわれているなどと知覚しうるのは、この他人の視覚像が、私が自分の身体についてもっている観念によって解釈され、そのようにして私というもう一つの「身体図式」の可視的外皮としても見えてくるからです。もちろん、私自身の身体についての私の知覚ということになれば、これは言ってみれば、厳密に個人的な体感のなかに埋没しているということにもなりますが、図式とか系といったものであれば、それは私自身の身体のある感覚領域の与件から別な感覚領域の与件に移すことも比較的容易なのですから、同じようにして他人という領域にも移すことができるはずでしょう。

したがって、ここでわれわれに与えられているのは、今日の心理学の用語で言うなら、〈私の行動〉と〈他人の行動〉という二つの項をもちながら、しかも一つの全体として働くような〈一つの系〉なのです。私が私の身体図式を作り上げたり組み立てたりするにつれ、また私自身の身体についてだんだん組織立った経験をするようになるにつれて、私が自分自身の身体についてもつ意識は、私がそこに埋没している混沌の状態から脱して、他人の名義に書きかえられうる状態になります。それと同時に、知覚されようとしている〈他人〉なるものも、もはや自己のうちに閉じこもった一つの心理作用ではなく、一つの行為、世界に対する行動となってきます。したがって、他人は彼自身のところから私の身体の運動的志向の圏内に入りこみ、かの「志向的越境」(transgression intentionelle)[26](フッサール)に身を投ずることになり、そのおかげで私は他人にも心理作用を認めたり、また私自身を他人のなかに運びこんだりすることになるのです。フッサールは、他人知覚は「対の現象」(phénomène d'accouplement)[26]のようなものだと言っていました。その言葉は、けっして単なる比喩ではありません。他人知覚においては、私の身体と他人の身体は対にされ、いわばその二つで一つの行為をなし遂げることになるのです。つまり私は、自分がただ見ているにすぎないその行為を、いわば離れたところから生き、それを私の行為とし、それを自分でおこない、また理解するわけです。また逆に、私自身のおこなう動作が他人にとってもその志向的対象になりうることを、私は知っています。こうして私の志向が他人の身体に移され、他人の志向も私の身体に移されるということ、また他人が私によって疎外され、私もまた他人によって疎外されるというそのことこそが、他人知覚というものを可能にするのです。

以上のような分析からすると、結局、次のことを認めなければなりません——自己や他人というものが絶対に自己意識的なものであって、両者は相互に絶対的独自性を主張し合うものだとはじめから仮定してしまっては、もう他人知覚を説明することはできなくなってしまうだろう、と。反対に、幼児がまだ自己自身と他人との区別を知らない状態のときでさえ、すでに精神の発生が始まっているのだと仮定すれば、他人知覚も理解できることになるのです。もちろん、自己と他人との区別がないとすれば、幼児が本当の意味で他人と交通していると言うわけにはいきません。本当の〈交通〉が存在するためには、交わっていく人とその相手の人とが、きちんと区別されていなければならぬはずです。が、それにしても、最初は、他人の志向がいわば私の身体を通して働き、また私の志向が他人の身体を通して活動するといった「前交通」(précommunication)(マックス・シェーラー)の状態があるにちがいないのです。

　では、その自他の区別は、どのようにしておこなわれるのでしょうか。私ははじめ〈他人の顔の表情〉のなかで〈私の志向〉を生きたり、また逆に〈私自身の行為〉のなかで〈他人の意志〉を生きていたにもかかわらず、しだいに私の身体を認識し、また私の身体と他人の身体とを根本的に区別するゆえんのものを認識するようになります。幼児の経験が進歩するにつれて、幼児は、自分の身体が何といっても自分のなかに閉じこもっているものだということに気づくようになり、そしてとくに、主として鏡の助けを借りて獲得する〈自分自身の身体の視覚像〉から、人は互いに孤立し合っているものだということを学ぶようになります。最初彼は、そんなことは思ってもみなかったのです。が、自己自身の身体の客観化が、幼児に、おのれが他人と異なるものであり、「島国のようになっていること」を教え、それに対応して他人もまたそうであることを教えてくれるわけです。

したがって、幼児の発達は、ほぼ次のような様相を呈することになりましょう。まず、われわれが「前交通」と呼ぶ第一の段階があるわけですが、そこにあるのは個人と個人との対立ではなく、匿名の集合であり、未分化な集団生活です。次に、こうした最初の共同性を基盤にして、一方では自分自身の身体を客観化し、他方では他人を自分とは違うものとして構成するというふうにして、個人個人が分離され、区別される段階が来ます。もっとも、その個人個人の分離や区別は、後でも見ますが、けっして完全に達成されることのない過程ではあるのですが。

こうした考え方は、いろいろな傾向の現代心理学に共通のものであって、たとえばギョームとかワロン、ゲシュタルト心理学者、現象学者、精神分析学者などにも見られるところです。

ギョームは、意識というものを、〈最初から自己自身を明白に意識しているもの〉と考えてはならないし、また〈自己自身のうちに閉じこもっているもの〉と考えてもいけないと教えています。最初の自我は、彼も言っているように、可能的あるいは潜在的自我、つまり自分が絶対に他と異なるものだということをまだ知らない自我なのです。というのは、何人によってもとって代わられることのできない比較を絶した個人としての自己自身という意識は、後になってから生じるもので、最初から意識されるものではないからです。原初的自我が可能的あるいは潜在的自我だということになれば、いわゆる自己中心主義というものも、その言葉から予想されるような〈明白に自己を把握している自我〉の態度では全然なく、むしろ自分のことをよく知らず、他人のうちでも自分ひとりの場合と同じような生き方をし、しかもその他人についても、それが一人一人分離したものであることを知らないため、他人というものをも実はあまりはっきりとは意識していない、といった自我の態度であることになります。

　彼はここで、ワロンの言う「癒合的社会性」(sociabilité syncrétique)[27]と同じような考えを導き入れてきます。癒合性とはこの場合、自己と他人とが共通の状況のうちに融け合い、分かれていないということです。次に、自分の身体を客観化するということが起こり、それによって他人と自己とのあいだに壁や仕切りのようなものができ、そのおかげで、以後私はもう〈自分〉というものと〈他人が考えていること〉、とくに〈他人が私について考えていること〉とを混同することがなくなります。また同じように、私は〈他人〉というものと〈私が考えていること〉、とくに〈私が他人について考えていること〉とを混同しないようにもなります。そのとき、他人と私とが、あらゆる人間のなかのただ二人の人間として構成され、対応させられることになるのです。

　最初の自我は、このように自分というものについて何も知らないし、それだけ自分の限界もわかっていないわけですが、それに反して成人の自我は、自分自身の限界を知っていながら、同時に本当の意味の共感によってそこを越え出る能力をも合わせもった自我になっていきます。この共感は、少なくとも比較的な意味では当初の共感と異なっているはずです。当初の共感は、〈他人知覚〉よりはむしろ〈自分に対する無知〉にもとづいていたわけですが、成人の共感のほうは「他者」と「他者」とのあいだに起こるものであって、自己と他人との相違が消滅することを前提にして成り立つようなものではないからです。

第二章　身体図式の整備と他人知覚の萌芽

——誕生から六ヵ月まで

これまでの考察から知られることは、自己の身体の意識と、他人知覚とのあいだには、対応関係があるということです。自分が身体をもっているということを意識することと、他人の身体が自分のとは別の心理作用によって生気づけられていると意識することとは、論理的に言って対称的な二つの操作であるばかりか、現実に一つの系をなしている操作なのです。どちらの場合も、受肉（incarnation）とも呼べるものを意識していなければなりません。自分には、外から見えるような身体があって、他人から見れば自分は空間のある一点で身振りをしている人体模型以外の何ものでもないと悟るのも、また他方で、他人にも心理作用があるということ、つまり私には空間の一点で身振りをしている人体模型としてあそこに見える身体が、やはり別な心理作用によって生気づけられたものだということを悟るのも、実はただ一つの全体の二契機なのです。もちろんそれは、幼児がこの全体的現象を経験する際、その二つの局面のいずれか一方が最初に優先することはけっしてありえないという意味ではなく、どちらにしても一方の過程が実現されれば全体の平衡が破れ、そしてそれが、系の他方の部分が今後発展するための弁証法的誘因になるということです。ここにあるのは、相補的な作用であり、自分の身体の経験と他人の身体の経験とは、一つの全体を形成し、一つの「ゲシュタルト」を構成するわけです。だからといって、もちろん私は、他人知覚と自分の身体の知覚とがいつも歩調を合わせて進み、同じリズムで発達すると言おうとしているのではありません。むしろわれわれは、自分の身体の知覚は他人の認知よりも早く発達し、したがって後にその二つが一つの系をなすにしても、それは時間的な分節をもった系なのだということを、確認しようというのです。もっとも、ある現象がゲシュタルト的現象だということは、必ずしも当該現象のさまざまの〈局面〉のうちに、あるいはそのただ一つの局面をとってみただけでも、もうそのなかにゲシュタルトがそなわっているという意味ではありません。それは、その現象がある内的平衡の法則に従いながら、またいわば自己組織化の形で展開していくものだという意味です。ゲシュタルト学説の立場に立つ人たちも、「ゲシュタルト」という概念を、けっして瞬間、つまり現在にのみ限ったわけではありません。むしら彼らは、ゲシュタルト現象が時間的なものとして存在することを強調しています（メロディの例など）。さっき私は、自分の身体の知覚が他人知覚よりも早く発達すると言いました。幼児は、他人の表情よりも、自分の身体のほうを早く認識します。しかしこのことは、その二つの現象が内的に結び合ったものであることを妨げはしません。自分の身体の知覚は、発達するにつれて不均衡を生み出します。つまり、その知覚が、他人というものの表象に反響し、続く他人知覚の発達を呼び求めることになるのです。いいかえれば、自己の身体の知覚が、発達の次の段階にはね返り、そこにむしろ他人知覚が優位する形で現れてくる、といったふうに続くわけです。この二つの現象は、二つが同時に優位をもつことはなく、一方がアクセントをもつと、次は他方がアクセントをもつという具合になっているにしても、たしかに一つの系をなしています。この発達過程の一つ一つには次の段階の萌芽が含まれていて、それがすでに当段落の超出を準備することになるのです。また、その現象がゲシュタルト的現象だということは、けっしてそれが各段階において絶対的な安定性をもっているということでもありません。どんなゲシュタルトにも、実は方向を異にするさまざまなの諸力が作用しています（たとえば空間内に知覚されるゲシュタルトである〈色のついた形〉でもそうです）。もちろん、均衡の崩れが最初はきわめてわずかであって、何ら目立った変化を引き起こさないという場合もあることでしょう。だが次に、その不均衡がある閾《しきい》を超えると、変化が起こってきます。それと同じように、各発達段階の内部には、次の段階を先取りし、次々に構造の再組織を促していくようなある何ものかがある、と言っていいのです。ゲシュタルトの概念は、本質的に力動的概念なのです。

自分の身体の知覚のありさまと、他人知覚のありさまとを、交互に考察してみましょう。

第一節　誕生から六ヵ月までにおける〈自己の身体〉

身体は、ワロンがそのすぐれた分析（『幼児における性格の起源』）のなかで示しているように、はじめは内受容的[28]なものです。幼児の生涯のはじめの段階では、外受容性（視覚的・聴覚的知覚など、外界に関わるすべての知覚）は、たとえそれが活動し始めているにしても、要するに内受容性と協力して活動することはできません。この時期においては、内受容性が、幼児が物と関係するためのもっとも組織化の進んだ手段なのです。幼児の最初の生活においては、視力調節が不十分だとか、眼の筋肉調整が不十分だといったきわめて簡単な理由で、外的知覚は不可能なわけです。

しばしば言われてきたように、身体は最初は「口腔的」なものです。シュテルンは、幼児の最初の生活における「口腔的空間」ということさえ言っています。その意味するところは、口によって含まれたり探られたりしうる空間が、幼児にとってはぎりぎりの世界なのだということです。さらにはワロンのように、もっと広く、身体はそれ自身すでに「呼吸的」身体である、と言うこともできましょう。身体は単に口ではなく呼吸器官全体であり、その活動によって幼児が空間についてのある経験を得るわけです。身体の他の領域が関与し、浮き彫りになってくるのは、その後のことです。たとえば表現機能に結びつくあらゆる領域は、もう数ヵ月するとひじょうな重要さをもつようになります。けれども、外的知覚の与件と内受容性の与件とのあいだに接合ができるまでは、内受容的身体が外受容的な機能を果たすわけです。これは、精神分析学者たちが、幼児の最初の経験について、たとえば幼児と母胎との関係こそ、彼と外界との最初の関係であるというふうに教えているのと、ほぼ同じことです。

外受容的領域と内受容的領域との二つの領域のあいだに接合が生ずるのは、やっと生後三ヵ月から六ヵ月までのあいだにすぎません。生まれたばかりのときには、さまざまの神経経路は、まだすべて活動することはできません。それらの活動を可能にする髄鞘形成〔29〕はかなり後に起こるのであって、いまの二領域のあいだの接続繊維の場合はとくにそうです。さまざまの感覚与件を提供してくれる諸器官の神経接続や、外受容性に対応する諸器官の神経接続、さらに内受容性に対応する諸器官の接続などに必要な髄鞘形成は、生後三ヵ月目から六ヵ月目にかけて起こります。

なお、知覚が最低限の体位の平衡を必要とするというもう一つの理由からいっても、この時期まで、知覚は不可能です。知覚には、体位図式の活動が必要なのです。いいかえれば、私の身体の空間における位置を全体として意識することとか、それに伴ってたえず必要になる姿勢の矯正反射であるとか、また私の身体そのものの空間的なあり方を全体的に意識することなど、そういったあらゆる活動が知覚には必要です（ワロン）。実際、仰臥の姿勢でいる場合を除けば、われわれの知覚には、つねに体位の平衡を保とうとする努力が伴っています。またワロンの指摘によれば、仰臥の姿勢では、とくに幼児の場合、思考や知覚が一般に消失してしまうといわれます。つまり幼児は、そういう姿勢では眠りに落ちてしまうわけです。運動性と知覚とのこうした結びつきは、次のことがどんなに真実であるかを、よく教えています。そのことはつまり、それら両機能がただ一つの全体の二面にすぎず、また〈世界に参入していることの知覚〉と〈自分自身の身体の知覚〉とは一つの系をなすものだということです。

ところで、必要な神経接合ができあがっても、ある領域と別な領域とでは、身体意識の正確さにおいてひじょうな開きがあります。ご承知のように、たとえば足の活動に対応する神経繊維の髄鞘化は、手の活動に対応するそれよりも、かなり遅れます。その遅れは、ほぼ三週間です。同様に、手だけについていっても、左手のほうが右手よりもわずかに遅れ、その遅れはほぼ二十六日です。したがって幼児には、右手の運動の正確な知覚に必要な生理学的諸条件を糾合することはできるが、左手の場合にはそれができないという期間があるわけです。

こうしてみますと、幼児が自分自身の身体やその部分に本当に関心をもつようになるのはかなり後になってからだということは、何ら驚くべきことではありません。彼が自分の右手に本当に注意するのが認められるようになるのは、かろうじて生後一一五日、つまりほぼ四ヵ月経ってからです。また彼が、一方の手で他方の手を調べてみるという一種の実験を系統的におこなうのが見られるようになるのは、生後二十三週間目、つまりほぼ六ヵ月目からです。そのときには、幼児は、たとえば左手で右手をつかまえてからその動きを止め、まじまじと両手をみつめます。幼児が、その手のわきに置かれた手袋を見て当惑するのは、二十四週間目、つまり六ヵ月の終わりからです。彼は手袋と自分の手とを比較し、動く自分の手にまじまじと見入るのです。こうした経験はすべて、〈さわる手〉と〈さわられる手〉とのあいだの対応関係、〈見られる身体〉と〈内受容性によって感じられる身体〉との対応関係に、幼児を慣らすという効果をもっているわけです。

したがって、自己の身体の意識ははじめは断片的なものであり、それがしだいに完全になっていく。身体図式も正確になり、その構造も新たに編成しなおされ、だんだん精細になっていきます。

第二節　誕生から六ヵ月までにおける〈他人〉

こうして身体図式が整ってくることは、そのまま同時に他人知覚が整ってくることでもあります。ギョームによりますと（『幼児における模倣』）、他人に対する反応は、きわめて早期に起こるものです。もっとも、ギョームが記述しているような他人に対する反応の最初の形態は、実をいえば、視覚的な他人知覚には結びついていないように思われます。それはむしろ、内受容性の与件に対応しているわけです。ギョームの言うには、生後わずか九日から十一日目の赤ん坊にさえ、いろいろの表情やちょっとした笑いに対して、驚いたようなまた用心するようなそぶりが確かめられたということです。また、生後十六日の赤ん坊が、母に抱かれているかそれとも乳母に抱かれているか、また父親に抱かれているかによって、態度が変わってくることも確かめられたということです。

ワロンによりますと、こうした態度の変化は、母や父や乳母を本当の意味で外受容的に知覚したかどうかの問題ではありません。そこで大事なのはむしろ、幼児が自分の身体のうちに感ずる状態の違い、つまり乳母の胸があるかないかによって、またいまあげた人たちがそれぞれ腕に抱くその抱き方によって異なってくる心地よさの違いなのです。

ワロンの言うところでは、生後三ヵ月までは、幼児には他人の外的知覚はありません。そして、たとえば誰かが行ってしまったからというので幼児が泣く場合、そこに認められなければならないのは、むしろ幼児には「不足の印象」があるということなのです。幼児は、そこにいる人を本当に知覚するというよりも、むしろ誰かが行ってしまったとき不足した状態になるわけです。こうした否定的経験は、必ずしもそれ以前に他人そのものの正確な知覚があったということを意味しません。他人との最初の外的接触は、本当の意味では、外受容性だけが与えうるのです。よりきつく抱かれているとか、よりやさしく抱かれているとかいうことで、赤ん坊の有機体のなかに起こる一種の心地よさとしてしか他人が感じられていない限り、他人知覚がなされているとは言えません。

外受容的に作用する最初の刺激は声だろうと思われます。その声の受容とともに、紛れもなく〈他、、、、、人に対する反応〉と規定しうるような反応が始まることになります。人間の声を聞くと、幼児は最初こわがって泣き出しますが、二ヵ月目からは笑います。二ないし三ヵ月目からは、幼児のほうを見ただけで笑うということさえ確かめられます。そのとき幼児には、〈まなざし〉が少なくとも彼を満ち足りさせる何ものかとして知覚されるのだ、ということになりましょう。このころの幼児は、他の幼児の泣き声には、一種の伝染泣きによって泣き声で反応しますが、他人に対する視覚的知覚が発達するにつれて、この反応は消えていきます。また、ほぼこの時期には、幼児ははじめのように、乳母とかあるいは彼に乳を与える人がいなくなるときだけではなく、部屋のなかにいる誰かが出ていくというだけでも泣き出します。

ワロンが言っておりますが、二ヵ月と五日たてば、他人に対する紛れもなく視覚的な経験が観察され、もし父親がいつもの環境に姿を見せた場合には、二メートル離れていても再認されるが、慣れていない環境では、父親は再認されないということです。三ヵ月目になりますと、幼児は、たとえその人が自分の面倒をみてくれるはずの人でないとしても、部屋に入ってくるすべての人に、泣き声でもって挨拶するようになる、と言われております。

他の幼児に対する関係はどうかといえば、ほぼ次のとおりです。つまり、さっきも言いましたように、二ヵ月と三ヵ月のあいだでは赤ん坊同士のあいだでの伝染泣きが起こり、その後、他人に対する視覚的知覚が発達するにつれて、この伝染泣きが消えていくということです。したがって幼児においては、三ヵ月を過ぎると、それ以前よりも伝染泣きははるかに稀れになり、赤ん坊も泣いている別な赤ん坊を冷やかに眺めることができるわけです。

他人観察の最初のきざしは、身体の部分への注目にあります。幼児は足や口や手を眺めますが、人物を見ません。身体の一部分に向けられる観察的まなざしと、他人そのものを捉えようとする〈他人のまなざしに向けられたまなざし〉との違いは、直観的にきわめてはっきり感じられるものです。それにしても、他人の身体の諸部分への注視は、幼児が自分自身の身体についてもちうる知覚をいちじるしく増大させることになりましょう。六ヵ月以後になると、幼児は、視覚によって他人の身体から学びえたさまざまの認識を、系統的なやり方で自分自身に移してきます。五ヵ月までは、まだ同じ年齢の子どもと兄弟のように親しむことはなかったのですが、六ヵ月目になると、幼児はついに他の幼児の顔をじっと見るようになり、そしてここではじめてわれわれは、幼児が他人知覚をおこなっているらしいという印象を受けるのです。

第三章　六ヵ月以後——自己の身体の意識と鏡像

さて、これから六ヵ月以後の段階について述べなければなりませんが、これまでの段階と対照しながら、この段階の特質をはっきりさせていきたいと思います。そこでまず挙げられるのは、一方、このころになってはじめて幼児が鏡のなかに写っている自分の身体像を理解するようになるため、〈自己の身体の知覚〉の発達がとくに顕著になってくるという特性です。鏡というものから、自分の身体だけを利用していたのでは得られない〈自己の身体の知覚〉が与えられるわけですから、このことはきわめて重大な現象です。他方、この時期には、他人との接触というものがきわめて速やかに発達してくる、ということが挙げられましょう。ワロンも、六ヵ月から一年までのこの時期を、まことに「無節操な社会性」(sociabilité incontinente)の時期と呼びえたほどです。

第一節　自他の癒合系(六ヵ月以後)

さて、われわれは六ヵ月目から以後について、〈自己の身体の経験〉(その内受容的側面と、鏡像に則した面との両面における)の発達と、〈他人意識〉の発達とを、平行させながら検討していきたいと思います。

a　鏡像

〈自己の身体の意識〉の発達に関するもっとも重大な出来事は、とくに鏡の使用によって、〈自己の身体〉というものの表象あるいは視覚像を獲得するということです。われわれがこれからの課題としてみたいと思うのは、まずこの鏡像[30]、その認知の仕方およびそのさまざまの段階の研究です。

この点について、動物の行動と幼児の行動とは対照的です。もちろん動物も、鏡に写った像に何の注意も払わないとか、おのれの鏡像に何の反応も示さないなどとは言えません。が、それにしても、動物の行動は幼児の行動とひじょうに違っています。このことは、プライヤー[31]のもうかなり以前の著書のなかで、最初に報告されたことです。その報告は、メスが死んで相棒を失ったために、自分の身体の像が写っているガラスの前にうずくまるのを習わしとするようになった一羽のアヒルに関するものです。ワロンによりますと（『幼児における性格の起源』）、この行動は幼児にみられる行動とは異なっています。メスの死によって「不足な状態になった」アヒルは、ガラスのなかに見られる自分自身の像で「満ち足りる」ようになっているのです。つまりアヒルは、その像を、それがあの生きていたアヒルの席を占めうるがゆえに、自分自身の像とはみなしません。それは、いわば自分の目の前にいるもう一羽のアヒルなのです。これはまた逆に、次のように言ってもよいでしょう――アヒルにとって、もし本当にガラスのなかの像が、以前メスの存在によって意味されていたと同じものを意味しているとすれば、あの生きていたメスも、それを見ているときの彼にとっては、鏡に写った自分自身の像みたいなものにすぎなかったのだ、と。いずれにしても、われわれがこれから規定しようとしている幼児特有の行動は、そこにはまだ見られません。

ワロンも、鏡に写った像に対する二匹のイヌの行動を報告しております。その一匹は、おのれの像に対して恐怖と忌避の反応を示し、鏡のなかに自分の姿を見ると、後ろを向いて逃げ出します。もう一匹のイヌは、鏡に写った像を見つめているあいだ主人に撫でられているわけですが、そのイヌは動かなくなってじっと立ちどまり、そして同時に撫でている主人のほうに顔を向けます。そのイヌが鏡のなかに知覚する像は、そのイヌにとってはもう一匹のイヌではないが、しかし〈自分自身の視覚像〉でもありません。視覚的与件はそのイヌにとっては一種の状況補語（complément）であって、主人の愛撫によって、「内受容性」を通して与えられるような自分自身の身体が思い出されるやいなや、イヌは鏡に写った像を無視して、主人のほうを振り向くことになるのです。いいかえれば、ここでもまだイヌは、シンボルとか外的な像そのものに対する典型的反応を示してはいません。鏡を前にして、イヌは方向を失ってとまどい、自分にいちばん本源的な与件、つまり内受容的経験に立ちかえろうと、急いで顔をそむけるわけなのです。

鏡に対するチンパンジーの行動は、とくにケーラーによって、そのすばらしい『類人猿の知能』に関する著書のなかで研究されました[32]。彼の教えるところでは、チンパンジーは、鏡の前に置かれてそのなかに像を見ると、鏡の後ろに手をやり、そこに何もないことがわかると不満を表し、以後、鏡に関心を抱くことを頑強に拒否するということです。ワロンはこのことを次のように解釈します——手の探索によって、そこにあるのは第二の身体ではなく、実は単なる像なのだと納得し、そして〈像の意識〉に到達しようとするその瞬間、つまり鏡のなかで起こっているものを自分の本当の身体の単なる反射ないし象徴として扱おうとするとたんに、チンパンジーはその対象から身をかわし、それを奇妙なものと見るようになるのだ、——と。チンパンジーは、〈像そのもの〉の意識が現れるか現れないかの瀬戸際にいることになります。

それにもかかわらず、ケーラーの指摘するところでは、チンパンジーは、呈示された自分の肖像のうちにおのれを認めるらしいのです。チンパンジーには本当に肖像の意識があるのかどうか、またもしあるとすれば、彼らがなぜ完全な鏡像の意識に到達しないのかを知るためには、その現象に対する実験的研究をもう一度振り返ってみる必要がありましょう。

すでに述べたように、こうした行動は幼児の行動と対照して見なければなりません。はじめに鏡のなかにある〈幼児自身の身体の像〉ではなく、〈他人の身体の像〉について考えてみましょう。そうすると、事実、彼が他人の身体の像というものを早く習得し、〈他人の鏡像〉と〈他人の実際の身体〉との区別を、自分の身体の場合よりもずっと早くなしうるものだということが、確かめられます。そうだとすると、他人の鏡像に対する経験が自分自身の鏡像の認識を促進するということは、十分ありうることです。

ギョームによりますと（『幼児における模倣』）、鏡のなかの像が他人の像だという意識は、かなり早い時期にもあるものです。もっとも、ギョームは、生後数週間の幼児が、鏡の前で顔をしかめることを指摘していますが、しかしワロンの考えでは、三ヵ月目の終わり以前に鏡像に対する明確な反応が確かめられることはありません。

はじめは、単に鏡像をみつめるという反応があります（四ないし五ヵ月ごろ）。次には、同じその像に対して、興味を抱くという反応が起こります。また、この時期の幼児には、たとえばフランス・ハルス[33]の描いた肖像に対する反応も確かめられます。六ヵ月以後には、ついに、たんなる模倣的・感情的反応ではない反応、つまり本当の意味での行動が現れてきます。それは、たとえば次のような行動です（五ないし六ヵ月以後）。

幼児が鏡のなかの父親の像に笑いかけているとします。そのとき、父親が話しかけてみますと、幼児は驚き、父親のほうに振り返ります。したがってそのとき、幼児は何ものかを「学ぶ」らしいのです。では、本当のところ何を学んだのでしょうか。彼が驚くということは、父親が話しかける以前、彼には像と本物との関係についての的確な意識がなかったということです。彼は、声が、鏡のなかに見える像とは違う方向から来ることに、驚いたのです。彼がその現象に注意を払っているということは、事実、彼が何ものかを理解しつつあるということ、したがってそれは単なる習慣的馴れの問題ではないということを示しています。もっとも、ここで次のように言いたくなる人がいるかもしれません――われわれがいま当面しているのは条件反射構成の問題なのであって、鏡の像が「了解可能」になるのは、それが、最初父親によって引き起こされた反応の条件刺激となるからだ、――と。しかしワロンの見るところでは、盲目的な習慣づけとか、あるいはまた像の知的征服といったものは、ここでは問題になりません。実際、幼児は像と実物との関係をまったく明確に意識するようになったとか、また彼は鏡の像を、父の可視的側面の空間への投影だと考えるようになった、などとは言えません。いまわれわれが問題にしている経験は、五ないし六ヵ月ごろに起こるものであり、それはけっして幼児に安定した行動を習得させてはくれないからです。ワロンの調べた幼児は、もう一週間も前から、鏡像から振り返って父親のほうを見ているにもかかわらず、その数週間後もまだ鏡のなかの像を手でつかもうとします。それはつまり、彼がまだこの像を、ただ見えているにすぎない「単なる像」として見極めてはいないということです。

幼児の学習のこの最初の段階においては、幼児は、像にも実物にも比較的独立した存在を与えていると言わなければなりません。ここには実物があり、それは父親の身体であり、実際の父です。ところが鏡のなかにも、いわば父の分身ないし幽霊がいるわけであって、それは第二の実在をもたらすことにはなっても、像というものが、光や色の外的空間への反射という単にそれだけの地位におとしめられることはありません。幼児が鏡から振り返って父のほうを見るときには、たしかに彼は鏡の像のうちに父を認めていると言ってもいいでしょうが、しかし認めるといっても、それはまったく実践的な認め方なのです。つまり、彼が父のほうに振り向くのは、そちらのほうから声が聞こえてくるからですが、だからといって、まだ彼が鏡像から〈準実在性〉を除き去ったとはいえません。幼児が最初その像にそなわっていると思いこみ、またわれわれ成人といえども未開人の思考法から借りてきたある類推によって考えてみることもできるような〈妖怪的存在〉は、まだ鏡像から除去されてはいません。したがって像は、父の現実の身体より以上の存在をもつことはないにしても、それでも一種の欄外的存在はもっているのです。

今度は、〈自己の身体の鏡像〉の習慣について考えてみましょう。鏡のなかの像に対する幼児の驚き反応がはっきりした形で確かめられるのは、ほぼ八ヵ月のころであり、したがって他人の鏡像に対する反応よりも少しおそいわけです。三十五週間目には、幼児はまだ鏡のなかの像に手をのばし、そして手がガラスの表面にぶつかると驚くように見えます。またこのころ、人に呼ばれると、ガラスのなかのその人の像をみつめることがよくあります。幼児は、さっきも見たように、もう何週間も前から、鏡像から父親のほうに振り向いているにもかかわらず、像に付与していた実在性の幻影、その準実在性をまだ捨てきれずにいるわけです。これは、幼児がたまには適応した反応をすることがあったにしても、だからといって、必ずしも彼が像に対する象徴的意識をもっていると結論するわけにはいかぬということの証明になりましょう。

なぜ、自己自身の身体の鏡像の習得は、他人の身体の鏡像の場合よりもおそいのでしょうか。ワロンの言うところでは（われわれはここでは彼の分析に従っているわけです）、それは、自己自身の身体の場合には、解決されるべき問題がはるかにむずかしいからです。幼児は、自分の父親については、それを直接に見て得た視覚的経験と、鏡のそれとの二つの視覚的経験を、うまく処理します。ところが、自分の身体については、鏡に写った像だけが、ただ一つの完全な視覚的与件です。彼はたしかに自分の手や足を見ることはできますが、しかし自分の身体の全体を見ることはできません。したがって、ここで幼児は〈鏡のなかのあそこに見える自分の身体の視覚像は自分ではない、なぜなら、自分は鏡のなかにいるのではなく、自分を感じているここにいるのだから〉ということを理解しなければならず、また第二に〈たしかに自分は鏡のなかのあそこにいるのではなく、内受容性によって感じられるここにいるのではあるが、それでも自分は第三者には、「自分を感じているこの地点に」、鏡が見せてくれているとおりの視覚的姿をとって見えるものだ〉ということを理解する必要があります。要するに幼児は、鏡の像を移して、それを鏡の底に占めている見かけの潜在的場所から、自分自身のところまで運んでこなければならず、また自分は鏡の像から離れたところにいながらも、その像と自分の内受容的身体とは同じものなのだと考える必要があるのです。

したがって、ワロンに従うなら、幼児は最初、自己の身体の鏡像については、他人の身体の鏡像の場合にもまして、それを本当の身体の一種の分身と見ていた、と考えなければならないわけです。

多くの病的な事実が、そうした自己自身の外的知覚、つまり「自己視」(autoscopie) が存在することを証言しています。まず、多くの夢の場合がそうであって、われわれは夢のなかでは、自分をさながら自分にも見える人物であるかのように思い描きます。こうした現象は、瀕死の人とか入眠時のある状態とか、また溺れた人などにもあるようです。そうした病的な状態において現れてくるものと、幼児が鏡のなかに見えている自分自身の身体についてもつ最初の意識とは、よく似ているように思われます。「未開人」は、同一人物が同一瞬間にいろいろな地点にいると信ずることができます。われわれには容易に理解できないこの「遍在」の可能性は、鏡像の最初の形態から考えれば明らかになりましょう。幼児は、自分が自分の内受容的身体のあるところにいるのだということをよく知っていますが、それにもかかわらずその同じ身体が、鏡の底に、外からも見えるような姿をとって妙な形で存在しているのを見てもいるわけです。鏡像には、成人の空間性とはまったく異なった空間性があるわけです。ワロンも、そこには〈像に粘着した空間〉ともいうべきものがある、と言っております。すべての像は、その本性上、空間のなかに存在しようとするものですが、鏡の像もまたそうなのです。ワロンによれば、この内属的空間性は、知能の発達とともに減少していきます。われわれはしだいに鏡像を内受容的身体に引き戻し、またその反対に、像の準局所性、前空間性を、本当の物が存在しているただ一つの空間とはとても比べものにならない一種の見かけとして扱うことを覚えるようになります。われわれの知性がいわば空間値の再配分をおこない、最初に見たときには違った場所にあると思われた諸現象を、同じ場所に所属するものとみなすことを教えてくれるわけです。このようにして、ある理念的空間が、像に粘着した空間にとって代わるようになります。実際、この場合の新しい空間は理念的空間でなければなりません。なぜなら幼児は、違った場所にあるかにみえるものが実は同じ場所にあるのだということを理解しなければならず、しかもその理解は、もはや像がその固有の場所を占めている直観的空間とは異なった、もっと高い水準の空間性に移ることによってのみなしとげられるからです。

もっとも、この理念的空間の構成には、あらゆる段階があります。まず、さっきも言ったことですが、像というものを、固有の空間性をもたない単なる見かけに還元する段階があります。こうした還元は、かなり早く現れるもののようです（一歳）。ギョームは、自分の娘について観察した次のような事実を述べております。つまり彼女は、朝からもっていた麦藁帽をかぶって鏡の前に行くと、鏡のなかにある麦藁帽の像にではなく、自分の頭の上にある帽子に手をやる、というのです。鏡のなかの像だけでも、対象そのものに適応した運動を引き起こし、調整することができるようになっているわけです。したがってこの場合には、右のような還元がすでになされていて、鏡の像はもはやシンボル以外の何ものでもなく、それが幼児の意識を、鏡に写っている対象の本来の場所に引き戻すということになります。

裏づけ――たとえば失語症とか失行症〔34〕などのような象徴的意識の障害が起こると、必ず空間性の障害も存在することが確かめられます。よく知られているように、失行症者は、ことに鏡に写った像に頼りながら（あるいは面と向かっている人の動作を真似ながら）対象に適応した運動をすることが困難なものです。彼らにおいては、像と実物との関係が混乱しているのです。

ワロンによりますと、一般にそうした面での行動が決定的に発達するのは一歳からだ、と言っていいようです。が、だからといって、身体の像と身体そのものとの対応の体系が完成しているとか、またその体系が正確な形でできあがっているということにはまだなりません。それは、その体系を構成するはずの一連の事実のうちに、かなり遅れて発達するものがあるということからわかります。たとえば十二ヵ月から十五ヵ月の幼児には、やがて鏡に向かいながら運動をおこないうるようになるための一連の練習運動ともいうべきものが見られますが、そのときの幼児の試行は、まるで失行症者の運動を思わせるのです。ところで、こうしたことが生後一年経ってから、つまり十二ヵ月から十五ヵ月のあいだに起こるということは、このころには右の対応の体系がまだかなり隙間だらけで、今後いろいろな経験を繰り返すことによって強固なものにされる余地を残しているということを意味します。六十週、つまり一年以上経ったところで幼児に母親を指さすように命ずると、もし母親が彼のそばに坐り、そして鏡が二人の前に置かれてある場合には、幼児は鏡のなかに笑いかけながらお母さんを指さし、そして本物のお母さんのほうに振り向きます。鏡像は、遊びや戯れの素材となったわけです。しかし、幼児が鏡像を遊び相手として利用しようと考えているという事実そのものが、すでに、彼がはじめて鏡像に接したときの経験からそれほど遠ざかってはいない、ということを示します。

学習もまだそれほど安定した形でおこなわれるようになってはいません。たとえば、プライヤーの息子は、五十七週間、つまり一年以上経っても、鏡のなかの自分をみつめてから手をガラスの後ろにやり、手を引っこめ、そして手をじっとみつめます。これは、すでに述べたように、チンパンジーの行動です。翌日、彼はチンパンジーとまったく同じように、鏡のそばに寄りつこうとはしません。それでも、もしギョームが考えているように、鏡像の意識が一年で獲得されるものだとすると、その事実を認めるのはいささか困難であるように思われます。それではいったいどうして、その年齢がすぎてからも、すでに見たとおりの像の意識にまだ達していないチンパンジーの行動に戻ったりしうるのでしょうか。ワロンは次のような説明を考えます——いまの場合、鏡像の誤解ということはそれほど大事なことではない。幼児の手探りは鏡に向けられているのであって、像に向けられているのではない。幼児にも鏡のそこに描かれているものが見かけ、反射光にすぎないということは、はっきりわかっていたことだろうが、ただ彼には、どのようにしてある対象（鏡）が周囲の対象の写しを手に入れうるのかが、まだ理解できないのだ、――と。しかし、ワロンのこの解釈は、完全に納得のいくものではありません。ワロンの言うように、像が実物との関係において厳密な意味での像として意識されているためには、鏡というものの役割について何らかの知的理解がなければならぬはずでしょう。だが、幼児には鏡というものが完全には理解されておらず、彼が鏡の後ろにも、その表側に見える対象と同じようなものを発見できると期待している限り、幼児はまだ完全に反射の存在を理解していたとは言えませんし、像というものも理解していなかったことになるからです。もし〈像〉の意識がまったく完全であるとすれば、幼児はもはや、鏡に写っている対象に似た実在的対象を鏡の後ろに求めることはしないはずでしょう。その言葉のまったき意味で、実在的対象の反映としての鏡像を構成するということは、素朴な物理学の全体をしだいにつくりあげていくことを予想します。そこには、どうして反射の現象が可能になるかを説明するための因果関係が入りこんでくるはずなのです。

こうしてみると、プライヤーによって指摘された事実は、五十七週ではまだ鏡像の十分な理解がないということを示しているように思われます。ですから、六十一週になってもまだプライヤーの同じ息子が自分の像にさわったり舐めたり、たたいたり、それと戯れたからといって、驚くにはあたりません。この戯れは、さっきの母の像との戯れと同じように、像がまだ対象の分身や幽霊であったころから、幼児がそれほど遠ざかってはいないということを示していると思えるからです。二十ヵ月の幼児でさえ、寝る前にまことにうやうやしく自分の像に挨拶する、とワロンが述べております。三十一ヵ月になってもまだ、幼児が自分自身の像と戯れているというのは、よく見かけられることなのです。

すでにみたように、ワロンの考えでは、幼児がこのように鏡のなかの自分の像と戯れるのは、それを単なる鏡像として意識する域を越えた段階を示すものです。幼児が鏡のなかの自分の像と戯れるのは、鏡のなかに見える像が、生物とまったく同じ様子をしていながらも、しかしけっして生物ではないという、そのことが面白いからだ、とワロンは言います。したがって、ここで幼児は「アニミズムをもてあそんでいる」のであって、自分ではアニミズム的信念を捨てている、ということになります。だが、それにしても、もし最初に幼児の心を捉えた驚くべき現象の痕跡が幼児の心に残っているのでないとしたら、つまり反射のうちにも準志向があるという驚くべき現象の痕跡が心にないとしたら、アニミズムの見かけをした現象をいわば吟味したところで、いったい何が面白いのでしょうか。実は幼児は、もはや「本気」ではないにしても、自分の前で一種の夢幻劇を上演し、そのとりこになることを面白がっているわけです。

以上のことから、おそらく後でももう一度取り上げる必要があるとは思うのですが、一つの注目すべき帰結が導かれます。たしかにわれわれ成人にとって〈鏡の像〉は、ワロンが成人にはそう考えられるはずだと言おうとしたもの、つまり〈単なる反射〉になっています。けれども、像というものについては、二つの考え方があるのです。その一つは分析的・反省的な考え方であって、それによれば像は〈私とは何の関わりもない視覚的世界〉のなかにある〈見かけ〉以外の何ものでもありません。もう一つは、われわれが平生の生活のなかで特別に反省をしていないような場合におこなっている考え方であって、それによれば、像はわれわれに信じることを促すようなあるものとなります。いま、鏡の像と一枚の絵とを比べてみましょう。ひじょうに長い顔と、当時の人たちの言い方では「一度に一つのことしか考えられない頭」とをもった、スウェーデンのシャルル十二世の絵を見ているとき、私はシャルル十二世がずっと前に死んでおり、したがってそこにあるのは一枚の絵にすぎないということをよく知っています。それにもかかわらず、そこにあるのは、ほほえみかけている準人物です。鼻と唇とを結ぶこの曲線、この目の輝き、それらはたんに物ではありません。この凍りついた運動は、何といってもやはり〈ほほえみ〉なのです。それと同じように鏡のなかの像も、それを直接的・非反省的経験のなかで考える限り、たとえ成人の場合でも、やはりたんなる物理現象とはいえないわけです。それには不思議にも私が住んでおり、それは私に所属する何ものかです。

ある種の文化形態のなかで像というものに結びつけられている特殊な意味も、右のような経験から考えてみれば、よく理解できます。そこではたとえば人間の像をつくってはならぬとされるのですが、それというのも、人間の像をつくることが大胆不敵にももう一人の人間を創造するというようなことになり、そうしたことは人間のなすべきことではないと考えられるからです。像に対するこうした一連の信仰は、像というものが、白いところに書かれた黒い線にすぎないとか、また〈そうした線とはまったく異なったある人物〉の単なる〈記号〉にすぎないと考えられる場合には、理解されません。が、像は独特なやり方で、そこに表現されている人物に肉体を与え、その人物を出現させるのであって、それはちょうど降神術によってテーブルのうちに精霊を出現させるのにも似たことなのです。実際、成人でも、ある種の像や写真を踏みつけて歩くことはためらうでしょうし、あえてそうした場合には、そこに何か挑戦的な意図があったからだということになりましょう。したがって〈像の意識〉というものは、なかなか習得されにくく、ときには逆もどりするというだけではありません。像は、成人においてさえ、けっして実物の単なる反映ではなく、むしろ実物の「準現前」でもあるのです（サルトル[35]）。

たとえ幼児が鏡の像に対して「還元」を施したとしても、その作業がけっして概念の場合のように一般性をもった効果を生まないのは、そのためです。幼児はその後もまた、それと類似の他の現象に対して、たとえば〈影〉に対して、その還元の作業を改めて繰り返すにちがいありません。ワロンの指摘によりますと、プライヤーの息子は四歳になってはじめて、自分が影をもっていることに気づき、そしてこわがりました。ワロンの観察した四歳半の女児も、ワロンの影の上を歩くとき、彼自身の上を歩いているのだと言い張ります。鏡像に最初に与えられた上述のような参与主義的信念[36]は、必ずしも知的批判によって還元されてはいなかったわけです。知的批判というものは、同じ次元のあらゆる現象に一度に適用されるはずのものだからです。もちろん、この鏡像を新しく構造化していくところに進歩というものがあり、事実、幼児はこの像に距離をとるようになります。しかし、その距離は、概念のそれと同じではありません。

すでに見たように、ワロンの言おうとする趣旨は、知能の発達は〈鏡像〉に対して一度成就されればそれでよいというものではなく、〈影〉の場合にはまた改めてやり直さなければならぬ、ということです。だが、それは、鏡像の漸進的な還元が実をいえば知的現象ではない、と主張していることにほかなりません。いったい、本当の〈知的〉理解というものは、「一切か無か」の法則に従うものでしょう。われわれは完全に理解しているか、あるいはまったく理解していないか、そのいずれかです。二と三の和が何になるかを「少し」わかる、というわけにはいきません。知的現象には、鏡像意識の発達のうちにみられるような一連の漸次的推移は許されないのです。

ということになれば、われわれは鏡像の意識の発達を、何か他の事実から照らし出して解釈しなおす必要がないかどうか、またそれを認識の現象以外の他の現象と関連させてみる必要がないかどうか、を反省してみたい気にもさせられます。

ところが、ワロンの著書そのものから、そうした方向に沿った指示を引き出すことができます。ワロン自身、その著書(『幼児における性格の起源』)のある箇所で、〈自己の身体〉の経験の進歩は、他人の知覚にも関わる全体的発達の一「契機」だ、という示唆を与えているからです。

ワロンはその分析の終わりで、〈私の諸器官や身体的諸機能によって直接私に与えられ、したがってそうした諸器官や諸機能のありさまを私に教えてくれる心像の総体〉という意味での体感の概念に、鋭い批判を加えております。ワロンの見解では、仮にそうした体感が存在するとしても、それはきわめて長い発達の結果であり、成人の心理の一出来事なのであって、〈幼児〉のその身体に対する関係を表すものではけっしてありません。幼児ははじめ、内受容性によって与えられるものと、外的知覚によって与えられるものとを絶対的に区別することはしません。幼児には、科学的教養をもった成人の言う内受容性に与えられているものと、視覚に与えられているものとの無差別があるわけです。鏡像は、視覚的与件ではあっても、全体的にみれば身体そのものの存在に与っており、そのようにして、幼児自身の存在に「参与」する幽霊みたいな存在を、鏡のなかに連れこむのです。幼児においては、自分の身体にあてはまることは、他人の身体にもあてはまります。幼児は、おのれの視覚像のうちに自分を感ずるように、他人の身体のうちにも自分を感じます。ワロンが病理学的事例の検討をしながら、〈「体感」の障害は対人関係の障害と密接に結びついている〉という指摘によって示唆していたのは、まさにそのことです。

病者たちには、自分に話しかける声が、みぞおちのあたりとか腹とか、胸、頭などから聞こえてきます。むかしの精神病医たちは、これは身体のいろいろな領域に関わる幻覚の問題であると考えたにちがいありません。彼らは、患者の告げる不平を翻訳し、「表象化」してしまいました。彼らは、患者たちの言うことを文字どおりに受けとっていたわけです。

現代の精神医学が教えるところでは、こうした現象において本質的で第一次的なものは、声が患者の身体のどこに位置しているかということではなく、対人関係のなかに介入してくる一種の癒合性な(37)のであり、そのおかげで他人の声も自分の身体のなかに住まうようになるのです。もし患者にいろいろな声が自分の頭のなかから聞こえてくるとすれば、それは彼がもはや自分を他人と完全には区別していないからであり、またたとえば自分が話すときにも、他人が話していると信ずることができるからです。ワロンの言うところでは、患者は他人に対して「境界がない」ような印象をもち、そこから、自分の行為や言葉や考えが、他人のものであるとか、また他人に強制されたものであるように思えたりするのです。

いわゆる体感の障害に対するこうした解釈は、ラガーシュ氏[38]が『言語的幻覚と言葉』のなかでおこなっている分析にもつながるものです。「自分が話しているのに、自分は聞いているのだと患者が信じているということを、われわれはどうして知りうるのか」という問いに対して、ラガーシュ氏は、言語というものを〈二人がかりの作業〉（opération à deux）と解さなければそれに答えることはできないと考えています。そこには、いわば話す作用と聞く作用との一種の無差別があるわけです。言葉は、その人が自分で発音する構えをし、また逆にすべての話者が聞く者の立場に身を置いてみるというのでなければ、理解されることも、また聞かれることさえありません。対話において、二人の話者は一本の綱の両端をにぎっているのであって、そのことこそが、「話す」という現象が「聞く」という現象に移行しうることを説明してくれるのです。病的な場合に現れてくるのも、この原初の統一です。

ワロンによりますと、感覚主義的偏見にとらわれずに事態を観察すれば、私と他人との区別、すなわち「能動と受動との区別を維持できない」ということが明らかになるはずです。ここでわれわれは、精神分析学者が「投影」とか「とり入れ[39]」と呼ぶ現象にきわめて近いところに位置しています。なぜなら、そうした機制は、他人によってなされている行為を自分のものとして引きうけたり、自分のおこなっている行為を他人のうちにあるものと考えたりするところにあるからです。

したがって、この場合幼児には、〈外から見える私の身体〉と〈私の内受容的身体〉と〈他人〉との一つの系が、たとえ動物の場合のような厳密さをもってではなく、断片的で不完全な形においてではあっても、確立しているわけです。それは、そこに関与する諸要素〔＝私の身体の二つの側面や他人といったもの〕が規則的に関わり合ったり可逆的な対応関係にあったりするからというよりも、むしろそれがはっきり分かれていないからです。幼児には、鏡のなかの自分の視覚像をそのまま自分と同一視する傾きがあるのと同じように、自己と他人とを同一視する傾きがある、と見ることができましょう。もし六ヵ月以前の幼児にはまだ自分の身体の視覚的概念（すなわち、自分の身体を視覚的空間のある地点に閉じこめておくような概念）がないとすれば、なおさらこの期間の幼児には、自分自身の生活を自分にだけ限定することはできないはずです。彼は、自分の身体のそうした視覚的意識をもっていないかぎり、自分が体験していることと、他人が体験していること、あるいは彼の眼に他人が体験していると見えるものとを分けることができません。そこから、いわゆる「転嫁」の現象、つまり自己と他人とのあいだの仕切りの欠如が生じてくるわけであり、またそれが癒合的社会性の基礎ともなるのです。

ワロンがその著書の終わりでおこなっているこうした指摘は、彼の鏡像の分析よりもはるかに深い洞察を含んでおり、鏡像の分析を補足し、修正する手だてをわれわれに与えてくれます。

ワロンは、その鏡像に関する研究のなかで、鏡像をほとんど積極的には性格づけておりません。彼がわれわれに示すのは、どのようにして幼児が鏡に写った像を非実在的なものと考え、それを還元することを覚えるようになるのか、また幼児がはじめ鏡像に与えていた準実在性の価をそれから取り去るにいたるその目覚めをどのようにして実現するのか、ということだけです。しかし、いったいなぜ幼児は鏡像に関心を抱くのか、また幼児にとって自分が可視的像をもっているとわかることはいったい何を意味するのか、と考えてみる必要もありそうです。ワロン自身、幼児は「むやみに」自分の像をうれしがると述べています（『幼児における性格の起源』一七七ページ）。だが、なぜ像はそれほど面白いのでしょうか。

精神分析学者たちが理解しようと努めたのも、まさにこのことです。ラカン博士も、ワロンのおこなったこの指摘、つまり自分の像を前にした幼児の大変な喜びよう、鏡のなかで自分が動くのを見るときの幼児の「大喜び」というものから出発します。幼児はまだ歩くこともできず、やっと立っているという段階です。彼においては、誕生以前の生活の痕跡がまだすべて消えてしまってはいないし、また神経接続がすべて成熟の域に達しているわけでもなく、彼がおのれを取り巻く物理的環境に適応するにはまだ程遠い状態です。こうした条件のもとで、彼が、鏡の現象にそれほど生き生きとした、変わらない、一様な興味を示すというのは、驚くべきことではないでしょうか。ラカン博士の答えによれば、それは、幼児が鏡のなかの自分をみつめてそこに自分の像を認める場合、精神分析学者が言う意味での同一視をおこなうから、つまり「幼児がその像を身に引き受けるとき、彼のなかに〈変容〉が生ずる」からです（「〈私〉の機能を形成するものとしての鏡像段階」〔『フランス精神分析学雑誌』一九四九年、十―十一月号〕および「想像的情調の心的効果」〔『精神医学の発展』一九四七年、一―三月号〕）。幼児にあっては、鏡像の了解とは、鏡のなかに見えている姿をおのれの姿と認めるところにあります。幼児の世界に鏡像が入りこんでくるまでは、身体は幼児にとって、強烈に感じられはしても混沌とした現実なのです。自分の姿を鏡のなかに認めるということは、幼児にとっては、自己自身の視像（spectacle）がありうるということを学ぶことです。そのときまで、彼は自分を一度も見たことがなかったのであり、そうでないとしても、せいぜい身体の目に見える部分を眺めるという形でいわば自分を盗み見たことがある程度です。ところが鏡のなかの像を通して、彼は自分自身の観客たりうるようになります。幼児は、鏡像の習得によって、自分が自己自身にも他人にも見えるものだということに気づきます。内受容的自我から可視的自我への移行、つまり内受容的自我からラカン氏のいわゆる「鏡のなかの私」への移行は、パーソナリティのある形態・ある状態から別な形態に移ることなのです。鏡像が出現する以前のパーソナリティは、精神分析学者が成人において「自我《エゴ》」と呼んでいるもの、つまり漠然と感じられる衝動の全体です。ところが、鏡の像、それが自己自身についての反省を可能にしてくれるわけですが、その鏡像とともに、自己自身の理想像、精神分析学の用語で言う「超自我」[40]の可能性が出現してきます。この理想像が今後あからさまに思い描かれることもあれば、また私が見るもののうちにたんにそのつど含意されているという場合もあるにしても、です。

　このようにして鏡像は、精神分析学者によって、幼児の生活のなかでもっているがままの重要性を回復してくるわけです。それはたんに新しい内容を習得することなのではなく、新しい機能、つまりナルシシズム[41]的機能の習得を意味します。ナルシスとは、自分の姿を水中に見たために、いわば一種の眩暈に引きこまれ、水鏡のなかで自分の像と一体になってしまった神話上の人物です。自己自身の像は、自己認識を可能にしてくれると同時に、一種の自己疎外をもたらします。私はもはや、私が直接に感じていたとおりのものではなく、鏡が私に提供してくれる私の像なのです。ラカン博士の言葉を使わせていただくなら、私は私の空間的像に「籠絡されている」ことになりましょう。そこで私は、私によって生きられている自我の現実性から立ち去って、たえず理想的・虚構的・想像的自我に関わることになります。鏡像は、そうした自我の最初の萌芽だったのです。その意味で、私は自己自身から引き裂かれるわけですが、鏡像はさらに〈他人による疎外〉といういっそう重大なもう一つの疎外を、私に準備してくれることになります。というのは、まさに他人は、私について、鏡のなかの像と類似した〈外的視像〉しかもっていないし、したがって他人は鏡よりももっと確実に、私を直接的内面性から引き離してしまうからです。ラカン博士の言うように、鏡像は、「私なるものが自他の同一化という弁証法のなかでおのれを客観化する前に、まずある原初の姿に身をおとしめるその『象徴的母胎』」にほかなりません。

このようにして、鏡像の一般的機能は、われわれをわれわれの直接的現実から引き離すことにあるといえましょう。それは一種の非現実化的機能ともいうべきものです。ラカン博士は、運動的・生物学的観点からみてまだとても成熟の域に達しているとはいえない上述のような幼児に、そのような現象が出現するのは、驚くべきことだと主張しています。人間の幼児は、本当の生理学的成熟の状態に達する以前に、他人を感じることができ、おのれを他の人たちのなかの一つの同類とみなすことができる存在なのです。「早熟」と先取とは、幼年期の本質的現象です。幼児には、動物にみられない発達があると同時に、人間の幼児にのみ特有の頼りなさがみられるのも、そのためです。なぜなら、私の感ずるがままの自我と、私が見るとおりの、あるいは他人が見るとおりの自我とのあいだには、どうしても葛藤が起こるからです。鏡像は、とりわけ、他人の領分への侵出が現れる最初の機会となりましょう。そんなわけで鏡像は、幼児によって、喜びと不安との入りまじった気持ちで受け取られることにもなるわけです。ですから、鏡像の習得は、世界や他人に対する認識関係の問題であるばかりか、存在関係の問題でもあります。

このようにして、鏡像という一見したところきわめて単純にみえる現象のなかに、やがてナルシシズムという形で展開されていく〈自己観察の態度〉の可能性が開かれていくことになります。幼児にとってはじめて、自我が、彼がそのつど体験し欲しているところのものと混同されないようになり、そしてこの生きられる自我、直接に生きられている自我の上に、構成された自我、遠くに見える自我、想像的自我、つまり精神分析学者たちの言う超自我が、積み重ねられることになります。以後、幼児の注意は、この〈自我の上の自我〉、〈自我の面前にある自我〉に引きつけられることになりましょう。また、このときから、彼はおのれの直接的現実性から引き出されることにもなります。そして鏡像は、幼児を、彼が実際に〈ある〉ところのものから転じて、自分をこうであると〈見る〉そのおのれの姿、あるいは自分をこうであると〈想像する〉その姿に振り向けるという意味で、非現実化的機能を果たすわけです。最後に、そうした直接的な自己の疎外、鏡のなかに見える自己によってなされる〈直接的な自己の押収〉は、すでに、自己をみつめる他人によってなされる〈自己の押収〉がどんなものであるかを素描していることになります。

このような形の分析は、われわれがワロンのなかに見出した分析と違っているにもかかわらず、同時にそれを推し進めるものでもあります。それがワロンの分析と違っているというのは、何よりもそれがこの現象の感情的意味を強調するものだからです。ワロンを読んでいますと、往々にして鏡像の習得が認識作業の問題であり、視覚的知覚と内受容的知覚の綜合の問題であるかのような印象を受けます。しかし、視覚的なものは、精神分析学者にとっては、単に他のさまざまの知覚中枢機能と並んだ一つの知覚中枢機能にすぎないといったものではなく、主体の生活にとって、他の型の知覚中枢機能とまったく異なった意味をもつものなのです。いったい視覚とは、視像の感覚器官であり、また想像的なものの感覚器官でもあるといったものでしょうか。われわれに与えられる像は、圧倒的に視覚的ですが、それは偶然ではありません。われわれが対象に対する存分の支配権をふるうことができるのは視覚によってだからです。したがって、自己自身に関する視覚的経験とともに、新しい様式の自己に対する関係が出現することになります。視覚的経験によって、直接的な自己と、鏡のなかに見える自己とのあいだの一種の分裂が可能になるのです。このようにして、感覚的な諸機能でさえ、主体の実存に対してどんな寄与をなしうるかにより、また主体の実存の発展を促すどんな構造を提供しうるかによって、その規定が変わってくるわけです。

さらに、この現象〔＝鏡像〕に関する精神分析学者たちの研究は、その意識の発達が〈先取〉の形をとったり、ときには〈退行〉の形をとったりしうる点を強調しております〔ここにも、ワロンとの違いがあります」。

精神分析学者にとっては、「早熟」ということ、つまり幼児が成人の生活形態を先取するということが、幼年期というものの定義をほとんど尽くすものです。それは、いいかえれば、本人がそのときにもっている手段よりも先に進んでしまうということです。幼児はつねに「自分のもっている手段を越えて」生きるのであり、そして出生ということそれ自体が「早熟」なのです。なぜなら幼児は、世界という新しい環境のなかで独立に生活することが不可能な状態のままで、世界にやってくるからです。最初のエディプス的衝動は、個体の有機的状態とは対照的なこうした「心理上の性的成熟」にあるのであって、それは成人の世界と関係することによって発動されます。幼児は、自分の未来にあって、まだ自分では本当に実現できないそうした関係のなかで生きているわけです。

ところが、幼児の先取ということがありうるのに応じて、成人にも退行ということがあります。幼年期というものはけっして根こそぎにされるものではなく、鏡に面してそこに自分自身のある何かをみつけたという感じをもったときのあの身体状況を、われわれがまったく捨て去ってしまうということはけっしてありません。鏡像に対して、はじめ単なる反射という価格、本来の意味での「像」という価格ではなく、自己自身の分身という価格を与えたあの呪術的信念は、けっして完全に消えてしまうものではなく、それは成人においては情動に形を変えていくのです。こうした退行がありうるためには、像の「還元」なるものが、紆余曲折もない認識の進歩ではなく、情動的経験の偶然性につねにさらされている〈われわれの存在の仕方全体〉の構造的変化でなければなりません。

もし鏡像の把握が単に認識の次元の事柄だとすれば、一度その現象が理解されてしまうと、それの過去は完全に解消されていなければならぬはずでしょう。反射あるいは像という現象の純粋に物理的な性格が一度わかってしまえば、写されている人物がその像に「現前する」というようなことはまったくなくなるはずです。ところが実際はそうではないし、また像‐反射の関係が不安定でもあるというのは、それを構成している操作が本来の意味での知性だけではなく、その個人の対人関係全体にもかかわる操作だからです。

さらに、鏡像に関する精神分析学者たちの考察の特質は、彼らが鏡像を〈他人との同一視〉と関係させて見ている点にあります。私は、私を見る他人の立場というものを心に思い描けば描くほど、鏡のなかにあるのが私の〈像〉だということを容易に理解し、また逆に、私が自分を鏡のなかに見る場合、それが他人に対して呈する姿と同じであればあるほど、私は、他人が私についてもちうる経験をよりよく理解することができます。

前にも言いましたように、ワロンは鏡像の還元を知的操作ということで説明します。最初私は鏡のなかに私自身の分身を見るのだが、次に、自分の経験を知的に自覚することによって、この像から実在性を除き去り、そしてさらにこの像を、鏡とは別に内受容性のほうから与えられているこの身体の単なるシンボル・反射・表現などとして扱うようになる、というのです。知的な活動がたえず還元や統合をおこない、空間に張られようとしている鏡像の根を引き抜き、そしてこの視覚的な見えと内受容的経験とを、空間の同一視点に移し返す、というわけです。空間の同一地点といっても、それは

〈感じられたもの〉に付着している空間のなかにある同一地点ではなく、知性によって構成された空間性のなかにある理念的同一地点であることは、いうまでもありません。

　こうした還元の作用が入りこんでいるということは、なるほど、争う余地がまったくありません。しかし問題は、そうした作用を遂行する知的操作なるものが、はたしてここで起こっていることの心理的説明になりうるかどうかということです。いったい、理念的空間の出現とか、知性による空間値の再配分といったものは——そのおかげで、私は像からそれに固有の場所を奪って、それを私の身体というただ一つの場所の単なる変容として扱うことになるというわけですが——、それははたして、発達の原因なのでしょうか、それとも結果なのでしょうか。

　ワロンはたまたま次のようなことを指摘しております——幼児がはじめから自分の身体を二つの地点に定位させると仮定してはならないし、また一方には触覚的・内受容的身体の位置するある地点があり、他方に身体の外観、つまり視覚的見えの位置する別な地点があると仮定してはならない。もしそのようなことをすれば、われわれは、まさに成人にこそふさわしい厳密な形の空間性を、幼児のなかに実在するものと二度も仮定したことになるだろう、——と。もちろん、幼児ははじめ「あそこ」に像を見、次に「ここ」に自分の身体を感ずるわけですが、しかしそれは必ずしも、鏡像を視覚的に知覚したり自分の身体を触覚的に知覚する場合、彼が本当にその二つの空間の別々な二点に置いているということを意味するものではありません。たとえば成人が空間の違った二つの地点にあのランプとこのマイクロフォンとを知覚するというのと同じ意味で、そう言うわけにはいきません。ワロンも言っているように、この二つの「空間」を直接比較することはできないのであって、それらが互いに別々の地点にあるということを明確に直観するためには、両者の間の一種の共通分母がなければなりませんが、しかしそうしたものは感覚的経験に直接与えられるものではないのです。鏡像において大事なのは、幼児にはそれがあると言われ、またその触覚的身体とは違ったところに位置すると言われる〈第二の身体〉ではなく、むしろ身体の一種の距離をもった同一性、つまり遍在性なのです。なぜなら、身体は鏡のなかにありながら、同時に私がそれを触覚的に感じているこの場所にもあるものだからです。ところで、もしそうだとすると、身体のこの二面は、今後それをどう整理するかが問題だとしても、とにかく幼児においては実際に分かれていないことになります。いずれにしても、成人の知覚にとって空間内の事物がはっきり分かれているような意味では、分かれていません。ということになると、ワロンの分析は、やはりはじめからやり直さなければならぬことになりましょう。何といっても彼の分析は、ここで大事なのは空間値の再配分ということであり、しかも知覚的空間の代わりに理念的空間を立てることだという考えに立脚しておりますが、われわれがいま見たように、ここでの本当の問題は、実は〈視覚像〉と〈感じられている身体〉との絶対的二元性を克服するところにあるのではないからです。〈鏡のなかの像〉と〈感じられている身体〉を隔てる距離があってみたところで、本当は視覚的身体と内受容的身体との間に真の二重性や二元性が存在しているのでないとすれば、それら二つの統一ということはそれほどの大事件とはならぬ道理でしょう。

もし鏡像の現象のなかで〈他人の現前〉というものが果たしている役割を認めるならば、幼児が乗り越えなければならぬ難関の性格も、おそらくもっとよく規定することができましょう。幼児にとってむずかしいのは、身体の視覚像と身体の触覚像とが、空間の二点に位置しているにもかかわらず実は一つなのだということの理解ではなく、むしろ鏡のなかの像が自分の像であり、しかもそれは他人が見る自分、つまり他の主観に呈示される自分の姿なのだということを理解する点なのです。ここでの綜合は、知的綜合ではなくて、他人との共存に関する綜合です。

なお、以上のような事情をよく考えてみると、右の二つの解釈は互いに排除し合うものではないことに気づきます。というのは、他人との関係を、単にわれわれの経験の一内容としてではなく、本当の意味での構造とみなさなければならなくなるからであり、そしてそう考えれば、われわれが普通に知性と呼んでいるものは独特なタイプの対人関係（つまり「相互性」という関係）を指す別な呼び方にすぎないということがわかってくるし、したがってわれわれの発達過程のどこをとってみても、〈他人との生きた関係〉が、抽象的に「知性」と呼ばれているものの支柱となり乗物となり拍車になっていることがわかるからです。

このように考えますと、鏡像の現象の不安定性や変わりやすさも当然だということになりましょう。それは、われわれの他人や世界に対する感情的関係がそうであるのと同じことです。退行はもちろんのこと、先取ということでも、そう考えるといっそう理解しやすくなりましょう。ところが、そういった形の具体的で実際的な解釈がない場合には、われわれの経験の不断の知的制御というものを仮定しなければならなくなるわけです。それは、ワロンの言うところでは、たえず還元や統合の作業をおこなうような活動でなければなりませんが、しかるにわれわれは、そうした活動を少しも意識してはいないのです。鏡のなかの像を見つめているとき、われわれは判断しているとか、知的作業をしているという意識をもってはいません。そこで、たえず知覚的空間や像の空間に還元を施し、そしてうまく空間値の再配分をおこないうるような無意識の活動を、われわれのなかに仮定しなければならなくなります。だが、それに反して、もしそうしたいわゆる像の征服が、他人や世界に対するわれわれの生活関係の一切を含む全体的過程の一面にすぎないと仮定すれば、〈その過程は一度実現されるといわば自律的に活動するものでありながら、しかも同時に、まことに偶然的なわれわれの対人関係に関与しつつ、いろんな形で退化したり逆行したりすることもありうるものだ〉ということが、やすやすと理解できるようになりましょう。

要するにわれわれの仮説においては、知覚のある平衡状態――すべての特権的平衡状態と同様、経験の介入する余地を残しながらおのれを全体的に維持していく、といった平衡状態――を習得することと、それが大事なのです。こうしたわれわれの解釈こそは、成人の状態が幼年期の状態と異なるものでありながら、ふたたび幼年期に逆戻りすることがありうる理由をも、理解させてくれることでしょう。

b　癒合的社会性

ワロンによれば、六ヵ月から十二ヵ月のあいだに、社会性の爆発が見られます。ワロンは、「無節操な社会性」ということを言っております。六ヵ月目から七ヵ月目にかけては、幼児が何もしないでただじっと他人をみつめるような行為をやめるということが、確かめられます。この行為は、それまで幼児の対人行為のほぼ半分を占めていたのに、それが二五パーセントに減少してしまいます。そして、他の幼児など、要するに相手に向けられた行為や、あるいは自己自身の身体に対する行為がふえてきます。このころでは、他人をめがける運動が、生後の最初の半年間よりも、四倍も多くなります。また、七ヵ月目から十二ヵ月目までのこの時期には、他人をめがける運動の頻度が、二年目になってからの頻度よりもその三分の一の分だけ多くなります〔＝$1\frac{1}{3}$倍になる〕。したがってこの時期には、対人関係の突然の湧出、量的にも質的にも突然の増大があるわけです。幼児の行為の質それ自体も変わってきます。たとえば、誰かが幼児のほうを見ただけで（話しかけなくても）笑い始めるのも、七ヵ月目のころなのです。このころになると、幼児が動物に笑いかけたり、一人でいるときに笑ったりすることは、きわめて稀れになります。社会的感受性がいちじるしく発達してきて、この時期にはまだきわめて不十分なものでしかない〈物理的世界に対する態度〉よりもひじょうに進歩することになるのです。

　こうした対人関係の一般的な傾向は、シャルロッテ・ビューラー夫人[42]の『生後一年に関する社会学的・心理学的研究』（一九二七年）のなかに、申し分ないほどに述べられております。ビューラー夫人は、相談所の待合室に大勢いっしょにいる幼児を観察しました。夫人がまず指摘しているのは、三歳以前においては、幼児が自分よりもずっと年の少ない幼児に強い関心を抱くことはきわめて稀れだということ、そしてそれはおそらく、幼児が三歳までは自分自身の置かれた状況の外に出ることはないから、あるいは少なくとも自分とまったく違った状況にいる人に関心をもてるほどに自分の状況の外に出ることはないからだ、ということです。したがって、われわれのまったくありふれた平生の観察からもわかるように、比較的年の近い子どもたちのあいだでしか、いろいろな関係ができあがりません。そして、年の近い子どもたちのあいだによくできあがる関係は、観客である一人の前をもう一人がこれ見よがしに行進することです。一方がもっとも人目を引きそうな行為を見せびらかし（あれこれの最新式のおもちゃを動かしてみせるとか、しゃべってみせるとか、熱弁を振るってみせるなどし）、もう一方がそれを黙って見ているといった、一組の子どもがよくあるものです。この関係は、同時に専制君主と奴隷の関係となることもあります。が、こうした専制主義がおこなわれるためには、一般に子どもたちの年齢が少なくとも三ヵ月隔たっていることが必要であり、そしてたいていは、年の多いほうが暴君になるわけです。しかし、これはけっして絶対的な規則ではありません。小さい子のほうが積極的にふるまって専制主義がおこなわれる、という場合もあるからです。こうしたことが起こるのは、たいてい、小さいほうの子が特別大事に育てられたような場合であって、たとえばまわりの人がいつでもその子のご機嫌をとっていれば、彼はそれに自分を合わせるようになり、そしてすぐに、自分に対してとられている態度を補足するような態度をとるようになります。ワロンが指摘しておりますように、そこには感情的状況に固有なある自動的論理があるのです。幼児に対してとられるすべての態度は、直ちに幼児をその補足となるような態度へ誘うわけです。すべての弱き者と同様、幼児も弱さの標識をもったものには異常な興味の表情を示します。ワロンの言うところでは、黙って見ている子どもと、その前を行進する子どもとの関係の特質は、その二人が一つの状況のうちに溶け合っているということです。黙って見ている子どもは、自分の見ているものと本当に一つになっています。彼の存在は、この大好きな仲間によってのみあるのです。暴君のほうはどうかといえば、彼の専制主義は当然自分の奴隷の弱さにもとづいてはおりますが、しかしまた、いやとりわけ、奴隷のほうがもっている〈自分は奴隷である〉という感情に支えられています。ワロンも指摘しているように、専制主義の関係ができあがるのに大事なものは、一方が他方よりも強いとか有能だとかいうことではなく、相手のほうが〈自分は弱く、あまり有能ではない〉と認めることなのです。暴君の求めているものは、ヘーゲルの有名な「主人と奴隷」の関係の記述によれば、奴隷のおこなう「承認」(Anerkennung)、同意です。[43] 暴君は、奴隷の屈従の外にあっては何ものでもなく、相手のこの屈従がなければ生きているという感じがしないのです。ワロンによりますと、こうした関係には、同一の感情的状況のなかでの〈自己と他人との混乱〉ということが含まれております。暴君は自分が主人であることを奴隷に認めてもらうことによって存在し、そして奴隷自身も、主人を賛美し、自分を主人と一体化するためにそこにいるという以外の機能をもってはいません。やはりワロンが言っていた言葉を借りるなら、そこには「他人との結合」の状態があり、そしてそれが幼児の感情的状況の特質でもあるのです。

こうした条件を考えてみますと、幼児において嫉妬という関係のもつ重要さも、おわかりでしょう。

〈自分を見せびらかす子ども〉と〈それを賞讃する子ども〉によって構成されるカップルは、ねたみという形で、後者の子どもの大きな関心の対象となります。〈ねたむ人〉とは、自分の見ているものになろうとする人のことだからです。ワロンは、イヌのねたみの例をあげています。もし一匹のイヌを可愛がると、もう一匹のイヌは、そのイヌにとって代わろうとやっきになります。可愛がられたいという欲望は、積極的な欲望であるよりも、むしろ他のイヌに与えられている愛撫が自分には欠けているという感じなのです。ねたみの本質をなすものは、この欠如・欲求不満・仲間はずれの感じです。このねたみは「人間の場合」、ギョームによれば生後七ヵ月目、ワロンによれば九ヵ月目に現れるものですが、いずれにしても、ほぼいまわれわれが問題にしている臨界的時期[44]に現れてきます。このねたみがときとして〈ふてくされ〉によって表されることもありますが、しかしそれはもっと後のことです。ふてくされは、自分がそうありたいと思うものを断念し、したがって行為を抑圧されたその苦悩を受けいれようとする幼児の態度です。

ねたむ人は、自分の存在が他人の成功によって侵害されたと見、また自分の所有すべきものが他人に奪われたと感じるのであって、その意味ではねたみは本質的に〈自己と他人との混同〉である、ということができましょう。それは、他人が到達したものに到達すること以外に自分の生活はないと考え、したがって自分を自己自身によってではなく、他人がもっているものに関係させて規定する人の態度です。ワロンによりますと、すべてのねたみは、成人の場合でさえ、こうした〈自己と他人との未分化〉を表し、〈他人と自己との対照関係〉に自分を混交してしまうといった〈個人の積極的非存在〉を表すものです。したがって、ワロンによれば、成人のねたみは、幼児の感情のあり方への退行とみるべきものなのです。

ねたみと結びついて、よく〈残酷さ〉の現象がみられます。幼児が他の幼児を苦しませようとするのは、まさに彼が相手の子をねたんでいるからであり、また相手の子のもっているものがすべて自分から奪われているからです。が、実をいえば、残酷さはもっと複雑なものでさえあります。もし私が他人に共感しておらず、したがってある意味で彼らの肩をもっていないとしたら、つまり彼らを〈別な私〉と考えていないとしたら、彼らのもっているものを自分のものと考えることは、理屈の上からいってもありえないはずでしょう。したがって残忍は、「苦しむ共感」と理解すべきものです（ワロン）。だが、そうだとすると、私は、他人に向けている意地の悪さを、実は自分自身に向けていることになります。ですから、他人に痛い思いをさせたがるのは、自分自身を痛い目に遭わせたがっていることです。ワロンはここで、精神分析学で言うサディズム的マゾヒズム（sado-masochisme）の観念に到達しているわけです。「仮にサディズムとは他人の苦しみを求めることだとしても、しかしその苦しみは、加害者には、喜びと感じられていながらまた苦痛とも感じられるようになっている」（ワロン）のです。

嫉妬深い人の場合も同様です。彼は、自分を苦しめることが好きなのです。彼はいろいろな調査をし、いろいろな情報を求め、そしていつも自分の苦悩や不安をかき立てるための仮説をつくりあげます。ワロンは、ねたみのなかに、結局は性感の強化を目的とするような一種のへつらいがあるということさえ、指摘しております。彼の教えるところでは、さまざまの三角関係の心理学的説明も、ここにあります。三角関係とは、嫉妬の経験を永久的なものに組み立てるという意味をもつものにほかならず、そして当事者たちはその嫉妬を、不安の増大として、またそれがますます〈他人の領分への侵出〉や〈性欲〉といった反応を強化するからという理由で求めるのです。

幼児においても、ねたみは、幼児がある感情的状況の全体に関与していながら、まだ自分の生活を独立させ肯定することができないために、自分の生活と相補的関係にあるような生活を思い描き、その結果、自分から何もかも奪ってしまうような人の生活によって内心を支配されようとする、そういう段階の心理を表すのです。彼は、要するに自分では何ものももっておらず、また自分のものといえるものが何もないため、まったく他人との関係からだけ、また他人がもっているものの欠如を通してだけ自分を規定するわけです。ここでもわれわれの考え方は、精神分析学の考え方や、嫉妬の精神分析学的定義と一致することになります。

フロイトも、嫉妬は実際には、それが向けられているかに見える人とは別な人に向けられているものだということを認めています。妻に対する男の嫉妬は、その嫉妬のきっかけとなった第三の人物をめぐる男と女との対立なのです。ということは、どんな嫉妬の行為にも、同性愛の要素があるということです。ワロンが、嫉妬深い人とは、自分自身の経験ばかりか他人の経験までも自分のものとして生きようとし、また他人の態度をも（たとえば第三者に対する他人の態度をも含めて）自分の責任において引き受けようとする人のことなのだと仮定するとき、彼もフロイトのような分析をおこなっていたわけです。われわれの他人に対する関係は、つねにその他人が知っている別な人への関係でもあり、またわれわれの他人に対して抱く感情は、彼が第三の人物に対して感じている感情につながり、そのなかに溶けこんでいます。二人のあいだの関係は、それが相手を通して、その相手が生きた関係を取り結んでいる第三の人物にもおよぶのであってみれば、それはいつも実際には、もっと広い関係なのです。同様に、ワロンが嫉妬について、「この感情は、競争相手の行為に魅せられた観客としてしか反応することのできない人が抱く敵対の感情である」と言うとき、彼は、「のぞき見癖者」（もちろん、これの極限の場合が、通常いわれる〈のぞき見癖〉の人です）の態度に関する精神分析学的考察にきわめて接近しています。嫉妬深い人は、他人に籠絡されとりこにされるわけですが、逆にまた、自分も他人を手ごめにし、とりこにしようとするわけです。彼は心のなかで、自分自身の役柄だけではなく、自分が置かれた状況にそなわる一切の役を演じようとするのであって、自分の役だけを切り離して考えることができません。

そのような分析は、プルーストの分析をも思い出させます。子どもであったプルーストは、ある日シャンゼリゼ公園に遊びに連れてこられ、自分の前に子どもたちの一団を見たとき、ジルベルトを好きになり始めます。彼女はその仲間に加わっていたのに、プルーストはそこに加わってはいません。したがって好きだという感情は、最初は〈仲間はずれにされている〉という感情でした。ジルベルトが可愛らしく見えたということはそれほどのことではなく、彼は何にもまして、自分が子どもたちの仲間の外にいるように感じたのです。[45]

われわれはまた、アルベルチーヌに対する語り手〔＝作中の「私」〕の嫉妬の有名な分析を思い出し[46]

ます。彼は、アルベルチーヌの何ものかが、たとえば彼女に会う前の彼女の過去などが完全に彼の手から逃れていることに我慢がなりません。彼女に過去があったというたったその一事さえ、彼を苦しめるに十分であって、この苦しみは彼女に対する愛と入りまじっています。彼女がそこにいなかったときには、彼はアルベルチーヌに何も感じていなかったことになり、それはもはや彼女を愛していなかったとみずから信じることにもなるからです。したがって、彼が苦しまずに彼女を愛することができるのは、彼女が眠りに陥って生気を失っているとき（あるいは、もっと後で彼女が死んで消えてしまったとき）だけです。しかし、そのときでさえ、彼の愛は、夢のなかで彼女をじっとみつめるという形で存在します。つまり彼は依然として、自分の見ているものに自己を同一化するという、嫉妬の法則に従っているのです。

ねたみとか残酷さなどのような否定的態度は、いかに頻繁にみられるものだとしても、それだけが幼児のただ一つの態度ではありません。共感の態度もあります。

ワロンの考えでは、共感は、根源的な、他のものに還元不能な現象として理解されるべきものです。それは幼児においては、模倣行為（mimétisme）[47]を基盤としながら、しかも〈自己意識〉と〈他人意識〉との分化が起こりはじめるときに、出現してきます。模倣は、他人による籠絡であり、自己への他人の侵入であり、それはまた、自分がその面前にいる人の見振りや動作、気に入った言葉、行為の仕ぐさなどを、自分に引き受けようとする態度です。ワロンが、模倣というものを、われわれが自分の身体を操縦するときの体位決定機能と結びつけて論じているのは、深い洞察といわなければなりません。

模倣は、〈私の身体〉と〈他人の身体〉と〈他人そのもの〉とを結合するただ一つの系のあらわれだからです。模倣とか物まね（mimique）[47]は、いろいろな動作やいろいろな顔の表情を自分で反復しうることを示すものですが、そうした能力は、私が自分自身の身体に対してもっている支配能力とともに私に与えられています。それは、「表現の欲求にかなった体位機能」なのです（ワロン）。幼児の場合、身体の平衡をたえず調整していなければ、どんな機能も、とりわけ知覚機能は不可能ですが、しかしその調整は、たんに身体平衡に必要な最少の条件を寄せ集める能力なのではなく、もっと一般的にいって、私が見ている相手の人の動作に似た動作を自分の身体で実現する能力というべきものです。ワロンは、一種の「体位の受胎」ということを言っておりますが、それが物まねの動作となって落着するわけです。そこで彼は、幼児がひじょうに長いあいだ、さえずる小鳥をじっとみつめ、そしてこの「体位の受胎」の後、小鳥の鳴き声とか挙動らしきものを再現し始める、という例をあげております。他の子どもたちについての知覚ばかりではなく、自分とはかなり違っている動物についての知覚でさえ、体位機能のおかげで、他者の態度に似た態度とか、同じ表現価をもつ態度とかに翻訳されることになるのです。要するにわれわれの知覚は、問題の動作を以前に習ったことがなくても、運動的行為の再編成をわれわれのなかに引き起こすわけです。われわれのよく知っている例に、フットボールの試合の観客が、選手がそのときするにちがいない動作を真似るという例があります。ギョームのような人たちは、この現象を、以前におこなった行為の覚醒あるいは想起として説明しようとしました。われわれは頭のなかで他人の身になり、そして自分にもそのやり方がわかっている行為を自分で実際に遂行するのだ、というわけです。ところが、実際には、こうした現象は、まだ一度もおこなってみたことのない行為に対しても確かめられるのであって、たとえばこれまで見てきた幼児の場合などがそうです。したがって、ワロンの見解では、動作を「黙想し」、「こっそりと処方しておく」ような能力を、身体そのものに認める必要があるわけです。私が試合のいろいろな局面がくりひろげられていくのを見るとしますと、この知覚は、私のなかにその知覚に応じた運動的活動を用意させるような性質をもっています。まさにこの知覚と運動性との根源的対応関係によって、そしてまたゲシュタルト主義者が主張する、知覚そのものにそなわったこの〈運動的行為の編成の能力〉によって、たとえば恐怖の知覚がこれまでしたこともないような運動の編成となって表れてくることにもなるのです。そしてこの点こそが、模倣行為や物まねの機能におけるもっとも基本的な、また独自な点でもあるわけです。

そして共感も、そこから浮上してくることになります。というのは、共感は、自己意識と他人意識との本式の区別ではなく、むしろ自己と他人との未分化を前提にするものだからです。共感とは、私が他人の表情のなかで生き、また他人が私の表情のなかで生きているように思うという、その単純な事実のことです。それは、われわれが別の表現で、〈自己と他人との系〉と呼んだものの一つの表れにほかなりません。

〈三歳の危機〉の考察に移る前に、次の二点を指摘しながら、六ヵ月から三歳までの時期についてこれまでに述べたことを別の角度から照らし出してみたいと思います。その第一は、幼児の成長過程のこの段階に特有と思われる〈人格性の受けとり方〉についてであり、第二は、前交通の現象が幼児言語においてどんな表現をとるかという問題です。

これまで述べてきた前交通の時期には、幼児自身の場合であれ、一緒に暮らしている他人の場合であれ、〈人格〉はいわば状況に埋没した形で受けとられます。そのよくある例は、いつもの環境のなかにいるという条件のもとでしか自分の父親を完全には再認できないといった幼児の場合です。ある子どもが言うには、たとえば「本物のお父さんはウィーンにいる」のであって、彼を連れて田舎で休暇を過ごしに来ている父は、本物の父ではありません。

しかし、幼児自身もいわばその状況に溶けこんでいます。たとえば、家族の言うことを聞かずにコップを両手でもっていた子どもが、それを下に置いて五分も経ってから、ガラスの割れる音を聞いて、まるでいまでもコップを手にもっているみたいに、びくびくし不安がっていたという例が報告されています。彼は数分前におこなった禁じられている行為と、遠くで割れたガラスとのあいだに、いわば魔法の鎖をつくりあげているわけです。このような場合、幼児は時間の各瞬間をはっきり分けて考えたり、因果の諸関係をはっきり考えたりはしません。幼児は、状況と溶け合っています。彼は手にコップをもった誰かであり、コップとある関係をもった誰かなのであって、それゆえに後でこわれたコップも彼に関係があることになるのです。

エルザ・ケーラーは、三歳の幼児のパーソナリティに関する著書のなかで[48]、次のような幼児の物語を報告しております。その女の子は、兄や両親のいない間に兄のボンボンを食べてしまったのですが、父親が帰ってきたとき、父のほうへかけ寄って、兄のボンボンを食べることがいかに痛快であるかを興奮して父に話して聞かせました。彼女は、自分の満足を父親にも分け与えようとしたわけです。そこで、父親が彼女を叱ったので、彼女は泣き、すっかり納得したようにみえました。ところで、やがて母親が帰ってくると、また同じ光景が再現された、というのです。この事実は、どう解すべきでしょうか。ここでの問題は、実は、両親も言っているように、幼児が同じことを「二度も繰り返した」ということです。一場の悔悟と涙と立派な決心の後に、子どもがその不法行為を正確に再現するという理由を理解するためには、彼女は母の帰宅と父の帰宅とのあいだに何の関係も認めていないと考えなければなりませんし、またその二つの出来事は彼女からみればまったく違った出来事でなければなりません。幼児はまことに状況そのものであって、状況に距離をとってはいません。状況はそのものとも直接的な意味において把握されており、さっき起こりえたいっさいのことは、母の帰宅という新しい状況が生まれた瞬間から無効になっているわけです。このように、さまざまの状況を区別しえないということ、状況の多様性にかかわらない自律的な行動をとったり、条件の変化にかかわらない恒常的な行動をとったりしえないということ、そのことこそが、幼児の態度を理解させてくれるものなのです。幼児は、父親に叱られ、その言うことを聞き、立派な決心をするときと、数分後に母が帰ってきたときでは、本当に人が違っているのです。

ウィリアム・シュテルンも、その男の子が、下に妹が生まれたとき、突然自分を姉と同一視し、自分のことは姉の名前で呼んでもらいたいし、姉には別な名前をつけてもらいたいと言い張った、と述べております。このことは、幼児がおのれをその家庭状況と完全に同一視するものだということ、そしてもし新しい子どもが生まれると、そのことによって末っ子であった者が相対的に年長になり、そのために、ついには絶対的年長者からその地位を奪おうとするほどに、絶対的に年長者の位置を占めるようになる、ということを示しています。

おそらく、この点からすれば、なぜ幼児が自分をいろんな人であると思ったり、同時にいろいろな役を演じうると考えたりすることができるのか、その理由がわかってきます。こうしたことは、その点だけでいえば、精神病者にも比べられるものです。実際ワロンは、ジャネの患者から、自分は聖母マリアの娘であると同時にマリア自身であると公言し、そして事実、そのあらゆる擬態によって妊婦の役と子どもの役とを同時に演じながらそのことを証明しようとする人の例を報告しています。また、ここから、幼児が自分自身とおこなう対話の本当の意味も、わかってきます。彼が自分自身と話しているとき、子どもを育てたことのある人なら誰にも周知のこの独白は、実は多くの役柄を含んでいるのであって、そこではいわば一つの役が別な役と会話をかわしているわけです。

最後に、ここからまた、病者やまた幼児にもしばしばみられるいわゆる「転嫁」（transitivisme）の現象を理解する可能性も、生まれてきます。転嫁とは、当人自身に属している事物を他人に帰せしめようとすることです。たとえば、夜中に自分自身に起こった発作のことで、別な患者に同情し、その発作を切り抜けてきたのはまるでその別な患者だといわんばかりの患者もいるのです。転嫁はまた、他人の顔の上に病気のしるしを探し求めようとする心気症者の態度でもあります。われわれが現にそうである一切のもの、われわれに起こる一切のことは、われわれが他人を認識するための範疇、ともかくも捜査手段の役を果たすことになります。自分に起こることはすべて、われわれを他人のある側面に対して敏感にさせ、そして他人のなかに、自分に起こったものと等価でそれに対応するものを探し求めさせるのです。ですから、「われわれ各自にとって、取巻きとはわれわれ自身のことにほかならない」と言ったゲーテの言葉は、正しかったといえましょう。われわれの「環境」(Umwelt)とは、われわれがそれであるところのものにほかなりません。なぜなら、われわれに起こることは、単にわれわれに対して起こるというだけではなく、われわれの世界観全体に対して起こるものだからです。転嫁とは、いいかえれば、精神分析学者たちが「投影」ということを言ったときに導入したその同じ観念であって、それはちょうど模倣行為が「とり入れ」の等価物であるのと同様なのです。

ところで、ここに、幼児の転嫁のまことに際立った例があります。その一つは、ワロンが、シャルロッテ・ビューラーの著書から借りてきたものです。それは小さな女の子の話ですが、彼女はその家の女中ともう一人の女の子のそばに坐りながら、何か不安そうな様子をしているうちに、やがて不意に隣りの女の子に平手打ちを食わせ、そしてその理由を聞かれたとき、意地悪で自分をたたいたのはあの子だから、と答えました。その子のひじょうに真剣な様子からすると、でっちあげの嘘を言っているとは思われません。したがって、その子は、誘発されなくても人をたたき、しかもそのすぐ後に、自分をぶったのはあの子だと説明して、明らかに他人の領分に侵出しているわけです。精神分析学者たちもよく、不法行為を他人になすりつけるといった形の小児的態度があることを力説してきました

(「嘘つきはお前のほうだ」というようなのがそれです)。いらいらしているように見えた幼児は、不安の段階を経過したわけですが、この不安が、自分のまわりの物や人間などの光景全体、とくにそばにいる女の子の姿に滲透します。この女の子が自分と同じ不安の暈《かさ》をまとっているように彼女には見えるのです。彼女はおのれの不安と、その不安を解消すべきおのれ自身の動作を、内心の出来事としてではなく、事物や他人の性質として生きることになります。不安がその主観的源泉に引き戻されるでもなく、またそれが本当に座を占めている子ども自身のうちに凝集されるわけでもないので、その不安は内心と同時に外界にも由来するものとして体験されることになります。したがって隣りの子どもに加えられた平手打ちは、外からやってくるこの不安の攻勢に対する応答にほかならなかったのです。

幼児自身の人格は同時に他人の人格なのであって、この二つの人格の無差別こそが転嫁を可能にするわけです。が、こうした人格の無差別は、幼児の意識構造の全体を前提とするものです。さっき自分がおこなった〈コップをもつ〉といういけない行為と、いまコップが割れたこととは、まるで魔法にでもかかったように結びつけられています。それと同じように、空間の癒合性ともいうべきものがあって、同一の心的存在者が空間の多くの地点に、つまり私が他人のなかに、他人が私のなかに存在することになるのです。一般的にいって、幼児は、空間や時間を、相互に絶対的に区別される一連のパースペクティヴを含むような〈場〉と考えることはできません。幼児は、空間が呈示される場合の射映とかパースペクティヴということさえ知らないので、さまざまのパースペクティヴが次々に現れては消えるだけであって、その一つ一つが物の同一性の性格をもつにいたるわけです。それは、昨年学んだ若干の小児的な人にみられるその同じ意識構造（旋回）[49]の一面です。外的知覚を還元して〈ただ一つの視点から見えているもの〉と考えること、要するに対象のパースペクティヴ的与件というものは、もっと後の段階にならないと意識されないものなのです。したがってまた、シンボルとその指示しているものとの区別もまだできません。言葉と物とが絶対的に区別されているわけではないということも、もうこれまで何度も見たとおりです。

幼児にあっては、成人の場合にシンボル意識と呼ばれているものが存在しないとか、〈記号〉と〈それによって指示されているもの〉とが融合しあったり、また物における時間的諸契機や空間的諸契機が融合しあっているということなどは、いずれも同じ事態を証言するものにほかなりません。

人格というものに対する幼児の考え方のなかにみられる癒合的対人関係は、幼児の言葉の使い方のなかにもきわめてはっきりと見られます。心理学者や言語学者が〈文〉の代わりになるものと考えている幼児の初期の〈単語〉（つまり単語文）も、実は癒合性の作用によってのみ、完全な文の等価物となりうるのです。これまでもよく指摘されてきたことですが、幼児の初期の単語文は、自分自身の行為や動作ばかりではなく、他人の行為をも指向しています。たとえば、どんなに年少の幼児の場合でも、彼が「手」（とか「手、手」など）と言うとき、その言葉は写真に写っている手とか自分の手を意味することもあれば、父の手を意味することもあります。これは、いかにも彼が一種の抽象をおこない、いろいろな状況のなかで同一の対象を再認しているからであるようにみえます。ところが、そこで同一視されている対象は、実はきわめて異なっているのであって、たとえば子どもの手と写真に写っている大人の手とのあいだにそれほどの類似性があるわけもありません。実をいえば、ここで大事なのは抽象作用ではありません。ただ、幼児には、自分自身の手と他人の手との徹底した区別がない、というだけのことなのです。いったいに幼児は、絵やさらにはきわめて大まかな図式のうちにさえも、きわめて巧みに身体の諸部分を見分け、また人間の身体や家畜の身体とはかなり違った動物の身体のうちにも、まことにすばやく、また巧妙に自分の身体の部分を見てとり、さらにまた幼児は、何か他のまったく異質な有機体のうちにも身体部分の同類を認めるといったまことに柔軟な視覚をもっているわけですが、そうしたこともすべて、彼が〈自己〉と〈他人〉との区別に対してまったく中立的に生きているということから説明されます。いったい、幼児にとって自分の身体は、「体位の受胎」を通して他人の身体を捉えるための手段となるものです（ワロン）。ワロンによれば、幼児の人格は、いわば自分個人のところから拡散していって、自分の行為に応じて心のなかに現れてくるどんな光景のなかにも滲透していくわけですが、それというのも、彼があらゆるもののうちに自分自身を認めうるようになっているからなのです。

このことは、なぜ幼児が現代風のデッサンや絵画を比較的容易に理解できるか、ということの説明にもなります。ある種の子どもたちが、まわりの大人たちに比べて、どれほどたとえばピカソのあれこれのデッサンや絵を理解する素質に恵まれているかを考えると、まことに恐ろしいほどです。大人はピカソのような画法を前にすればたじろぐことでしょうが、それは彼の文化的教養が、イタリア・

ルネサンスに起こった遠近法を規準とみなすように彼を慣らしてしまったからです。その遠近法とは、さまざまの外的与件をただ一つの平面に投影するというやり方の遠近法です。ところが幼児は、そうした文化的伝統とは無縁であり、そういうものに所属するための教育をまだ受けていないので、まことにのびのびとした態度で、いくつかの特徴から、画家が描こうとしたものを読みとることになります。お望みなら、幼児の思考は最初から一般性〔抽象性・普遍性〕をもっていると言ってもかまいませんが、それと同時に、きわめて個性的でもあるのです。それは、与えられた対象や行為を身体的に再現するという方法を用いながら、しかも〈本質的なもの〉に到達しようとする相貌的思考（pensée physionomique）なのです。

このことは、幼児において、なぜ「私」という言葉の使用が比較的後になって現れてくるか、の理由を理解させてくれます。幼児がその言葉を使うのは、彼が、他人のパースペクティヴとは区別される〈自分自身のパースペクティヴ〉というものを自覚し、そしてそれらすべてを外的対象と区別したときなのです。実際、知覚の最初の状態においては、自分が一つのパースペクティヴのなかに閉じこめられていて、それを通してその向こう側にある〈一個の物〉を判じているのだという意識はないのであり、むしろ自分は〈個性的‐普遍的視覚〉を通して直接に物と交わっているのだという意識があるのです。「私」なるものが入りこんでくるのは、人々が彼に向かって言う「お前」（tu, toi）が、自分にとっては「私」だということがわかったときです。つまり、「私」という語が使用されうるためには、視点というものは相互的なものだという意識がなければならないのです。

ギョームの指摘によると、幼児は、生後二年目のはじめに、まずきわめて多くの人物の名称を覚え、その後、十六ヵ月目のころになって、自分の名前を覚えるようになりますが、しかしそれを使うのは、最初はきわめて限られた場合だけであって、たとえば「お名前は？」といった質問に答えるときとか、また自分が他の子どもと対等に並べられている状況――たとえばお菓子の分配――を名ざす場合だけだ、と言われております。もちろん、その際、幼児が、自分をも「他の人たち」の一員として他人のなかに数え入れてしまうような〈集団的操作〉にもとづいて自分の名前を使用する、ということもありえます。こうした状況で自分の名前を使ってみても、それは何ら、彼が自分特有のパースペクティヴを意識しているということを示すものではありません。そういう意識は、十六ヵ月目のころの幼児にはないもののようです。たとえば、子どもは「私は書きたい」（Je veux écrire）と言おうとするとき、不定法の単語〔＝日本語では終止形にあたるだろう〕を主語なしで使います。ギョームによりますと、彼の男の子は、「私は書きたい」と言う代わりに、「書く」（Ecrire）と言ったのですが、父については「パパ書く」（Papa écrire）と言っていました。これはつまり、彼は主語が自分以外のものであるときにしか、主語を使わなかったということです。彼は、自分のことが問題となるときには、全然主語を使わなかったのです。そして彼もやがては〔自分について〕「ポールが書く」（Paul écrit）と言えるようになりますが、これもまず「パパが書く」（Papa écrire）という言い方ができるようになってから、そのなかに紛れこんで出てくるのです。このようにして、固有名詞の用法は、他の人の名前の用法から覚えられていくわけです。

「私」という代名詞は、少なくともその言葉の完全な意味では、つまり相対的な意味の言葉としては、固有名詞よりも後になって現れてきます。「私」という代名詞が本当にその完全な意味をもちうるのは、幼児がそれを自分個人を指す個性的指標として用いるときではなく――つまりまったく彼個人だけを指し、他の誰をも指さない指標として用いるときではなく――、自分の目の前にいるどの人もみなそれぞれに「私」と言うことができるし、その人たちはみな自分自身にとっては「私」であり、他人からみれば「お前」なのだということを、幼児が理解したときです。いいかえれば、「私」という代名詞が、それのもちうる一切の意味をこめて習得されるのは、他の人たちから「お前」と呼ばれている彼自身も、やはり「私」と言うことができるとわかったときなのです。したがって、幼児が十九ヵ月のころに「私」という言葉を使ったからといって、それで彼が代名詞の用法を習得したと言うことはできません。代名詞の本当の習得があるためには、いろいろな代名詞のあいだのいろいろな関係を把握し、その一つの意味から別の意味に移行しうるのでなければなりません。そうでない場合にも、「私」という単語は、たしかにその肉体〔＝発声機構〕と同じように機械的に使用されていることにはなっても、しかしそれは、その言葉が言語学的・文法的な意味で完全に使用されていることにはならないのです。ギョームの男の子が「私」(moi, je) という言葉をその完全な意味で使ったのは、十九ヵ月になってからです。十九ヵ月目になると、彼は「私のもの」(à moi) とか「お前のもの」(à toi) ということを系統的に言います。二十ヵ月目になると、「私のもの」「お前のもの」、さらに「あの人のもの」(à lui)「みんなのもの」(à chacun) などとふえてきます。このときには、分配といった作業は、それが自分に向けられていようが他の子どもたちに向けられていようが、みな同じものとして理解されているわけです。もっとも、呼び名の代わりに「私」という代名詞が規則的に使われるのは、二年目の終わりになってからです。これは、呼び名がその人の一つの属性ともいうべきものであるのに対して、代名詞は、それを口にしている当人を指すこともあれば、また話しかけられている相手を指すこともあるからです。ただ一つしかない固有名詞が一人一人の人にしかあてはまらないのに対して、同じ代名詞は、いろいろな人を指すのに使われうるものなのです。

第二節　三歳の危機

三歳の危機という問題は、エルザ・ケーラーの『三歳児のパーソナリティ』(一九二六年)と、ワロンの『幼児における性格の起源』のなかで、まことに見事に述べられていた問題です。

幼児は三歳ごろになりますと、これまでみた癒合的社会性の段階のときとは違って、自分の身体ばかりか思考をさえ他人のものだと思うようなことはやめます。彼は自分を、〈状況〉そのものと混同したり、また自分に負わされることもありうる〈役割〉そのものと混同したりすることがなくなります。彼は自分固有の視点やパースペクティヴというものを採用するわけです。いや、むしろ彼には、状況や役柄がどれほどの多様性をもっていようとも、自分はそうしたさまざまの状況やさまざまの役柄を越えた〈ある何者か〉だということがわかってくるのです。

絵における遠近法《パースペクティヴ》の習得(それはもう少し後になっておこなわれることになるのですが)は、まさにそのことの象徴と見ることができましょう。なぜなら、それは〈個人のパースペクティヴ〉という考えに慣れた人にとってしかありえないことだからです。幼児が、目の前にあるいろいろな物を、ちょうど一点から眺めたときのように描きなさいと言われて、それがどういうことかを理解できるようになるのは、〈自分はそれらの物のあいだで生きているのではなく、実はそれらをただの一点から眺めているだけなのだ〉ということに思いいたったときだけです。したがって、幼児が最初そこに埋没していた直接与件としての〈感覚的光景〉と、今後自分の考えで選んだ方向に経験を再編成したり再配分したりしうるような〈主観〉というものとが、二つに分かれなければなりません。ワロンの指摘するところでは、一方の〈幼児〉と、他方の〈他人とか世界などという光景〉とのあいだにそのような距たりが生じたことをうかがわせるに足るような若干の典型的態度というものがあります。つまり、彼によれば、幼児が何でも一人でやろうとはっきり決意するのは、ほぼ三歳ごろからですが、彼はまた、このころ他人のまなざしに対する幼児の反応が変化するということを挙げているのです。三歳になるまでは、一般に、また病的な場合を除けば、他人のまなざしは幼児を勇気づけ、また助けるものです。ところが、三歳のころから、ある種の病的反応を思わせるようなまったく違った一連の反応がまじってきます。幼児には他人のまなざしが邪魔になり、他人が彼のほうを見ると、彼の注意は果たすべき課題からそらされて、その課題を遂行しつつある自分自身の表象に向けられてしまうといったふうになるのです。

このようなことは、若干の病的現象にもみられます（ワロン「失錯行為」*Journal de Psychologie*, 1928 参照）。ワロンはダヴィドソンによって記載された一人の半身不随者の症例を引いているのですが、それによりますと、その患者は他人に見られると手足をはげしく動かしながら、ひきつったような笑いを浮かべます。ワロンはまた、自動車のテストを商売にしていたある人が、一人でいれば時速一四〇キロのスピードで巧みに運転するのに、誰かが同乗していると抗しきれないチック[50]のために運転できなくなってしまった、という症例をも報告しています。ところが、この他人のまなざしへの極端な敏感さは、かなり早い時期に、つまり二歳半のときの痙攣の後に現れていたのです。ワロンはまた、進行麻痺の人たちの症例をもあげていますが、彼らは他人に見られると、まるで顔で何かを告げることが絶対に必要であり、そして他人のまなざしが彼らにそういう態度を要求しているとでも言わんばかりに、いつでも物問いたげな、あるいは同意したというような、また満足したというような顔をしてみせるのです。

たしかに、正常な人でも、写真をとられるときには、おかしな恰好をしたのではないかと心配するものです。また、他人に見られると、どなる白痴がいるということも報告されております。三歳の幼児が他人のまなざしによって制止されるというのも、彼は三歳のころから、自分が単に自分自身の目に見えるとおりのものではなく、他人が見ているところのものでもあると感ずるようになったからです。前に述べた鏡像の現象が一般化されているわけです。鏡像とは、自分が単に内的経験によってそうであると信じていたとおりのものではなく、自分はまた鏡のなかに見えるこの像でもあるのだということを、幼児に教えるものです。他人のまなざしも、鏡像と同様、私が空間の一点に局限されたこの存在でもあるということ、つまり〈生きられている私〉とは似ても似つかないこの〈目に見える代役〉で〈も〉あるということを、私に教えてくれます。たしかに、前にも見ましたように、この〈私〉は、三歳以前にはほとんど他人と区別されません。だが、まさにその理由からしても、ここにあるのは〈他人による〉統御や〈他人による〉制止の問題ではないわけであって、むしろそのような現象が現れたとき、実は自己と他人との未分化がやんだことになるのです。

自我《エゴ》、つまり「私」というものが、他人から見た私によって二重化されずに本当の意味で現れてくることは、三歳においてはありえません。なぜなら、右に指摘した現象においては、もっと後で起こってくるような意味での〈羞恥心〉、つまり〈裸であることの恥ずかしさ〉（それは五、六歳ごろにしか現れません）が問題なのではなく、また叱られるこわさも問題ではないからです。もしこわさということを言うなら、ここで大事なのは、幼児がただ〈見られていること〉そのことにおいて体験するこわさでなければなりません。

この年齢では、幼児は他人が自分に気を配ってくれることを望み、そして注意を引こうとして悪いことをしたりするほどです。これまでは見られなかった〈かげひなた〉のある行為が入りこんできます。自分の楽しみのために、人の遊びの妨害をするとか、またごほうびをもらうために、自分の態度を変えたりもします。彼が人に何か物をくれてやるときには、しばしば、もういやになったからと独り言を言ったりします。以前には何の考えもなく人に物をやったのですが、そういうことはもうなくなります。幼児は、人から物を取り上げるというそれだけの目的のために物を取りますが、取ってしまうやいなや、それを捨ててしまいます。こうして、以前の贈与は、取引きに変わってくるのです。要するに、幼児はたえず〈我－他人〉関係のなかで行動してはいても、それはもう以前の段階のときのように、不可分で未分化な関係ではなくなっているのです。

ところで、以上のような点を考えてみますと、次に問題になるのは、それでは三歳の危機なるものはいったいどの程度まで幼児そのものの変容を来すのか、つまり幼児の全体的構造の変化をもたらすのかということであり、また以前に述べたような不可分性・前交通が、本当にはっきり消失してしまうものかどうかということです。ところがワロン自身、いまでは乗り越えられてしまった活動形態も、けっして消失してしまうものではない、と述べております。おそらく癒合的社会性は、三歳とともに清算されてしまうものではないのでしょう。かの他人との不可分の状態、さまざまの状況の内部で他人と自己とが互いに侵蝕し合い、互いに混同されている状況、同一主体が多くの役柄に顔を出すといったことは、成人の生活にもまだ見られます。三歳の危機は、癒合性を抹殺するというよりは、むしろそれを遠くに押しやるだけなのです。

たしかに三歳以後には、自己と他人のあいだに中性的あるいは客観的な地盤が整備され、ミンコフスキーが言うところのいろいろな障壁による「生きられる隔たり」[51]ができあがります。これまで、いろいろな障害や幻覚、転嫁などの原因となっていたあのめまいのしそうな〈他人の身近さ〉は、もはやなくなります。幼児はたとえば、〈自白〉にも等しいような〈他人を責めるやり方〉があるということを、理解してきます。実際、大人ならば、子どものいうように「お前こそ嘘つきだ」などとは言わないでしょう。大人は、不満の種類によっては、それを口にすることがかえって、自分のほうにその欠点があることを表明する結果になるという事情を、よくわかっています。他人に卑劣な行為があるかもしれぬと疑ってみるためには、自分でもそういうことができなければならぬ道理でしょう。成人は、そうした転嫁や、自分のあり方を他人に帰せしめようとする投影の作業を、自分で意識できるわけなのです。しかし、それにしても、転嫁が成人の生活の全領域の外に押し出されているとしても、はたしてそれは完全に消失したのでしょうか。自己と他人とのこの無差別は、成人にとっての限界状況であり、しかしその生活にきわめて重要なある状況においては、ときに再現してくるのです。

たとえば、われわれははたして、他人の意志に対する侵害ではないような愛を考えることができるものでしょうか。自分の愛している人に対してどんな場合にも影響を及ぼすまいと考え、したがって彼女に利しようとする決心や、彼女への忠告や、彼女を誘導することなどはいっさい控えようと思っている人も、まさにその控える態度によって実は彼女に働きかけていることになり、またそれだけいっそう彼女の決心を自分の気に入るように仕向けていることになりましょう。また、こうした見かけだけの超然たる態度や責任を負うまいとする意志は、こちらに歩み寄ろうとするいっそうはげしい欲求を、相手に植えつけることになります。相手の自由に影響を与えまいと思いながらも愛されることだけは承認するというのは、矛盾です。本当に愛している場合には、相手の自由は、ほかならぬ愛するという行為のなかに見出されるのであって、徒らな自律のなかにあるのではありません。愛するとか愛されることの承認とは、さらにある程度相手に影響を与え、相手のために何かしようと決意することの承認です。愛するということは、必ずや、他人との不可分な状況に入ることにほかなりません。われわれが誰かと結ばれるということになれば、そのときから相手の人の苦しみを苦しむことになります。肉体的苦痛の場合には、われわれは比喩的な意味でしかそれを共有することはできませんが、しかしおのれの無能を強く感ずることにはなりましょう。われわれの現在は、彼女を愛していなかった場合とは異なっているわけであり、したがってやはり、パースペクティヴの相互侵蝕があるのです。われわれはもはや、「これは君の分で、これが私の分だ」と言うわけにはいかず、お互いの役柄を絶対的に区別することはできません。そして誰かと結ばれているということは、結局のところ、少なくとも意図としては彼女の生活を生きるということです。実際、他人なるものの経験は、それが本物であって、本当の意味で他人を経験することであるならば、それによって私が私ひとりから引き出され、そして私と他人との混合が打ち建てられるという意味で、必ずや「疎外的」経験となるのです。

　アランが言っていたように、誰かを愛するということは、その人について知っている以上のことを誓い、肯定することです。それはある程度、判断の自由を放棄することです。いったいに他人を経験するとき、われわれはおのれのうちに安住してはいられないものですし、またそのゆえにこそ、他人の経験はつねに疑惑の機会ともなりうるのです。そうしようと思えば、私は、私に対する相手の感情の真実性を、きびしく疑うことができます。相手の感情が絶対的に私に証明されることは、けっしてないからです。愛していると言う人も、自分の生涯の全瞬間を、愛する相手に与えるわけではありませんし、のみならず、それを強制すれば、彼女の愛も萎えてしまいましょう。そこで、なかには、こうした明白な事実に当面して、それをあたかも愛の拒絶であるかのように受けとり、そしてついに信頼することを拒み、またつねに有限でしかない証言から限りない断定を下しうることを信じまいとする人が、出てくることになります（「アバンドニック」[52]）。そうした点からいえば、相手を自分のほうに引き入れようとする幼児の愛は、けっして十分な証拠ももたずに、ついには相手をおのれの内在のうちに取りこみ、閉じこめてしまう愛であるといえましょう。

病的ではない正常な態度というものは、証明しうる以上のことを信頼するところに、すなわち感情の真実性に対して差しはさみうる疑惑を、〈実践〉の寛容さによって、つまり実行のなかでおのれを証明するような行為によって、文字どおり克服していくところにあるのです。

しかし、たとえそうだとしても、すべての対人関係は、それがかなり深いものである場合には、ある不安定な状態を生みだします。なぜなら、いま見たような疑いはいつでも可能であり、そして愛においても愛それ自体がみずからの真理と現実とをつくりなしていくべきものだからです。したがって、他人との不可分の状態、他人による私の所有は、幼児が三歳になっても消失してしまうわけではありません。それらは、大人になっても、別な生活圏のなかに存続します。これはピアジェによって「層的転位」（décalage）[53]と呼ばれたものの一例にすぎません。ある水準のところで習得された行動は、もっと高い水準ではまだ習得されたことにならないし、おそらく永久になりえないことでしょう。日常の直接的生活の次元で超克された転嫁も、感情の次元では超克されたことになりません。だからこそ、精神分析学者たちが指摘しているように、病者には癒合的社会性がみられることにもなるのであって、それも彼らが、幼児期の行動に退行して、〈実践〉つまり大人の〈与える態度〉[54]に移りゆくことができないからなのです。

なお、ワロンの言う〈三歳の危機〉なるものと、精神分析学者たちが同じこの時期に位置づけている〈エディプス的発達段階〉、つまりはじめて超自我が現れ、本当の意味での「客観化的」態度やナルシシズムの超克が現れてくるエディプス的発達段階との関係はどうか、という問題がまだ残っていることになりましょう。

（滝浦静雄訳）

表現と幼児のデッサン

われわれの時代は、人目を欺くような表現形式ないし暗示的な表現形式、したがって何よりもまず絵画的表現、そのなかでも「未開人」の芸術や、幼児や狂人のデッサン、それに次いであらゆる種類の無意識的な詩や「証言」や語られる言語を特権視してきた。だが、われわれの同時代人たちのうち、神経症がその才能の全幅をなしているような者たちを除けば、野生的表現へのそうした依拠は、美術館の美術に逆らって、また古典文学に逆らってなされているわけではない。それどころか、それはむしろ、他の諸芸術と同様、「客観的」な美術や文学をも支えている創造的な表現力をふたたび思い起こさせることによって、それら美術館の美術や古典文学を生き生きと蘇らせてくれるような性質の出来事なのだ。そうした創造的表現力は、われわれが自然の大地の上にいるようなつもりでそれら客観的な美術や文学が残してくれた獲得物の上にあぐらをかいているまさにそのゆえに、われわれにはもはやそれらの芸術や文学のうちには感じることができなくなってしまったものなのである。しかし、非規範的な表現様式を経験したあとでは古典的な美術や文学は、一つの表現力——自然のうちに基礎をもっているわけでもないのに、それと世界とがまったく相覆うとまで、まるまる数世紀間も信じられえたほど雄弁に、それらの美術や文学のうちにおのれを顕示しえた一つの表現力——の、これまでにもっとも成功した獲得物に見えてくるのだ。それゆえ、われわれにとってそれらの美術や文学は、それらがこれまで一度もそれであることをやめたことのないもの、つまり——それがふくんでいる危険性も、だがまた偏向や狭隘さもすべてともなった——一個の歴史的創造物に立ち返ったのである。われわれが意味をもった美術とか文学とよぶものは、ある文化圏のなかでしか意味をもたないものであり、したがって、もっと一般的な意味する力に結びつけなおされねばならない。万人のうちに、また事物のうちにすでに現存している意味にのみ訴えかけるのだと信じている「客観的」な文学や美術にしても、形式においても本質においても創出されたものなのであり、そこに客観性があるとすれば、それは、まず超客観的な表現力がその後の数世紀のために共通な言語領野を開いておいたからでしかないのだし、そこに意味があるとすれば、それは、超意味的なある所作が、あらゆる創造物がもつのと同じ危険と偏向を犯しながら、おのれを教えこみ、おのれ自身を理解せしめてきたからにほかならないのだ。次章において[1]、表現操作と、この操作が前提にしまた形成する思想家との関係や、表現操作と、この操作が継承し再創造する歴史との関係がいかなるものでありうるかを探究するに先立って、われわれはもう一度この表現操作とその偶然性とその危険とに直面してみよう。

客観主義の錯覚はわれわれのうちにも住みついている。その正常なないし基本的な形式における表現作用というものの本領は、ある意味が与えられた場合、意味するものの各要素が意味されるものの各要素に対応しているような一つの記号体系を構築する、いいかえれば再現する（représenter）ところにある、とわれわれは確信している。そこで、こうした要請に立って、われわれはまずもっとも省略の多い——同時に価値なしとされる——表現形式、たとえば幼児の表現の検討をはじめてみよう。ここでは、再現するということは、ある対象なりある光景なりが与えられているとき、それを転写し、紙の上にその一種の等価物をつくり出し、原理的にはその光景のすべての要素が曖昧さなしにまた相互に蚕食し合うことなしに記号的に表されるようにすることである。おそらくは平面遠近法がこうした用語で立てられた問題の唯一の解決であろうし、幼児のデッサンの発達は、遠近法に向かう歩みとして記述されることになろう。だが、われわれは上で、いずれにせよ平面遠近法がわれわれの知覚している世界の一つの表現としては与えられえず、したがって対象への合致という特権は要求しえないということを示したし、この着眼は幼児のデッサンについて考えなおすようわれわれに強いるのである。というのも、われわれはいまではもはや幼児のデッサンを、それが平面遠近法に達する最終段階との連関でのみ定義する権利ももっていなければ、またその必要もないからである。リュケは幼児のデッサンの進歩を記述しようとして、偶然の写実主義、失敗した写実主義、知的写実主義、最後に視覚的写実主義、という段階を挙げている[1]。だが、平面遠近法は写実主義ではなく、われわれが述べたように、それは構成なのである。そして、それに先行する諸段階を理解するために、もはやわれわれは、まるで遠近法的デッサンがすでに幼児の眼の前のそこにあったとでも言わんばかりに、またなぜ幼児がそこから着想を得ないのかがまるで問題のすべてであるとでも言わんばかりに、不注意とか総合の不能といったことを口にするだけでは不十分なのだ。それどころか、われわれに必要なのは、原初的な表現様式をそれ自体として、そして積極的達成として理解することなのである。一つの立方体を一つの正方形とその一辺と底辺に付けくわえられた二つの菱形によって再現せざるをえなくなるのは、われわれがその光景を紙の上に投射しようと決心した場合だけであり、いいかえれば、その対象とともに、それが置かれている土台や近くにある諸対象、垂直線と水平線に対するそれらのそれぞれの向き、奥行きのなかでのそれらの配列が表されうるような一覧表、つまり、これらさまざまな関係の数値が見出され、ただ一つの尺度に従って読みとられうるような一覧表、——簡単にいえば、光景に関するというよりも、その視点がどうであれすべての観察者の知覚のうちに見出される不変量に関する最大限の情報が集められているような一覧表——を作成しようと決心した場合だけなのである。

平面遠近法は一見逆説的にもみえる仕方で一つの視点からとられているが、しかしそれは万人にとって妥当する世界の描出を手に入れようとしてのことである。平面遠近法は、生きられる視界を凝結させ、知覚されるものを再現するために私の立脚点の特徴を示すある変形指数を採用するのだが、しかしまさしくこうした技巧によって、それは、他のすべての視点からの見方にそのまま翻訳することのできる像、そしてある意味では即自的世界の像であり、あらゆる視覚からの実測図の像であるような一つの像を構成するのである。平面遠近法は、それが見かけのうちに認める変形によって主観性にある原理的な満足を与えるのだが、この変形は系統的であり画面のすべての部分において同一の指数に従っておこなわれているがゆえに、それは私を事物そのもののうちに移し入れ、事物を、ちょうど神がそれらを見るように私にも見せてくれるわけである。もっと正確にいうなら、それが私に与えてくれるのは、世界についての人間の見方《ヴィジョン》ではなく、有限性にあずかることのない神が人間の見方《ヴィジョン》についてもちうる認識なのである。これは、世界の表現においてめざしうる一つの目標ではあろう。だが、われわれはそれとは違った意図を抱くこともできる。つまり、われわれは、われわれと世界との関係——無限な知性の眼に映ったその姿をではなく——を表現しようと努めることもできるし、そうなれば今度は、規範的で正常な、あるいは真の表現様式は平面遠近法であることをやめることになろう。ここにおいてわれわれは、平面遠近法がデッサンにくわえる強制から解放され、たとえば一個の立方体を、紙の上に並べられた六つの「ばらばらの」正方形によって表現したり、一つの糸巻の二つの面を描いて、それらを直角に曲がった一種の煙突でつないだり、死者をその棺のなかに透かして描いたり、まなざしを顔から離れた二つの眼によって表したり、また並木道や顔の「客観的」な輪郭を描かなかったり、それとは逆に頬を円で示したりといったことを、自由にやれるようになる。これこそは、幼児がしていることなのである。そして、これはクロード・ロランが、光の存在を、それを取りまく影によって、しかも、光の束を描こうとすることによってするよりもずっと雄弁に表現してみせるときになしていることでもあるのだ。それは、ここではもはや目標が、光景の「客観的」な標識を構成したり、その対象のすべての知覚にとって真であるような数的関係の骨組みを与えることによって、そのデッサンを眺める人と意思を疎通させ合ったりするところにあるのではないからである。目標は、われわれの視線や、潜在的にはわれわれの触覚やわれわれの耳、それに偶然性や運命や自由についてのわれわれの感情をもふるわせる限りでのこの対象やこの光景とのわれわれの接触の痕跡を紙上に記すところにある。必要なのはある証言を沈澱させることであって、情報を提供することではないのだ。もはやデッサンは、つい先ほどまでそうであったように読みとられるべきものではなくなり、もはや視線がデッサンを支配することもなく、もはやわれわれはデッサンのうちに世界を抱擁する喜びを求めたりはしなくなるであろう。デッサンは迎え入れられるであろうし、それは決意の言葉《パロール》としてわれわれに関わることになり、われわれをわれわれの身体のうちに、またそれを介して世界のうちに据えつけた奥深い取決めを、われわれのうちにめざましめることになろう。デッサンはわれわれの有限性のしるしをともなってはいるが、しかし、だからこそ、またまさにそうであることによってデッサンは、つい先ほどまでわれわれがその外被しか手にしていなかった対象の秘められた実体へとわれわれを導いてくれることになるのだ。平面遠近法がわれわれに与えたのは、投影され平板化され、神のまなざしの前で散文化してしまったわれわれの知覚の有限性であったが、幼児の表現手段はそれとは逆に、それがひとりの芸術家の真の創造的所作によって決然と取りあげなおされるときには、われわれの有限性がそれによって世界の存在に開かれて詩になるような、ひそかな反響をわれわれに与えてくれることであろう。われわれが空間の表現について述べたばかりのことを、時間の表現についても述べる必要がありそうである。幼児はその「絵物語」において、物語の継起するいくつかの場面を結びつけてただ一つの像にしたり、背景の恒常的な諸要素を一度だけしか描かなかったり、あるいは物語のある瞬間にふさわしい登場人物たちの態度の一つ一つを一度に描いたりするが——したがって、その幼児がひとりだけでしかるべき時点の物語の全体を支えているのであり、登場人物がみな時間の厚みをとおしていっしょに対話し合い、物語のあちこちにその段階を画する標柱を立てているわけであるが――、時間を一連の並列的な時点と考えている「合理的」な成人の眼には、こうした物語は隙間だらけで理解しにくいものに見えることであろう。だが、われわれが生きている時間に従うなら、現在はまだ過去にふれ、過去を手中に保持し、過去と奇妙な具合に共存しているのであって、絵物語の省略だけが、その未来へ向かってその現在をまたぎ越してゆく歴史のこの運動を表現しうるのである。それは、「多面投影法《ラバットマン》〔2〕」が対象の見える諸局面と見えない諸局面との共存を表現したり、対象がしまいこまれている家具のうちに、その対象の秘めやかな現存を表現したりするのと同じようなことなのだ。たしかに、未分化な経験の残滓であり、造型的所作を含めて考えても疑似デッサンにすぎない幼児のデッサンと――ちょうど疑似著述や、喃語の疑似言葉《パロール》があるようなものだが――、まったくできあがってしまっている身体世界を利用するだけに満足せず、そこに体系的表現原理をもった世界を付けくわえるような、諸現象の真の表現とのあいだには、明らかに違いがある。だが、客観性に先立つものは、いわば客観性を超え出たものを象徴していようし、幼児のデッサンは、「客観的」なデッサンを、なんの保証もなしに世界の存在を回復しようとするような表現操作の系列のなかに入れ戻し、それがこうした操作の特殊例であることをわれわれに気づかせてくれよう。画家に関して問題になるのは、彼が平面遠近法を利用しているかいないかということではなく、彼がそれを制作の無謬の方法とみなしているか――そうだとすれば彼はおのれの任務を忘れ、画家ではないことになろう――、それとも彼が表現の努力の途上で平面遠近法と再会したというだけなのか——その場合は、平面遠近法は、この表現の努力と両立可能であったり、さらには有効な補助手段の役割を果たしたりはするかもしれないが、けっしてその努力のすべての意味を決定するようなことにはならない——ということなのである。セザンヌは、その経歴のある期間は一貫して平面遠近法を放棄しているが、それは彼が色によって表現しようとしているからであり、一つのリンゴのもつ表現的な豊かさがリンゴをその輪郭からはみ出させ、輪郭によってそのリンゴに規定されている空間には満足しえないからなのだ。もう一人の画家——つまり後期のセザンヌ自身——は、遠近法の「諸法則」を守り、あるいはむしろ、それに違反する必要を感じなくなっているが、それは、彼が線によって表現を追求し、もはやそのキャンバスをいっぱいにする必要がなくなっているからである。重要なのは、遠近法が用いられている場合でも、その遠近法が、ちょうどある文体のうちに文法の規則があるようにあるのでしかないということなのである。近代絵画の諸対象は「血を流し」、われわれの眼前でその実体を発散し、われわれの視線に直接問いかけ、われわれがおのれの身体全体を介して世界と取りむすんだ共存の契約を試練にかけている。古典絵画の諸対象は、もっと控え目な仕方でわれわれに語りかける。ほかの言語《ランガージュ》が、過ぎゆくものなり永遠のものなりのうちに礼儀正しく距離をとって身を置き、平面遠近法の作法に身をゆだねているのに対して、〔絵画にあっては〕ときとして一つの唐草模様《アラベスク》や、ほとんど題材をもたない筆のワン・タッチこそがわれわれの受肉に訴えかけてくるのだ。本質的なことは、どちらの場合にも、絵画の普遍性がけっしてその絵画のふくむ数的関係から結果してくるのでもなければ、画家とわれわれとのコミュニケーションがけっして散文的な客観性にもとづくのでもなく、つねに記号の布置がわれわれを、その布置に先立ってはどこにもありはしないようなある意味に導いてゆく、ということなのである。

ところで、こうした着眼は言語にも適用可能である。

（1） Luquet, *Le dessin enfantin*, Alcan, 1927.

（木田 元訳）

訳　注

心理学的に見た幼児の言語の発達

〔1〕W・シュテルン（William Stern 1871–1938）　ドイツの心理学者。一九〇九年、ハンブルク大学教授。ナチスに追われ米国に移住、一九三五年よりデューク大学教授。業績は多方面に亙るが、特に児童の言語の研究、個人差の研究で著名であり、また人格心理学にも重要な研究がある。本講義で参照されているのは、『幼児のことば』（*Die Kindersprache*. Leipzig: Barth, 1928）および『幼児期初期から六歳までの心理学』（*Psychology of early childhood up to sixth year of age*. New York: Holt, 1930）である。

〔2〕サピア（Edward Sapir 1884–1939）　米国の言語学者、文化人類学者。記述言語学の立場を発展させ、文化人類学（交叉文化比較研究）の基礎を築いた。話す主体の言語の構造がその現象を知覚し認識する仕方を条件付けるというサピア－ウォーフ仮説は有名であり、この仮説をめぐって内外の研究者が幾多の業績を生みだした。

〔3〕P・ギョーム（Paul Guillaume 1878–1962）　ケーラーのゲシュタルト心理学の影響を強く受け、『類人猿の知恵試験』をフランス語に翻訳する一方、チンパンジーを使った実験研究を展開した。フランスにゲシュタルト心理学を紹介した一人。*La psychologie de la form*（1937）はゲシュタルト心理学の概説書として有名である（八木訳『ゲシュタルト心理学』岩波書店）。なお本書三二—四四ページで詳しく取り上げられている『幼児の模倣』（*L'imitation chez l'enfant*, 1926）は、学位論文である。

〔4〕K・ビューラー（Karl Bühler 1879–1963）　ドイツの心理学者。キュルペの門下で思考、知覚の研究に従事し、無心象思考説を発展させた。後に精神発達および言語心理学の分野でも優れた業績を残した。中でも、『言語理論』（一九三四年）は後の言語研究に大きな影響を及ぼしたといわれる。本文で引用されているのもこの著作である。なお、Baby Test など発達研究で有名な Charlotte Bühler は彼の夫人である。

〔5〕カッシーラー（Ernst Cassirer 1874–1945）　ドイツの哲学者。当初新カント派の哲学者として出発したが、その後ワ

ールブルク文庫との出会いを通じて、そうした狭い枠を越え出て独自の文化哲学を構想するにいたった。その該博な学殖にふさわしく厖大な著書を残しているが、ここでは主著として『シンボル形式の哲学』（*Die Philosophie der symbolischen Formen*, 1923-29 ─ 生松・木田訳、岩波文庫）、その要約版として書かれた『人間』（*An Essay on Man ─ An Introduction to a Philosophy of Human Culture*, 1944 ─ 宮城音弥訳、岩波書店）を挙げておく。メルロ＝ポンティは、『知覚の現象学』においてシンボル機能に関するカッシーラーの所説を批判的に検討している。

〔6〕ピアジェ（Jean Piaget 1896-1980） スイスの著名な発達心理学者。一貫して論理構造の発生的認識に関心をもち、初期には児童期の思考や論理の研究を通して「自己中心性」の概念を、中期には乳幼児期の感覚運動的、前論理的思考の構造の研究に従事して「操作（opération）」の概念を導き入れ、後期にはそれらを集大成して感覚運動的知能から具体操作的知能を経由して形式操作的知能に至る一元論的な認知発達理論、つまり発生的認識論を打ち立てた。なお本文中でメルロ＝ポンティが参照しているのは、主にその初期の著作である *Le langage et la pensée chez l'enfant* (1923)、および *La représentation du monde chez l'enfant* (1926) である。

〔7〕独語の並存──幼児が複数で遊んでいるとき、一見したところいかにも会話をしているようにみえながら、実際にはコミュニケーションになっておらず、たがいの独語にすぎないことがしばしば見られるが、これを指して言ったもの。ただし多くのばあい、子どもにまったくコミュニケーション意図がないとは必ずしも言えない。大人が介入してうまく子どもの意図を汲みながら応対するとコミュニケーションらしくなるばあいがあるからである。その点からすると、独語の並存に見えるのは、子ども同士ではお互いに相手の話題に合わせていくことがまだ十分にできないからだと考えられる。

〔8〕ヤコブソン（Roman Jakobson 1896-1979） ロシア生れの言語学者。チェコスロヴァキアに移ってプラーグ学派の創設に参加し、トルベツコイと共にその代表者の一人として音韻論の成立に貢献した。はじめて音素を「弁別特性の束」として規定し、従来の調音的特徴にもとづく分析を音響的特徴にもとづく分析に転換させた。また、言語に選択（selection）と結合（combination）の二つの機能を認め、それにもとづいて失語症を考察したのが本書に引用されている *Aphasia and linguistic* (1949)（服部四郎監訳『失語症と言語学』岩波書店）である。

〔9〕ヤコブソン『失語症と言語学』（服部四郎監訳、岩波書店）一九ページ参照。もっとも、そこでは esprit particuraliste と force unificateur が対置されているのであり、邦訳では前者に「個立化精神」、後者に「統一力」の訳語が当てられている。一方、ヤコブソンによって指示されているソシュールのテキスト（『一般言語学講義』小林英夫訳、岩波書店）の

当該箇所（二八九ページ）で論じられているのは、「分立精神」つまり「縄張り根性」と「インターコースの力」の対比である。

〔10〕これだけでは意味がよく分からないので、ヤコブソンの論文（邦訳）から関係箇所を引用しておく。「個立化精神と統一力の強さにはさまざまな釣り合い方がありうるが、この二つの要因はつねに存在する。上記のシュトゥンプフの息子のばあいでも能動的には周囲の言語に反抗しつつも受容的には完全にそれを身につけていた。」「統一力は幼児から大人に向けての言葉に対して働くだけでなく、大人が幼児に話すとき、あるいは幼児の面前で大人同士が話すときの言葉にさえも影響を及ぼす。……幼児の言語能力に適応させた混合語、いわゆる〝赤ちゃん言葉〟を自由に使うこともできる。……諸言語の語彙のなかには〝赤ちゃん言葉〟から取り入れられた片言がかなり沢山見いだされる。……この小児本能がさまざまな度合いで成人の生活にも出現することは、特に精神分析学者たちによって強調されてきたことである。ガーベレンツは睦み合う恋人同士が幼児語でしゃべることはよくあることだと指摘している。……ある特定のスタイルの話し方、あるいはある特定集団の話し方（たとえば女言葉）が一般的に小児的特徴をもつことがある。……たとえば北東シベリア（低地コリマ周辺）のロシア人農婦の艶《なま》めかしく気取った睦言のなかでは、流音のかわりにjが用いられる。このいわゆる〈甘い話し方〉はグラモントの二歳になる息子の言葉に見られたrのjへの転化と同種の意図的小児化である」（上掲訳書一九―二〇ページ）。

〔11〕「……もう少し年齢の大きなこどもが、自分ではまだ片言を話すくせに大人が彼に分かりやすいようにと思って片言で話しかけると怒り出す……。〈お母ちゃんったら！　ちゃんとフランス語で言ってよ〉とか〈おばちゃん、もっとはっきり話せないの？〉そのような場面でのおもしろい反応の典型である」（上掲訳書二五―二六ページ）。

〔12〕フッサール（Edmund Husserl 1850–1938）現象学の創唱者。フッサールは『論理学研究』第二巻、一、「表現と意味」において、チェスの駒と対比しながら記号の特性を説き明かしている（『論理学研究』立松弘孝ほか訳、みすず書房、2、八〇ページ参照）。

〔13〕トルベツコイ（Nikolai Sergheivitch Troubetzkoi 1890–1938）ロシア生れの言語学者。ソシュール言語学を継承し、ローマン・ヤコブソンと共にプラーグ学派を創設して音韻の構造の研究に従事した。この業績はレヴィ＝ストロースの構造概念の形成に大きな影響を及ぼしたと言われる。

〔14〕原文では[t]ではなく[d]になっているが、ヤコブソンの原書に従って訂正した。

〔15〕 原文では différenciation となっているが、dé が脱落したものとみなす。

〔16〕 これはK・ビューラーの『言語理論』によるものである。

〔17〕 ヤコブソン、上掲訳書二七ページ。

〔18〕 ギョームの原文を読むと、この例は、模倣が視覚的イメージをもとにしておこなわれるという古典理論を論駁する文脈において持ち出されているものであって、視覚的知覚の例ではない。

〔19〕 二重の運動感覚的な恵み――視覚と違って、聴覚のばあいには他者の発する音声が聴こえるばかりでなく、自己の発する音声も聴こえるということを言おうとしたもの。

〔20〕 フッサールの言う「われなしあたう」――後期フッサールの用語 Ich kann. 物を見たり、物を触覚的に知覚したりするためには、われわれは眼筋をコントロールして焦点を合わせたり、物にそって指を動かしたりしなければならない。知覚対象と相関的な知覚経験の主体は、おのれを必要に応じて運動させることのできる運動感覚的身体なのである。フッサールは、経験のこの位層の身体的主観を――コギトないし Ich denke（われ思う）に対比して――Ich kann（われなしあたう）として特徴づける。もっとも、メルロ＝ポンティは、*Signe* p. 210（邦訳『シーニュ』2、一四ページ）の叙述からしても、これを『イデーン』IIから援用しているのであるが、『イデーン』IIに関するかぎり、そこで数回問題にされている Ich kann（*Husserliana* Bd. IV, S. 11, 257f.）にはこのような意味はない。が、たとえば *Husserliana* Bd. VII, S. 275 などでその規定を見れば、フッサールが Ich kann にメルロ＝ポンティの解するような意味をもたせようとしていたことは明らかである。

〔21〕 「比類ない」（マルロー）唯一の自我――「比類なき怪物」――アンドレ・マルロー『人間の条件』（小松清・新庄嘉章訳、新潮文庫上巻、七七ページ参照）。

〔22〕 ギョーム前掲書（英語版一五一ページ）。

〔23〕 シェーラー（Max Scheler 1874-1927） はじめオイケンのもとで研究していたが、一九〇一年フッサールに会うに及んで以後その影響を強く受け、ハイデガーの登場以前にはフッサールを継ぐ第二の現象学者と目されていた。彼の功績は、なによりも現象学の方法を精神科学、すなわち心理学・倫理学・宗教哲学・知識社会学に適用し、すぐれた成果をあげたところにある。しかし、そこに一貫している彼の立場は、哲学的人間学とも言うべきものであり、その底にはカトリック的色彩の濃い独自の形而上学がある。主著『倫理学における形式主義と実質的価値倫理学』（*Der Formalismus in der*

Ethik und die materiale Wertethik, 1913-16)、『共感の本質と形式』(*Wesen und Formen der Sympathie*, 1923) ほか。

〔24〕 フッサール『デカルト的省察』――一九二九年フッサールは、フランスに招かれてソルボンヌのデカルト講堂で「超越論的現象学入門」という標題のもとに四回の講義をおこなった。これがのちに『デカルト的省察』としてまとめられ(現在は *Husserliana* Bd. 1 に収録)、一九三一年には『デカルト的省察、現象学入門』として仏訳が刊行された(メルロ＝ポンティもこの講義に出席した由であるが、当時はドイツ語を解さなかったこともあり、直接の影響を受けるにはいたらなかったようである)。またこの講義はフッサールがはじめてその間主観性理論を表明したことでも知られるが、そこで主張された「自己投入」説は、――本文中でメルロ＝ポンティも批判的に検討しているように――当時からすこぶる評判の悪いものであった。

〔25〕 超越論的主観性は間主観性である――メルロ＝ポンティはこの言葉を『知覚の現象学』や「人間の科学と現象学」(『眼と精神』所収)のなかでも引用しており、あまつさえこれがフッサール自身の言葉でもあるかのように、その出典まで明示している(*Die Krisis der europäischen Wissenschaften und die transzendentale Phänomenologie*, II. *Husserliana*, Bd. VI.)が、そこにはこれにあたる表現は見当たらない。Spiegelberg の指摘によれば、この言葉はフッサールの遺稿中にはなく、またこの言葉のもとになったと推定される『危機』第三部第五十四節 b におけるフッサールの主張は、それとは逆の趣旨になっている(Herbert Spiegelberg; *The Phenomenological Movement*, Vol. II, p. 517. n. 1, The Hague, 1960)。事実、そこに見られるのは、たとえば次のような言葉である――「方法的には、超越論的間主観性とその超越論的共同化は、自我や自我の超越論的諸機能、諸操作の体系的把握にもとづいてしか示されえないものである」(*Husserliana*, Bd. VI, S. 189)。おそらくこれも、よく指摘されるメルロ＝ポンティのフッサールに対する創造的曲解の一例であろう。

〔26〕 サルトル(『想像的なもの《イマジネール》』)――平井啓之訳『想像力の問題』人文書院。

〔27〕 ラカン(Jacque Lacan 1901-1981) フランスを代表する精神分析学者。無意識は言語と同じように構造化されていることを主張し、精神分析を構造主義的に定式化した。中でもエディプス解釈や鏡像段階の考察は内外に大きなインパクトを与えた。今日、ラカンと言えば精神分析界はもとより思想界に多大の影響を及ぼした人として知られているが、A・エスナールによれば、一九五〇年当時のラカンはいまだ著名な人物ではなかったという。メルロ＝ポンティはラカンの初期の著作や論文にいち早く注目し、ソルボンヌ講義でも本講義の他、「幼児の対人関係」や「大人から見た子ども」のなかでそれらをしばしば引用している。

〔28〕 ここではビューラーのいう表示機能が伝達機能の意味にとられている。
〔29〕 ／をはさんで上段を分子、下段を分母として得られるもの。
〔30〕 リュケ（Georges Henri Luquet 1876-1965） 児童画の研究で有名。いわゆる写実画を視的リアリズムと呼ぶ一方、幼児の図式的な描出様式を知的リアリズムと呼んで、児童画の研究を発展させた。なお、『ソルボンヌ講義』では一九四九－一九五〇年度の講義「子どもの意識の構造と葛藤」で詳しく取り上げられている。
〔31〕 「幼児の描画」についての講義――前掲訳注の講義「子どもの意識の構造と葛藤」のこと。

大人から見た子ども

〔1〕 「ソルボンヌ講義」では随所において、「子ども」という概念は自存するものでなく「大人」という概念との関連においてあるものだということがさまざまな形で論じられているが、この箇所もその一つである。ここでの所論は一時期大いに話題になったP・アリエスの『〈子供〉の誕生――アンシァン・レジーム期の子供と家族生活』（一九六〇年、邦訳、みすず書房、一九八〇年）を先取りしていると言えるだろう。
〔2〕 これは九九ページ以下で紹介されるH・ドイッチュの『女性心理学』１・２（*Psychology of Women*, vol. I, II. 1945）に見られる症例である。
〔3〕 両価性――精神分析の用語でアンビヴァレンツ（ambivalence）ともいう。同一の対象に対する態度や感情に関して、相反する傾向、特に愛と憎しみが同時に存在することをいう。これは個人の快感原則に従う愛情欲求が、常に当該個人をはみ出して特定他者を巻き込み、当該他者もまたそれと同じ快感原則に従った愛情欲求をもつために、いわゆる「山あらしジレンマ」に陥らざるをえないという、愛の根源的矛盾に発するものといえる。神経症の症状形成は、患者自身の両価的感情の葛藤を解決しようとした結果とも考えられる。
〔4〕 備給――精神分析の用語でカセクシス（cathexis）ともいう。ある量の心的エネルギーがある表象や身体の一部分、特定の対象に振り向けられ、それと結び付けられていること。例えば、神経症患者において、本来は外傷的であるはずの耐え難く苦痛な出来事が想起されても苦にならなかったり、当たり障りのない事柄に置き換えられたりするのは、その外傷となる表象に心的エネルギーが備給されておらず、したがってそれが本来もっているはずの情動価を奪われているから

である。

〔5〕　投射——投射（projection）は投影ともいわれる。精神分析の防衛機制の意味では、主体が自分の無意識にある否定的な感情や欲望を自分の外部に向かって放出し、それを特定他者や特定対象物に結びつける働きをいう。本当は自分が相手を嫌っていて、なおかつそのことを意識することがはばかられるようなばあい、この機制が使われれば、「相手が自分を嫌っている」に反転することになる。他方、人格の本質的特性が行動として表れるというように、より一般的には、主体の内面が外部に表れ出るという意味でも使われる。種々の投影法テストはこの原理にもとづいて構成されている。

〔6〕　同一化——同一化（identification）は、主体がおのれを特定他者と「同一視する」という類似関係を表す意味と、「同一化する」つまり、主体がおのれを特定他者に同一化したり、主体が特定他者をおのれに同一化したりというように、主体の自己形成に関係する意味と両面をふくんでいるが、精神分析の文脈では後者に比重がかかっている。その意味では、この概念は模倣や感情移入や共感などの諸概念と関連している。

〔7〕　固着——固着（fixation）は、満足と結びつくかたちで選び取られた表象が消し難く固定され、存続するという意味と、その満足が再生産される様式をもたらすリビドー発達段階（たとえば、口唇期、肛門期など）に主体がその後も支配されつづけるという意味を二重にもっている。前者は、外傷経験への固着というように、それによって神経症患者の症状形成が理解され、後者はたとえば肛門期への固着というように、それによって特定のタイプの神経症やある種の性格の起源が説明される。

〔8〕　鏡像段階——ラカンが最初に提唱した考え方で、生後六ヵ月から十八ヵ月の時期を指し、その間に幼児は自我の輪郭を形成するという。ラカンによれば「寸断された身体」の幻想を抱いている幼児がそれを克服して自己の身体の統一性を想像的に我がものにするには、他者への同一化がなされねばならず、それには鏡に映った自己の像を見るという具体的な経験が欠かせないという。この鏡像の経験を通してこの段階の幼児には一種の自己愛的同一化が見られることになるが、この段階の潜り抜け方がその後の自我のあり方に深く影響を及ぼしていることは、自己愛的同一化が失われた患者のなかに身体寸断化の不安が生じるなど、ナルシシズムに関連した諸現象に明らかである。

〔9〕　離乳コンプレックス——本書一一四ページ以下参照。

〔10〕　マツェッティ夫人の症例——『女性心理学』2（邦訳『母親の心理2』第4章「母と子の関係」）によると、この症例の内容は次のとおり。彼女は十六歳のときに夫となる人の性的魅力に抗しかねて関係を結び、すぐに妊娠したため結婚

せざるをえなくなった。そのため彼女の「もっとましな」暮しを目指す生き方が不可能になった。結婚後は夫とのあいだに不和が絶えず、七人も子どもをもうけたのち離婚することになる。以後彼女はおのれのすべての関心と感情を子どもたちに振り向け、彼らに多大の要求をするようになった。一番年長の娘のルイーズが年ごろになったとき、彼女は自分の過去を顧みて不安になり、ルイーズに監視の目を光らせ厳しくあたったが、それに対して娘は強く反抗した。こうして娘は母親の「堕落した」一面に同一化し、自らも十六歳で私生児を産むことになったという。

〔11〕 該当する箇所に見当らない。

〔12〕 ルフェーヴル夫人の事例——これはマリー・ボナパルトが扱った事例（「ルフェーヴル事件」一九二九年）からの引用である（邦訳『母親の心理3』終章「更年期」参照）。それによると、支配的で、野心的で女家長的なこの女性は、息子をつねに自分の傍らに引き付けておきたかったが、息子のアンドレはその束縛を逃れて結婚した。彼女は息子を奪った嫁に憎悪をつのらせたが、しばらくはそれに耐えた。しかし、嫁が妊娠したと聞くに及んでついにこれ以上我慢がならなくなり犯行に及んだという。これはボナパルトによれば、彼女が更年期にさしかかり、自分が望んでももはや得られない子どもを、こともあろうに息子を奪った憎むべき嫁が産もうとしている事実に耐えられなかったからだという。

〔13〕 マリノフスキー（Branislaw Malinowski 1884-1942） ポーランド生れの英国文化人類学者。文化人類学に機能主義の立場を打ち立てた。主要著作に『西太平洋の遠洋航海者』（一九二二年）、『未開社会における犯罪と慣習』（一九二六年）、『北西メラネシアの未開人の性』（一九二九年）などがある。

〔14〕 これは前掲訳注の『未開社会における犯罪と慣習』からの引用であろう。

〔15〕 イマゴ——イメージのラテン語（imago）に由来し、幼児期に強い愛情関係にあった人物の心像をベースに、それ以後において他者把握の仕方を方向づけるように機能する原型的想像図式を指す。通常は異性の親の姿からつくられ、成長してからの対人関係に強い影響力を発揮するといわれている。

〔16〕 遊び——フロイトの『快感原則の彼岸』（一九二〇年）には、親の不在中に糸巻きをベッドの向う側に投げてはオー（「いない」の意味）といい、糸を引っ張って糸巻きが出てくるとダー（「いた」の意味）といって遊んでいる幼児の観察例が出てくるが、ここではこれが念頭に置かれているのだろう。

〔17〕 自我理想——自己愛における自我の理想化と、エディプス期における理想化された同性の親（またそれに替わる人物）への同一化が収斂してかたちづくられる人格の審級。惚込みの対象が理想化されるのは、その対象が自我理想の置き

換えられた姿であって、そこに自己愛リビドーが注入されるからだと説明される。

幼児の対人関係

〔1〕 ミショット（Albert E. Michotte 1881-1965） ルーヴァン大学名誉教授であり、その代表的著作には『因果性の知覚』（*La perception de la causalité*, Louvain, 1946） などがあり、ピアジェにもしばしば引用されている。

〔2〕 リュケ（Georges Henri Luquet 1876-1965） 児童画の心理学的研究で有名。いわゆる写実画を視的リアリズムと呼び、それに対して幼児のきわめて図式的な描出様式を知的リアリズムと呼ぶ。また幼児の立体空間の描写で、多くの視点から描出されている様式を視点変更と呼んだり、また自己中心的に側面や背面が転回されたり倒置して描かれる様式を旋回とか転倒などと呼ぶのは、彼による。

〔3〕 この講義録の原文では droves となっている。しかしこれは、英訳者の W. Cobb も言っているように choses（物）のミスプリントであろう。

〔4〕 ワロン（Henri Wallon 1879-1962） この著者については、邦訳も数多く出され、日本でもかなりよく知られているが、簡単に略歴を記すと、一八七九年パリに生まれ、パリ医科大学に学び、一九三四年にはコレージュ・ド・フランス教授、その後ナチスによって追放され、さらにその後フランス共産党に入党したが、一九四四年にふたたび復職し、一九五〇年に定年で退職している。フランス心理学会名誉会長などいくつかの要職につき、一九六二年に没している。児童心理学の研究で有名であり、とくに児童の知的発達を、物理的外界との関係においてよりもむしろ情動的な社会生活との関係においてみていく点に特色がある。そうした問題を体系的に述べたものとしては、*De l'acte à la pensée*（1942 ―滝沢武久訳『認識過程の心理学』大月書店）があるが、この講義でしばしば引用されている *Les origines du caractère chez l'enfant*（1932）もほぼ同様の問題を、主として性格・情動などの観点から論じたものである。なお、それには久保田正人氏による邦訳がある（『児童における性格の起源』明治図書）。

〔5〕 ホワン（Huang） ――これは、漢字でならおそらく「黄」と書かれるべき中国系の名前であろう。しかし詳細は不明。

〔6〕 人工論（artificialisme） ――いろいろな対象や自然現象を人間の産物と考える幼児特有の考え方。

〔7〕 フレンケル＝ブランズウィック夫人（Elsa Frenkel-Brunswik） Institute of Child Welfare, University of California の

メンバー。豊富な臨床経験にもとづいた、児童に関する臨床心理学的研究で知られている。早いころには、Mechanisms of self-deception（*J.soc. Psychology*, 1939, 10）があるが、メルロ＝ポンティが引用している論文の発表された前年には、Dynamic and cognitive categorization of qualitative material: I. General problems and the thematic apperception test. II. Application to interview with the ethically prejudiced（*J. Psychology*, 1948, 25）や、また A study of prejudiced in children（*Human Relation*, 1948, 1）などがある。一九五〇年以後（メルロ＝ポンティのこの講義がおこなわれたのは一九五〇年）にも、知覚とパーソナリティとの関係についての研究が多い。

〔8〕 直観像（eidétisme）――以前に見たことのある事物が、後になってほとんどそのまま鮮やかに眼前に見えてくる現象。したがって直観像は幻覚に似ているが、しかし直観像においては、当人が単に自分で思い浮かべているにすぎないと思い、したがって実在を見ているとは信じていない点で幻覚とは区別される。直観像はまた記憶表象にも似ているが、しかし記憶よりもはるかに鮮明であって、単にどこにあるかわからない形で表象されるのではなく、空間的に局所化されて現れる。また、記憶では重要な局面だけが表象されるのに対して、ここではそういう区別がなく、一様に鮮明に表象される。また直観像は残像にも似ているが、しかし残像には、すぐ消失するとか、それの投影される壁面の距離によって大きさが異なるとか、またその色が原刺激の色の補色であるといった特色があるのに、直観像は数年後にさえ見られたり、またつねに原刺激と同じ色に見られ、またそれの投影された壁面の距離によって大きさが異なって見えるという現象（エンメルトの法則）もない。また残像は誰にも見られるのに対して、直観像は特定の人にしか、しかも多くは子どもにしか見られないと言われている（平凡社『心理学事典』参照）。

〔9〕 投影法（méthode projective）――あいまいな材料を呈示し、それを見ながら空想や想像を働かせるという作業を課し、その空想や想像の報告にもとづいて、外界に投影された被験者の内的世界を探知しようとする方法。呈示される刺激はほとんど無意味な図形である場合もあれば、何か知らないがある意味をもった絵である場合もある。前者の代表はロールシャッハ検査であり、後者のようなものにはＴＡＴ検査（Thematic Apperception Test）がある。もちろんその他に、言語や遊戯を手段にして、同様の検査をおこなうことも原理的には可能なわけである。

〔10〕 心理的力（force psychologique）――これはジャネの用語である。ジャネは精神生活を営むのに必要な原理として、「心理的緊張力」（tension psychologique）と「心理的力」との二つを区別した。前者は適応の原理であり、後者は活動の原動力である。たとえば読書などのような高級な行動には注意の集中、すなわち心理的緊張が要求される。しかしそれも

一つの活動である限り、生活体に内在する心理的力によって支えられなければならない。したがって精神活動がうまく営まれるためには、その二つの力の平衡が必要なわけである。たとえばもし心理的力が低下している場合には無用な緊張状態が続き、逆に心理的緊張力が低下していれば多量の心理的力が解放されて、低級な病的行動が起こることになろう。このように、二つの力の組み合わせの関係を考えると、そこからいろいろな人間の性格や神経症の類型を区別できることにもなるわけで、弟子のシュヴァルツの仕事がそれであった。それはともかく、ここでは、心理的硬さは、予想に反して、けっして本物の心理的力の表現ではない、というのである。

〔11〕 反動形成（formation réactionnelle）――子どもに憎しみをもっている継母が、その憎悪に対抗してかえって過度に子どもをあまやかすなど、そのままの姿では満足されない欲求が、それとは反対傾向の行動として表明される機制をいう。劣等感をもつものが虚勢を張って見せたりするのも、この機制によるわけである。

〔12〕 TAT検査――訳注〔9〕参照。

〔13〕 メラニー・クライン（Melanie Klein 1882–1960） サリヴァンやホルナイなどの新フロイト派と並ぶロンドン学派の代表者の一人。とくにplay therapy（遊び療法）の提唱者として名高い。両極性と両義性の違いについて述べてある論文は不明であるが、たとえばA contribution to the theory of intellectual inhibition (*Int. J. Psychoanal.*, 1931, 12) などが、それにあたるのではあるまいか。そこでは、たとえば語に対する識別力の低下とエディプス・コンプレックスの相関関係が論じられているからである（*Psychological Abstracts*, Vol. 5. 1931. Amer, Psy. Assoc. による）。

〔14〕 両極性（ambivalence）――メラニー・クラインからの引用例によってもわかるとおり、同一の人物や対象に、愛情と憎しみ、尊敬と恐れなど、相反する感情を抱くこと。フロイトの言うエディプス・コンプレックスなどはその一例である。「大人から見た子ども」訳注〔4〕参照。

〔15〕 メルロ＝ポンティは本文にみられるように、両義性と両極性とを注意深く区別しようとしているが、ここには当然、彼の哲学が両義性を重んじ、ときには「両義性の哲学」とも呼ばれるようなものであることが予想されていよう。いうまでもなく、彼の用語としての両義性は存在論的な概念であって、存在の構造は即自か対自かとか、観念か物かといった二者択一を越えるものだという主張を含むものであるから、知覚の内容にかかわる心理学的な両義性の概念とは区別されなければならない。しかし、そうした存在の両義的な構造は、メルロ＝ポンティにとって、われわれの素朴な知覚的経験に与えられるほかはないものであり、その意味では、存在の両義性はそのまま知覚の構造それ自身の両義性でもあるわけで

ある。彼がとくにフレンケル＝ブランズウィック夫人の研究を興味をもって取り上げるのは、そうした仮定と志向があってのことである。なお、彼は最初の著書から一貫して、両義性と両極性とを区別して使用してはいるが、ここほどはっきりその区別を述べているところは少ないように思われる。その意味では、この箇所は重要である。なお、彼固有の意味での両義性の概念については、『行動の構造』（滝浦・木田訳、みすず書房）を参照されたい。

〔16〕 シモーヌ・ド・ボーヴォワール『第二の性』。

〔17〕 英訳者の William Cobb によれば、この原論文は Elsa Frenkel-Brunswik and R. N. Sanford: Some Personality Factors in Anti-Semitism, *Journal of Personality*, vol. 20, 1945, pp. 271-291 である。そしてメルロ＝ポンティがここで引き合いに出している『レ・タン・モデルヌ』誌の論文は、それの抄訳で、La personnlité antisémite と題されている、という。

〔18〕 同一視（identification）——同一化とも訳され、一般に、他人に属する態度や特性を自分にとりこむこと。

〔19〕 ここは、講義録では「四個の動詞」となっており、W. Cobb の英訳でもそのままに訳されている。しかし、ここで扱われている子どもは生後三十五ヵ月であり、ほぼ満三歳に近い。そして、一般に幼児の言語は二歳から三、四歳にかけていちじるしく語彙が増し、三歳ではだいたい八〇〇ないし九〇〇もの数に達するといわれている。それが動詞に限って四個ということはありえないことだろうし、また特定の動詞だけが未来形で使われるということも、この後のメルロ＝ポンティの主張と矛盾する。したがって、ここの「四個」というのは削除して読むことにする。

〔20〕 フランス語には半過去、単純もしくは定過去、および複合過去の三つの過去形がある。そのうち、ここで問題になっている半過去は、過去のある一点（たとえば「戸が開いたとき」）を基準にした場合、それと平行して現在している動作（たとえば「私は本を読んでいた」）を表すのに用いられ、しばしば「過去における現在」（le présent dans le passé）と呼ばれる。英語では、たいてい過去進行形があてられる。それに対して単純（定）過去は、その動作が過去の一定時期におこなわれたというそのことだけを示し、とくに歴史的叙述をするような場合に用いられる。

〔21〕 たとえば未来形という表現法について言うなら、幼児は、まずある特定の動詞に関して未来形を習得し、次に別な動詞について改めて習得するのではなく、未来形という表現法そのものを習得してしまう、というのである。

〔22〕 本書ではこの第一部のみ収録している。第二部および全体の構成については『幼児の対人関係　メルロ＝ポンティ・コレクション3』（木田元・滝浦静雄訳、みすず書房、二〇〇一年）の訳者解説二六三ページ以下を参照。

〔23〕 体感（cénesthésie）——われわれは、それとしてはっきり意識しているわけではないが、しかし何らかの形で自分

の身体の全体的あり方を感じているのである。この感覚が、普通に体感と呼び習わされているのである。どうも体の〈調子〉が悪いとか、何となく爽快だというようなのがそれにあたるわけであり、サルトルの言う有名な「嘔吐」（嘔き気）なども、人間が不条理な即自的世界を生きるときの根本的な体感を表すのである。メルロ＝ポンティはここで、体感そのものの存在を否定するのではなく、それのいわば認識論的構造を問題にしているのであろう。

〔24〕ヘッド（Henry Head 1861-1940）　イギリスの神経病学者。失語症の研究で有名。失語症に関する理論は大別して、機能局在論と全体論の二つの傾向に分けられるが、ヘッドは後者の全体論の立場に属する。彼は、失語症においては、言葉や記号の心像が失われるのではなく、それを用いる仕方（manner）に障害が起こるのだと考える。したがって、彼においては、話し言葉や文字に関する障害と、数や図形・金銭・姿態などに関する障害とは別物ではなく、象徴がある役割を果たしている行動様式という点で、同一なものとみられるのである。その際、ここで引かれている「図式」という概念が、重要な働きをするわけである。なお、よく知られているように、この図式という概念は、ベルクソンの身体（大脳）論においても重要な役割を与えられている。

〔25〕レールミット（Jean Lhermitte 1877-1959）　フランスの神経病学者。やはり失語症の研究で知られている。彼も、*Les fondements biologiques de la psychologie*, 1925 などにおいて、失語症を空間的図式の障害とみるべきであるという立場を明確にした。彼においては、失語症は失行症や失認症の一様式であって、言語というものも象徴的機能の一つにすぎないのである。

〔26〕「志向的越境」（transgression intentionnelle）——これは、フッサールの『デカルト的省察』からの引用。原語は ein intentionales Übergreifen であって（*Husserliana* Bd. I, §51, S. 142—浜渦辰二訳、岩波文庫、二〇二ページ）、それがフランス語版では une sorte de «transgression» intentionnelle と訳されている（p. 95）。この箇所でフッサールが問題にしているのは、「もし私の原初的な知覚の領域に、私の身体に似た物体、つまり私の身体と現象的な対《つい》の関係（eine phänomenale Paarung）を取り結ぶべき物体が現れるならば、その物体は、意味の重なり合い（Sinnesüberschiebung）という形で、たちまち身体という意味を私の身体から受けとる」（*Husserliana* Bd. I, S. 143）現象である。フッサールは、それを、「受動的綜合」の根源的一形態としての「連合」（Assoziation）によって説明しようとする。つまり、この場合、「対にされたものが相互に生き生きと呼び醒まし合い、その対象的意味に関して、互いに移り合いながら相覆う」のであり、したがってここでは、「意味の転移（Sinnesübertragung）、すなわち一方を他方の意味に従って統覚することがおこ

なわれている」というのである。このことが、また志向に関して ein intentionales Übergreifen（＝志向的な干渉、侵害）といわれるわけである。なおメルロ＝ポンティは、しばしば transgression と並んで、empiètement という言葉を使用しているが（たとえば『眼と精神』滝浦・木田訳、みすず書房、三〇〇ページ参照）、これは彼によれば、『デカルト的省察』（引用ページは不明）のなかの intentionales *Überschreiten* の訳語であるという（「メルロ＝ポンティ・コレクション」2『哲学者とその影』みすず書房、一七一ページの原注）。この überschreiten は、文字どおり「踏み越す」ことを意味する。

〔27〕ワロン『幼児における性格の起源』第三部、第二章（久保田訳、二一八ページ以下）参照。syncrétique というのは、自己が対象や環境と未分化の関係にあって、それに癒着（adhérer）し、融合している状態を言う。したがって、癒合的という訳語を当てた。そのもっと詳しい意味については、メルロ＝ポンティ『行動の構造』を参照されたい。

〔28〕内受容的（intéroceptive）——身体の内部環境で起こるいろいろな刺激の状態を感受することを内受容という。

〔29〕髄鞘形式（myélinisation）——神経系を構成する主成分はノイロンといわれるが、それは一個の神経細胞と、それから出る種々の突起からなっている。ところで、その突起はさらに、短く樹枝状に分かれている樹状突起と、長い一本の突起である軸索突起とに分けられる。そのうち、軸索突起は、ミエリンと呼ぶ類脂肪で囲まれて、白っぽく見える。このミエリンがつまり髄鞘であり、軸索突起を経て刺激が伝わる場合の〈絶縁体〉の役をすると考えられている。

〔30〕鏡像（image spéculaire）——鏡に写った像のことである。ところで、この「幼児の対人関係」の英訳者 William Cobb が指摘しているように、メルロ＝ポンティは、鏡の像を指すのに、二つの言葉を使っている。その一つは、ここの image spéculaire であり、もう一つは image du miroir である（訳語としては、前者には〈鏡像〉、後者には〈鏡に写った像〉あるいは〈鏡の像〉を当てた）。Cobb によれば、image spéculaire（鏡像）は、幼児が、鏡のなかに自分が写って見えるという経験を通して、しだいに〈自分の像〉として意識するようになったその像を指し、image du miroir（鏡に写った像）は、物理的もしくはエピソード的な出来事としての鏡面上の身体像を指す、といわれている（*The Primacy of Perception*, ed. by J. M. Edie, Northwestern Univ. Press, 1964, p. 125. n.）。これは要するに、image du miroir のほうは、それを被験者がどう解しているかには関わりなく、一般に〈鏡に写っている姿〉を指し、その姿が単なる〈像〉であって、その実物から独立して存在するのではないと意識されたとき、その〈像〉は image spéculaire（鏡像）と呼ばれる、ということであろう。しかし、この区別は少し無理なようである。たとえば、メルロ＝ポンティは、もう少し後のほうで幼児

を問題にしながら、「生後三ヵ月目の終わり以前に、鏡像に対する明確な反応が確かめられることはありません」と言ったり、また「はじめは、たんに鏡像をみつめるという反応があります」などと言っているが、このような場合には必ずしも、幼児が鏡の像を〈像〉として意識しているかどうか、ましてやそれを幼児自身の身体像だと思っているかどうかは、問題ではないからである。また、それとは逆に、Cobb の区別からいえば、当然〈鏡像〉であるべきところが、〈鏡の像〉となっている場合もある。したがって、われわれとしては、〈鏡像〉といっても〈鏡に写った像〉といっても、言葉の意味はそう違わないものと考える。

〔31〕 プライヤー（Thierry Wilhelm Preyer 1841-1897） ドイツの生理学者、心理学者。イエナ大学生理学教授（一八六九）。生理学では聴覚などの実験的研究があるが、心理学の領域では、児童心理学に深い関心を示した。なお、彼の *Die Seele des Kindes*, 1882 は、児童心理学に関する最初の基礎的概論書であるといわれるが、ここでメルロ＝ポンティが引き合いにしているのもその書物であるという（W・コブ）。

〔32〕 Wolfgang Köhler, *The Mentality of Apes*, translated by E. Winter, Penguin Books, 1957, p. 268.

〔33〕 フランス・ハルス（Frans Hals 1580?-1668） オランダの肖像画家、風俗画家。ルーベンス、レンブラントなどと同時代で、彼らと並び称された。作風は、とくに肖像画では、性格と形とに忠実で瞬間的表情を巧みに捉えた迫真的傑作が多いといわれる。ここでは、そのことを念頭において読めばわかりやすいように思われる。ちなみに、いまではわれわれにかなり親しいものになっているデカルトの肖像（一六五五、ルーヴル）は、彼の手になったものといわれている。

〔34〕 失語症（aphasie）は、発声器官や聴覚には障害がないのに、言語の表出や了解が不可能になる病的状態であり、一般には大脳の一定領域の器質的病変に由来するものと考えられており、普通の精神障害によって生ずるものと区別される。失行症（apraxie）も、運動麻痺とか不随意筋などの運動障害はないにもかかわらず、また自分のおこなうべきことを十分に了解していながらも、同様の原因によって、それができない状態をいう。

〔35〕 ここでは、サルトルの *L'imaginaire*（平井啓之訳『想像力の問題』人文書院）が念頭におかれている。

〔36〕 参与主義的信念（croyances participationnistes）——客観的に観察するのではなく、自分もその中に入りこんでしまうことを、参与（participation）という。逆にいえば、対象は客観的・物理的現象ではなく、メルロ＝ポンティの言う人間の分身として、あるいは準人物として現れてくることになるのである。

〔37〕 癒合性（syncrétisme）——訳注〔27〕を参照のこと。

〔38〕 ラガーシュ（Daniel Lagache 1903-1972） パリ大学教授、同心理学研究所長。心理学者、異常心理学者。学習や言語的幻覚、精神分析学上の諸問題についての研究がある。ここで引用されているのは、*Les hallucinations verbales et la parole*, Paris, 1934 である。

〔39〕 とり入れ（introjection）――たとえば幼児は、親の愛情を失うことをおそれて、自己防衛のために、親の考え方や態度をとり入れ、それがあたかも自己のものであるかのように行動する。こうした無意識の過程を言う。「投影」（projection）は、その反対に、自己の特質や態度を、他人のなかに投げこみ、他人に帰せしめようとすることである。

〔40〕 超自我（sur-moi, Über-Ich）――フロイトの用語である。フロイトは、パーソナリティ（mental apparatus〔心的装置〕と彼自身は言っていた）を三つの領域に区分して考える。エス（es）、自我（ego）、超自我（Über-Ich）がそれである。エスとは、非人称的主体、快を求め不快を避けようとする快楽原則に従った主体、つまり体質的に個体にそなわった衝動としての主体である。しかし、われわれの現実の世界は、快楽原則のみによって貫くことができないようになっている。そこで、われわれ自身のうちにも、自己防衛のために、そうした衝動を検閲する働きが形成されるようになる。その働きは、もともとは両親や社会など、自分を越えたところに源を発しているので、超自我とか自我理想などと呼ばれるのである。

〔41〕 ナルシシズム（narcissisme）――ギリシャ神話において、ナルシソスが水中に写っている自分の姿に魅せられて、ついに水仙に化したという物語に由来する。自己愛などと訳される。前注で述べたようなエスを構成するものは、フロイトによれば、結局は性的なエネルギー（libido）であるが、それが対象に向けられずに、自己自身に向けられたとき、それをナルシシズムという。幼児においては、まだ性欲の対象が認知されないため、自分の身体がその対象として求められるし、また成人においても、山岳や洋上などに孤独でいるときに、そうした状態になることがあるが、そのようなことはすべてこのナルシシズムの現象と解されるのである。

〔42〕 シャルロッテ・ビューラー（Charlotte Bühler 1893-1974） ドイツの心理学者。ウィーン、ロンドン各大学教授。後、アメリカに渡り、カリフォルニア大学教授。主に発達心理学を専攻し、幼児の発達テストの創案などによって有名である。ここに引用されている著書は、*Soziologische und psychologische Studien über das erste Lebensjahr*, Jena, 1927 である。

〔43〕 ヘーゲル『精神現象学』B自己意識、四A主人と奴隷参照。

〔44〕 臨界的時期（période critique）――問題の時期が生物の種によって異なるため、当該種に特有な時期をわざわざこの

ように呼ぶのである。

〔45〕プルースト『スワン家のほうへ』第三部参照。

〔46〕同じくプルースト『消え去ったアルベルチーヌ』のなかの人物。

〔47〕模倣行為（mimétisme）のほうは、無意識におこなわれる模倣の動作であるのに対して、物まね（mimique）は、意志的におこなわれるものを指す。

〔48〕Elsa Köhler, *Die Persönlichkeit des dreijährigen Kindes*, Leipzig, 1926.

〔49〕旋回（rabattement）――幼児は、立体空間を描く場合、多くの視点から多くのパースペクティヴをもって描いたり（＝視点変更）、また自己中心的に側面や背面を転回させたり倒置したりするため、その描画態度は旋回とか転倒などと呼ばれるのである。なお、訳注〔2〕参照。

〔50〕チック（tics）――一つの筋または筋肉群が突然に不随意運動を起こして、言うことをきかなくなる現象。したがって、運動が奇怪な様相を呈したり、また不可能になったりする。局所性の場合には、顔面の表情筋などに、よく起こる。

〔51〕生きられる隔たり（distance vécue）――Les notions de distance vécue et d'ampleur de la vie et leur amplication en psychopathologie, *Journal de psychologie*, 1930において提起された概念であるが、この論文を見ることができなかったので、詳細は不明。ただし、ミンコフスキーは、統合失調症の本質を、ベルクソンにならって、「現実との接触の喪失」と規定したので、そのことが念頭に置かれているものと思われる。ミンコフスキーによれば、統合失調症者は、世界に対してばかりか、自分自身に対しても、あまりに「距離を置いて」生きるため、すべてが立体感を欠き、灰色によそよそしく見えるのである（村上仁訳『精神分裂病』みすず書房、参照）。

〔52〕このもとの言葉はabandonniquesである。自分が見捨てられているということに神経質になっている状態。一九五〇年にGermaine Guexによって使い始められた言葉であるという。

〔53〕層的転位（décalage）――ピアジェは、直接的な行動の層で獲得された論理は、七歳から十二歳くらいまでのあいだに、ふたたび言語的な層で学習されねばならないと考え、そのような層の移動を「デカラージュの法則」と呼んだ。「引き移しの法則」とも訳されるが、もともとデカラージュとは、支柱や楔を取り移すことを意味する。

〔54〕もとの言葉は〈attitude oblative〉。〈へつらい〉によって人の気を引こうとするattitude captativeの反対の態度。本書一八一ページ参照。

表現と幼児のデッサン

〔1〕「次章において」――遺稿集『世界の散文』において、この「表現と幼児のデッサン」は最後に置かれているから、この遺稿集には「次章」にあたるものはない。メルロ＝ポンティが、この章を全体のどこに配置しようと思っていたかも、いまとなっては確かめようがない。

同様に、二七〇ページ八行目で「われわれは上で……示したし」と言われ、同ページ十四―十五行目で「われわれが述べたように」と言われているのがどこを指しているのかも不明である。少なくともこの遺稿集には、該当箇所は見あたらない。

「表現と幼児のデッサン」は『世界の散文』とは別の文脈で書かれた原稿の一部なのかもしれない。このあたりのことを念頭においてお読みいただきたい。

〔2〕多面投影法（rabattement）――本文にあるように、リュケ（一九二七）によって、児童の描画態度の呼称として用いられた語で、児童が立体空間を描く場合、視点を変えながら、多くの視点や視方向の対象像を一度に描きこんでしまうやり方を指す。「旋回」または「転倒」と訳されることもあるが、この語はもともと、ある図形を他の平面上に「倒す」、「引き下ろす」こと、したがって立体的なものの場合には、その立体性が平面的なものに「引きのばされ」「平らにされ」てしまうことを含意する幾何学用語であると思われる。「幼児の対人関係」訳注〔2〕を参照。

著者略歴

（Maurice Merleau-Ponty, 1908–1961）

1908 年，フランスに生まれる．1926 年，エコール・ノルマル・シュペリュール入学，在学中サルトル，ボーヴォワール，レヴィ＝ストロースらと知りあう．1930 年，哲学教授資格試験に合格．その前年にフッサールのソルボンヌ講演を，1935–1939 年には高等研究院におけるコジェーヴのヘーゲル講義を聴講．ルーヴァンのフッサール文庫に赴き，遺稿を閲覧したのは 1939 年．第二次大戦中は従軍・レジスタンス活動を経験した．1945 年，学位論文として同年刊の『知覚の現象学』および『行動の構造』（1942）を提出．1946 年，サルトルらとともに『レ・タン・モデルヌ』創刊．1948 年，リヨン大学教授，1949 年，パリ大学文学部教授を経て 1952 年，コレージュ・ド・フランス教授に就任．1961 年没．著書『ヒューマニズムとテロル』（1947）『意味と無意味』（1948）『弁証法の冒険』（1955）『シーニュ』（1960）ほか．没後『見えるものと見えないもの』（1964）『世界の散文』（1969），コレージュ・ド・フランス講義録などが刊行されている．

訳者略歴

滝浦静雄〈たきうら・しずお〉 1927 年生まれ．東北大学名誉教授．2011 年没．著書『時間』（岩波新書 1976）『言語と身体』（岩波書店 1978）ほか．共訳　メルロ＝ポンティ『行動の構造』『弁証法の冒険』『眼と精神』『見えるものと見えないもの』（以上みすず書房）リクール『意志的なものと非意志的なもの』（紀伊國屋書店）ほか．

木田　元〈きだ・げん〉 1928 年生まれ．中央大学名誉教授．2014 年歿．著書『現象学』（岩波新書 1970）『メルロ＝ポンティの思想』（岩波書店 1984）『ハイデガーの思想』（岩波新書 1993）『哲学以外』（みすず書房 1997）『偶然性と運命』（岩波新書 2001）ほか．共訳　メルロ＝ポンティ『行動の構造』『眼と精神』『知覚の現象学』『見えるものと見えないもの』（以上みすず書房）フッサール『ヨーロッパ諸学の危機と超越論的現象学』（中央公論社）アドルノ『否定弁証法』（作品社）ほか．

鯨岡　峻〈くじらおか・たかし〉 1943 年生まれ．京都大学名誉教授．著書『原初的コミュニケーションの諸相』（1997）『両義性の発達心理学』（1998）『関係発達論の構築』（1999）『ひとがひとをわかるということ』（2006）『関係の中で人は生きる』（2016）（以上，ミネルヴァ書房）『〈育てられる者〉から〈育てる者〉へ』（NHK ブックス 2002）『エピソード記述入門』（2005）『エピソード記述を読む』（2012）『なぜエピソード記述なのか』（2013）（以上，東京大学出版会）ほか．

モーリス・メルロ＝ポンティ
大人から見た子ども
滝浦静雄・木田元・鯨岡峻訳

2019年3月8日　第1刷発行

発行所　株式会社 みすず書房
〒113-0033　東京都文京区本郷2丁目20-7
電話　03-3814-0131（営業）03-3815-9181（編集）
www.msz.co.jp

本文組版　キャップス
本文印刷所　理想社
扉・表紙・カバー印刷所　リヒトプランニング
製本所　松岳社
装丁　安藤剛史

Printed in Japan
ISBN 978-4-622-08783-0
［おとなからみたこども］
落丁・乱丁本はお取替えいたします